L'art du voyage

Du même auteur

Contribution à l'histoire de la nation vietnamienne, Éditions sociales, 1955.

Le mouvement ouvrier chinois de 1919 à 1927, Mouton, 1962 ; réédité, Éditions de l'EHESS, 1999, avec une « Postface d'automne ou la thèse revisitée ».

Les sociétés secrètes chinoises aux XIXe et XXe siècles, Julliard, coll. Archives, 1965.

Le Vietnam. Études de politique et d'histoire, Maspero, 1968.

La Chine, histoire contemporaine, Hatier, 1970-1977, 4 vol. (ouvrage collectif).

Une lecture politique de Jules Verne, Maspero, 1971 ; réédité dans la collection Fondations, 1982.

Du passé, faisons table rase ? À propos de l'histoire et des historiens, Maspero, 1976.

En avant vers de nouvelles aventures, dix années de luttes populaires en bandes dessinées, 1970-1980, Larzac-Université, Millau, 1980.

Le PCF, un art de vivre, Lettres nouvelles/Maurice Nadeau, 1980.

De la modernité, La Découverte, 1983.

Transpacifiques, La Découverte, 1987.

Modernité-monde, La Découverte, 1989.

La France dans le Pacifique, de Bougainville à Moruroa, La Découverte, 1992.

Tahiti après la bombe, quel avenir pour la Polynésie ? L'Harmattan, 1995 (ouvrage colllectif).

Habiter le temps, Bayard Éditions, 1996.

Carnets de Chine, 1988, 1995, 1998, Quinzaine littéraire-Louis Vuitton, 1999.

Jean Chesneaux

L'art du voyage

Un regard (plutôt…) politique sur l'autre et l'ailleurs

Bayard Éditions

Remerciements

Si l'auteur – formule rituelle – a la seule responsabilité de ce travail, de ses analyses et formulations, il n'en tient pas moins à exprimer sa reconnaissance envers tous ceux qui l'ont aidé et soutenu. Il salue les amitiés-sas qui, de continent en continent, ont permis au voyageur de « regarder de tous ses yeux » autour de lui, et dont certaines sont restées durables. Il n'a garde d'oublier Maurice Nadeau, qui le premier encouragea un jeune historien revenu naguère de Detroit à passer de la rédaction universitaire à l'écriture voyageuse ; l'élan était donné et l'habitude fut vite prise de tenir régulièrement les carnets de route dont ce volume est issu. Il remercie de leurs conseils avisés ceux qui ont accepté de relire tout ou partie du texte, Alban Bensa, Françoise Bourgeois, Anne Nugent, Marie-Chantal Piques, ainsi que Jean-Luc Fidel et plus encore Madie, toujours à l'écoute. Il rend hommage à la vigilante générosité et à la culture philosophique de Patrice Platel, si présentes tout au long du livre. Il salue également le concours intellectuel et l'assistance technique de Gaëlle Picard et Béatrice Bouniol.

ISBN 2.227.13735.5

3, rue Bayard, 75008 Paris

La Terre est si petite
le voyage si long
plus grande notre soif
que celle de Colomb.

Benjamin Fondane, *Ulysse*

Prologue

Trois appels au voyage

S'il existe un « soldat inconnu » de la grande armée pacifique du voyage, c'est bien Louis-Grégoire Domény de Rienzi (1789-1843), qu'il faut saluer comme le plus entreprenant, le plus universel, le plus ignoré, et sans doute aussi le plus politique des grands voyageurs du XIXe siècle.

Performance peut-être unique pour cette époque où la navigation à vapeur était inconnue, il s'était successivement rendu dans chacune des cinq « parties du monde », d'Amérique latine aux archipels d'Océanie en passant par l'Europe méditerranéenne, l'Afrique orientale, l'Asie. Le cadre historique de ses voyages, entre 1815 et 1830, est non moins remarquable : sur un fond de nostalgie de l'aventure napoléonienne, ce furent des années où s'affrontèrent ardemment l'ordre conservateur et les luttes pour la liberté. Ce voyageur infatigable fut un combattant toujours en alerte, dont les longues itinérances s'inscrivent dans une temporalité explicitement politique, déjà proche de la nôtre à ce titre.

Il avait parcouru très jeune le Caucase en compagnie de l'illustre helléniste Ariston, l'Abkhazie, la Géorgie, la Circassie. Passant l'Atlantique, il avait visité le Mexique et la Colombie après une escale à Haïti. Après avoir participé aux combats pour l'indépendance grecque, il s'était attardé en Abyssinie, en Arabie, en Perse pour parcourir longuement ensuite l'Inde et la Chine. Explorateur autant que navigateur, il avait ensuite embarqué pour les îles de la Sonde, Sumatra, Bali, et il avait poussé jusqu'aux Moluques, aux Philippines, aux Salomons, à la Nouvelle-Guinée. Il n'avait rebroussé chemin qu'en 1829.

Mais il ne faut voir nulle opposition entre sa quête dévorante de pays lointains et sa volonté non moins inlassable de présence politique. Né en 1789, date symbolique entre toutes, jeune capitaine des armées napoléoniennes, désespéré par Waterloo, Rienzi s'était délibérément exilé dès le retour des Bourbons qu'il détestait. C'est la même force de conviction qui en fit un colonel des troupes bolivariennes, luttant pour libérer de la domination espagnole la Colombie où il venait d'arriver, et qui, quelques années plus tard, l'amena à s'engager pour libérer les Grecs de la domination turque. Il rejoignit les «philhellènes», chez qui – tel Lord Byron – l'engouement pour les mythes de la Grèce antique ne se distinguait pas de l'attachement aux idéaux de liberté des peuples; Rienzi combattit avec eux au célèbre siège de Missolonghi, en 1822.

Devenue plus discrète au cours de ses longs périples en Moyen-Orient, en Asie et en Océanie, sa passion de la liberté était restée intacte. Revenant en France, il fit escale à l'île Bourbon (aujourd'hui la Réunion) où venait d'arriver la nouvelle de la révolution parisienne de 1830. Enthousiasmés par sa fougue et sa sincérité, les esclaves noirs de la colonie l'élirent leur député à Paris. Loin de fuir son temps, il était resté un homme de son temps, d'Amérique en Grèce et jusque dans l'océan Indien.

Sa flamme romantique pour la liberté se nourrissait aussi d'une fidélité quasi sacrée envers un héritage familial aussi exceptionnel que le parcours de ses voyages. Ne descendait-il pas de l'illustre Cola di Rienzi, qui en 1347 avait libéré les Romains du pouvoir pontifical et qui avait restauré – pour quelques mois – l'antique fonction de tribun de la plèbe, abolie par l'empereur Auguste en même temps que la République romaine ? La famille du « Tribun du Peuple » s'était autrefois fixée près d'Avignon, en pays pontifical, et c'est là qu'était né son lointain héritier. Très fier de cette ascendance, Louis-Grégoire nomma « îles du Tribun » deux petits îlots qu'il découvrit dans le sud des Philippines.

Ce fut à Macao, et dans des circonstances bien singulières, que ma route croisa en 1982 la trace qu'y avait laissée cent cinquante-trois ans plus tôt le maître-voyageur Rienzi. J'étais de passage dans ce petit comptoir portugais désuet et déchu, et j'y flânais un matin autour d'une grotte dédiée à Louis Camoens, l'auteur des *Lusiades* – référence imaginaire, puisque le poète national portugais n'a jamais mis les pieds en Chine. Mon attention fut attirée par un poème en français, gravé sur une pierre dans le fond de la grotte et à demi caché par le lierre :

> Patane, lieu charmant et si cher au poète[1],
> Je n'oublierai jamais ton illustre retraite.
> Ici Camoens, au bruit du flot retentissant
> Mêla l'accord plaintif de son luth gémissant.
> [...]
> Lusus et le Chinois honorent sa mémoire,
> le temps qui détruit tout agrandira sa gloire.
> Dans la grotte, ô Louis, mon cœur fut plus tranquille.
> Agité plus que toi, je fuyais dans les champs
> et le monde et mon cœur, l'envie et les tyrans.
> [...]
> L'humble Louis de Rienzi, Français d'origine romaine,
> Voyageur, religieux, soldat, poète expatrié.

Qui était ce Rienzi ? Le *Grand Larousse universel du XIXe siècle*, édition originale – une valeur sûre –, me permit de reconstituer assez aisément les grandes étapes de sa biogra-

1. Patane, nom traditionnel d'un quartier de Macao.

phie fulgurante[2]. Collectionneur de mille objets d'art, compilateur de notes et d'études dont on pressent la valeur, il était venu se reposer à Macao en 1829 ; c'est là qu'il rédigea le poème naïf qui allait m'intriguer. Il voulait s'embarquer vers l'Europe, mais son voilier *O Dourado* fit naufrage en mer de Chine méridionale et le désastre engloutit ses notes de voyage, ses collections, douze volumes de recherches et de découvertes, un atlas original de 400 cartes et croquis, et nombre de travaux littéraires. Le travail de sa vie entière, ses études, sa passion, sa fortune, tout cela disparut dans les eaux mêmes où Camoens aurait fait naufrage trois siècles plus tôt ; mais, plus heureux que Rienzi, le poète avait sauvé ses *Lusiades* dont il aurait, dit-on, maintenu le manuscrit hors des flots, ne nageant que d'un bras.

On ne sait que peu de chose de lui, après son retour au pays en 1830. Sinon que le voyageur sans cesse en chemin se mua soudain en sédentaire besogneux, car son naufrage avait été aussi un naufrage financier. Il conservait certes son étonnante vitalité intellectuelle. Il s'engagea dans une furieuse controverse avec Champollion au sujet des hiéroglyphes égyptiens, qu'il tenait pour partiellement phonétiques. Il proposa à la Société de géographie de Paris (séance du 16 décembre 1831) de réviser entièrement la nomenclature de l'Océanie, désignée désormais comme Vulcanésie et divisée en Mégalonésie, Micronésie (terme qui a survécu), Pléthonésie, Papouasie, Endaménie. Si le monde lui appartenait encore, en esprit, son heure était passée. Il dut vivoter de divers travaux de librairie, ainsi pour le grand éditeur Firmin-Didot qui lui confia la compilation de trois volumes sur l'Océanie. Quand le dernier parut en 1845, il s'était suicidé à Versailles deux ans plus tôt. À cinquante-quatre ans, avait-il

2. Rienzi l'oublié attend encore son historien ; une esquisse d'ensemble (Jean Chesneaux, « Louis de Rienzi, voyageur ») a été présentée dans la *Quinzaine littéraire*, 1er août 1992.

tout à fait passé l'âge d'un enfant du siècle, l'âge des rêves inconsolés et des espoirs abolis !

Étranger à la France de Guizot et du « Enrichissez-vous », il n'eut pas la force d'attendre 1848 et son printemps des peuples, lui dont toute la vie criait sa foi dans la liberté et sa soif de fraternité mondiale. Il avait commencé comme un aventurier héroïque à la Byron, il avait espéré inscrire dans une œuvre majeure, digne de son contemporain Humboldt[3], l'expérience encyclopédique de ses voyages, son intrépidité préfigurait celle des grands nomades planétaires à la Jules Verne, il finissait comme le poète désenchanté que Vigny a célébré dans son *Chatterton*.

Rienzi le voyageur inconnu ne mérite pas d'être laissé dans l'oubli. Il continue à nous proposer des repères et à nous lancer un appel. Un appel au voyage comme cheminement, même si le train et surtout l'avion ont pris le relais. Nos itinéraires modernes gagnent toujours à s'entrelacer et à se déployer en tout sens, aussi réticents envers la ligne droite que le furent les errances de Rienzi.

Un appel aussi à des départs qui ne soient pas des dérives aléatoires sinon aveugles, mais qui prennent sens à travers la situation concrète des pays visités, et notamment à travers les crises politiques auxquelles le voyageur peut se trouver mêlé – ainsi quand Rienzi passe par l'île Bourbon ; sinon sous la forme de voyages politiquement motivés, ainsi ceux de notre héros combattant en Colombie avec Bolivar, puis en Grèce dans les rangs des philhellènes. Si loin que ses pas l'aient mené, si divers qu'aient été les mouvements de libération auxquels il a participé, les uns et les autres appartenaient déjà au même moment mondial. À savoir le « refus des tyrans », dit-il dans son ode à Camoens ; le refus des valeurs conservatrices et autoritaires défendues par les puissances qui avaient abattu Napoléon (la « Sainte Alliance »),

3. Alexandre de Humboldt (1769-1859), géographe prussien qui explora l'Amérique du Sud et l'Asie centrale. Il consacra six années (1845-1851) à la rédaction de son *Kosmos*.

donc l'engagement dans les luttes pour la liberté. Nous avons fait bien du chemin depuis, nous avons connu bien des désillusions, et notre horizon mondial s'est alourdi autant que rétréci. Mais le voyageur attentif à l'appel de Rienzi ne peut ignorer lui non plus le moment politique où s'inscrit sa route.

Cet homme de culture était également sensible aux connivences, aux retrouvailles entre un lieu illustre et un grand écrivain. Revivre *in situ* des références littéraires déjà familières – ainsi Camoens et ses *Lusiades* à Macao, dans le cas de Rienzi – leur confère une force, une épaisseur nouvelles.

L'appel de Rienzi se prolonge en questionnement philosophique : comment vivre le voyage dans la relation réciproque de l'ailleurs et de l'ici, de l'altérité et de l'identité ? Le cheminement inlassable qui l'avait entraîné vers des pays toujours plus lointains, plus étranges, ne l'avait pas détourné du souci de retrouver l'universel derrière l'exotique. Paradoxe qui n'est qu'apparent, l'intrépidité généreuse qui l'avait soutenu tout au long de ses voyages, la passion de combattant de la liberté qu'il avait héritée de son illustre ancêtre, s'évanouirent soudain à son retour en France. La société louis-philipparde tournait le dos à cette flamme. S'abandonnant au pessimisme sinon au dégoût, il ne tenta même pas de rétablir de mémoire, ne fût-ce qu'une esquisse de ses relations de voyage, englouties en mer de Chine lors de son naufrage. Cet ardent parcoureur de longitudes et de latitudes ne sut que mettre fin à ses jours dans une misérable mansarde de la ville des Bourbons.

La réflexion ici proposée sur « l'art du voyage » comme cheminement, comme souci de cohérence et de sens, comme regard sur le moment politique, comme connivence littéraire parfois, et surtout comme dialectique – risquons le mot – de l'ailleurs et de l'universel, cette réflexion ne peut que gagner à rester à l'écoute de Rienzi. Un Rienzi dont la fièvre voyageuse se trouva soudain *défaite* en 1830 et bascula dans un anti-voyage de démission désabusée, contre lequel nul voyageur ne devrait se croire prémuni. Avis donc à nos exhibitionnistes de l'autosatisfaction voyageuse et à nos bruyants courtiers ès voyages...

> Pour un penseur, un rêveur, un philosophe, rien d'émouvant comme un bâtiment en partance ; l'imagination le suit volontiers dans ses luttes avec la mer, dans ses combats livrés au vent, dans cette course aventureuse qui ne finit pas toujours au port.

Ces termes – penseur, rêveur, philosophe –, par lesquels Jules Verne évoque le départ de son capitaine Hatteras vers le pôle Nord, suffisent sans doute à dégager l'auteur des *Voyages extraordinaires* du rayon bien sage de la « littérature enfantine », où on l'a trop longtemps relégué. Ils disent la force de son appel au voyage, lui dont l'œuvre tout entière n'est qu'un superbe festival d'itinérances aux quatre-vingt-deux titres, aux cent destinations, aux mille voyageurs lancés à la recherche des « Mondes connus et inconnus » – sous-titre que l'éditeur Hetzel avait suggéré pour l'ensemble de la série.

Jules Verne n'était pas lui-même un voyageur bien hardi. Il n'a quitté la France que pour une traversée de l'Atlantique Nord à bord d'un paquebot confortable, pour une excursion sans histoires en Écosse et en Scandinavie, pour des croisières en Méditerranée à bord de son yacht personnel : rien « d'extraordinaire » dans ces voyages-là, qui correspondaient parfaitement aux goûts et aux moyens d'un riche bourgeois de l'époque.

Mais le corpus vernien – jailli tout armé du cerveau imaginatif d'un écrivain majeur – nous offre un bien plus large inventaire des élans, des exigences, des enjeux, des émois du voyage comme art de vivre, bref une *culture du voyage*. Certes du voyage tel qu'on pouvait le concevoir en cette fin du XIXe siècle, où l'Occident imposait en toute bonne conscience sa domination politique et technologique au reste du monde.

En première lecture, les *Voyages extraordinaires* n'appartiennent certes pas au même champ historique que l'odyssée postnapoléonienne de Rienzi l'incompris. Mais la culture du voyage qu'ils nous proposent est riche en repères et en résonances, qui sont toujours actuels : le départ et le retour ; l'épreuve à affronter, donc la force de caractère requise du voyageur ; l'accueil en pays lointain, la rencontre de « l'autre » ; le navire et le train, en tant que micro-sociétés en mouvement ; la mer et surtout l'île, ce point sublime des traversées maritimes ; le contexte politique, l'état de la société où arrive le voyageur ; et encore les espaces sans-les-hommes.

Il n'est pas de voyage sans départ, chacun des voyages verniens rappelle cette évidence et nous en décline toutes les variantes, toutes les contraintes aussi. Ce départ peut être méthodiquement, méticuleusement préparé, tels ceux de Phileas Fogg étudiant les horaires des trains et des *steamboats* en vue de son tour du monde, ou de l'oncle Liddenbrock réunissant l'équipement technique et le matériel scientifique nécessaires pour explorer le centre de la Terre. Mais la préparation morale compte tout autant, c'est-à-dire la vision de la mission à accomplir, celle de Michel Strogoff en Sibérie ou de Jane Branican partie à la recherche de son mari dans la brousse australienne. Donc, plus généralement, le sens du voyage, sa raison d'être. Les voyages verniens, même s'ils sont issus de circonstances imprévues, sont des voyages qui « font sens ».

Le départ vernien est toujours un défi, une rupture, une épreuve morale. Ses héros savent tourner le dos au monde qu'ils quittent, regarder devant eux. La même capacité d'affronter *l'épreuve* les accompagne tout au long de leurs pérégrinations, presque au sens initiatique de ce terme. Les voyageurs verniens doivent mettre en œuvre toutes les ressources de leur imagination autant que de leur savoir, à l'image de l'ingénieur Cyrus Smith – héros vernien s'il en est –, lequel récapitule à partir d'une allumette unique toutes les étapes du progrès technique depuis des siècles. Il ne faut donc jamais perdre courage, et Lord Glenarvan recherche inlassablement le capitaine Grant tout au long du 37° parallèle, de continent en continent.

Ces épreuves permettent aux hommes de caractère de s'affirmer. Aux hommes, mais aussi aux femmes car Jules Verne ne mérite pas la réputation de misogyne qu'on lui fait souvent ; ses héroïnes, même si elles ne sont présentes que plus rarement, sont les égales des hommes face aux épreuves, ainsi Mrs Aouda, la veuve indienne arrachée au bûcher par Phileas Fogg.

On part, on affronte l'adversité, et pourtant – sauf dans le cas de tours et détours souterrains, aériens ou sous-marins qui brisent à jamais le lien entre la société des hommes et un héros rebelle – on va bien souvent rencontrer *l'autre*. Ce peut être l'hostilité de l'autre, sa cupidité, sa malveillance ; les récits verniens sacrifient un peu facilement aux rites mouvementés du roman d'aventure et les bandits y succèdent comme à plaisir aux « sauvages » ou aux trafiquants, telles des marionnettes sans épaisseur humaine. Mais l'autre, ce peut être aussi – ceci est moins souvent perçu – l'amitié spontanée, *l'accueil* que le sédentaire accorde au visiteur de passage. Les voyages selon Jules Verne sont jalonnés de tels moments privilégiés de détente, de pauses dont la signification est plus riche. Le petit monde qui fait place au voyageur, ainsi la plantation du colon australien Paddy O'Moore, où se repose l'expédition Glenarvan, n'offre pas seulement l'image d'un autre monde de vie, une ouverture sur une histoire autre ; par-delà cette relation d'altérité, il s'en dégage un « universel » de solidarité humaine. Un voyage sans accueil est terne, pauvre, introverti.

Autre micro-société qui tient une place de choix dans l'imaginaire vernien du voyage, celle qui s'établit dans le cadre original de l'insularité. L'île de Verne n'est que très rarement un isolat absolu, telle l'île Tabor où le convict Ayrton va succéder – pour s'y régénérer moralement mais au prix de sa déchéance physique – au capitaine Grant rescapé d'un naufrage. Elle propose un rébus dont les navigateurs doivent déchiffrer les secrets : ce « code herméneutique », disait Roland Barthes à propos de *L'île mystérieuse*, forme la base même de romans îliens comme *Maître Antifer* ou *L'île des Robinsons*. Mais, le plus souvent, l'île représente pour les voyageurs verniens qui y abordent un lieu de renouveau, de réélaboration d'une société nouvelle. Que celle-ci soit issue du labeur et du savoir magnifiés dans *L'île mystérieuse* ; ou du défi, comme dans le cas d'Antekirtta d'où Mathias Sandorf organise ses raids ; ou encore d'un projet de facilité oisive, ainsi celui des milliardaires de *L'île à hélice* se laissant dériver à travers les archipels du Sud-Pacifique ; ou d'une utopie socialiste qui finira par s'autodétruire, celle des *Naufragés du Jonathan*.

Ce sont les micro-sociétés en mouvement, celles du navire et surtout du train, qui fascinent manifestement Jules Verne et sont au cœur de sa culture du voyage. Elles en soulignent à la fois l'élément collectif – important contrepoids à un certain discours voyageur qui de nos jours se plaît à exalter la dérive individualiste et « l'étonnement » narcissique – et l'élément technologique. C'est en effet le moteur à vapeur, innovation majeure du XIXe siècle, célébrée sans réserves par un Jules Verne très marqué par la foi saint-simonienne dans le progrès technique, qui donne au paquebot comme au chemin de fer – et même au train routier dans la *Maison à vapeur* – leur liberté de mouvements.

À bord d'un navire, encore que sur un mode transitoire, une vie sociale authentique s'institue, telle une image en réduction du grand macrocosme humain. La puissance de l'argent joue sur mer comme sur terre, c'est elle qui permet à Fogg d'acheter sur pied (ou plutôt sur planche) le *Speedy* dont il faut coûte que coûte entretenir la chaudière pour traverser l'Atlantique dans les délais requis, quitte à le brûler morceau par morceau. Ces petits mondes sont soumis à des impératifs sévères, telle la volonté du capitaine Hatteras dirigeant implacablement son *Forward* vers le pôle Nord, sans écouter les faibles et les hésitants qui – car les conflits ne sont pas rares en mer – finissent par s'entredévorer quand Hatteras doit abandonner son navire bloqué par les glaces. Le voyage naval vient mettre en contact les conditions sociales et les caractères moraux les plus divers, ceux par exemple des passagers du *Chancellor* dont certains se révèlent lâches et cupides quand le feu se déclare à bord, tandis que d'autres savent résister à la faim et surtout à la soif, et atteindre les eaux douces, si douces... de l'estuaire de l'Amazone.

Quant au train selon Jules Verne, c'est une image d'optimisme et l'instrument privilégié du progrès économique ; ses rubans de fer « finiront par cercler notre globe comme un muid de cidre ou une balle de coton », déclare avec enthousiasme dans *Claudius Bombarnac* un passager du Grand-Transasiatique qui relie déjà la Russie centrale à la Chine. Autant que le navire, il est le lieu par excellence du voyage vernien. Tranchant à travers montagnes, fleuves et forêts, il affirme le pouvoir de l'homme sur la nature, il permet d'aller droit devant soi en alliant rapidité, confort et sécurité. Il marque le paysage d'une étrange poésie futuriste, note Verne à la traversée des Rocheuses par Phileas Fogg :

> La locomotive, étincelante comme une châsse, avec son grand fanal qui jetait de fauves lueurs, sa cloche argentée, son « chasse-vaches » qui s'étendait comme un éperon, mêlait ses sifflements et ses rugissements à ceux des torrents et des cascades et tordait sa fumée à la noire ramure des sapins.

Le train, comme le navire, fait figure d'espace social en réduction où se succèdent les rencontres pénibles ou heureuses (ainsi entre Michel Strogoff et sa future compagne Nadia), les conflits, les situations cocasses, les sursauts de solidarité humaine. Le *Great Trunk* qui mène Fogg et ses compagnons de San Francisco à New York est une de ces micro-sociétés en mouvement perpétuel, et la disposition ouverte des trains américains, note Verne avec finesse, favorise grandement cette vie collective aux mille rebondissements. On sait que, contrairement aux compartiments cloisonnés des trains français ou anglais, héritiers des anciennes diligences, les wagons américains conservaient l'aménagement de leurs prédécesseurs les *steamboats* ; ils étaient traversés par une longue et large allée centrale, communiquant facilement par des passerelles avec le reste du train[4]. Ainsi, de chapitre en chapitre, de wagon en wagon, Fogg passe de la prédication d'un mormon à une partie de whist, et d'une pause dans le wagon-café à un duel avec un yankee querelleur. Mais tous se réconcilient quand des Sioux attaquent le convoi et tentent d'en devenir maîtres.

Les trajets verniens – autre trait majeur, et qui les rend si proches de nous – ne se déploient pas dans un quelconque « éther » a-historique ; ils s'inscrivent directement, rigoureusement, dans le contexte national et international de l'époque. Parfois, les crises politiques et les mouvements populaires forment le nœud même de l'intrigue romanesque, et le voyage ne fait qu'un avec le moment politique du récit. Ainsi la crise irlandaise dans *P'tit Bonhomme* ; la survivance de la traite des Noirs dans les colonies portugaises (*Un capitaine de quinze ans*) ; le conflit entre les Jeunes Turcs modernistes, et les traditionalistes incarnés par *Keraban le Têtu* ; la rivalité des Slaves et des Allemands dans les pays baltes, laquelle est au cœur de *Un drame en Livonie*.

Mais le plus souvent, c'est par des notations discrètes, glissées furtivement au détour d'une page, qu'apparaissent ces crises politiques et ces mouvements populaires[5]. Il semblerait que Verne ait constamment tenu à rappeler à ses voyageurs, donc à ses lecteurs, l'importance du regard porté sur le monde de leur temps. L'expédition des *Enfants du capitaine Grant* assiste ainsi aux derniers sursauts du natio-

4. W. Schivelbusch, *Histoire des voyages en train*, Paris, Le Promeneur, 1990.
5. Un inventaire de ceux-ci figure en prologue de mon *Jules Verne, une lecture politique*, Paris, Maspero, 1972 ; il est reproduit ici en annexe, p. 283.

nalisme araucan contre les forces chiliennes. De son vaisseau volant, Robur le Conquérant suit les progrès de l'expédition anglaise de 1881 contre le sultanat d'Hérat. Et César Cascabel, rentrant d'Amérique en Europe par terre, est témoin oculaire de la passation de pouvoirs entre douaniers russes et douaniers américains, après la vente de l'Alaska aux États-Unis. Ces notations méritent d'autant plus l'attention qu'il s'agissait de faits lointains, peu connus même du temps de Jules Verne, vite oubliés. Sa culture du voyage était profondément politique, elle faisait toujours place au *regard politique*.

Ce qui n'interdisait pas aux voyageurs de Jules Verne de savourer avec la même acuité de regard les immensités saisissantes de paysages alors inviolés. Les descriptions des fonds sous-marins que contemple le capitaine Nemo depuis les hublots du *Nautilus*, du désert de glace où progresse Hatteras en direction du pôle Nord, des forêts primitives que traverse *La Jangada* (radeau géant) en descendant l'Amazone, des marais silencieux des Everglades en Floride dans *Nord contre Sud* sont restées des classiques. Le voyage vernien s'enrichit en permanence de ce dialogue entre nature et culture, entre les espaces-sans-les-hommes et les sociétés des hommes. Nos voyages contemporains continuent à s'inspirer de ce dialogue et ont tout à y gagner, même si le beau titre de la série, « Les mondes connus et inconnus », n'a plus guère de sens dans notre monde à nous, désormais archiconnu à mesure que le progrès technique le rétrécit en tout sens.

On voyage, mais on finit par revenir ; le retour comme ultime figure structurelle du voyage vernien est tout autre chose qu'une simple commodité d'écriture. Rares sont en effet dans cette saga foisonnante les destins brisés à jamais, tels ceux du capitaine Nemo ou de l'ingénieur Robur. Ce sont les retours qui sont la règle, encore qu'ils n'aient guère la force tragique des voyages eux-mêmes. On rentre tout bonnement à la maison. Le professeur Liddenbrock revenu du centre de la Terre retrouve ses étudiants, Fogg ses habitudes au Reform-Club, Michel Strogoff le service du tsar.

Mais ces fins si raisonnables, si conventionnelles souvent, y compris par les mariages qui peuvent les agrémenter, ne répondaient pas seulement aux directives d'Hetzel toujours soucieux de ménager ses jeunes lecteurs. Elles disent une réalité forte derrière sa banalité, elles rappellent qu'un voyage, si riche et mouvementé soit-il, n'est qu'une parenthèse dans un parcours de vie. Jules Verne affirme ainsi le sens parenthétique de ses voyages, si extraordinaires soient-ils ; bref, les *limites* du voyage comme art de vivre.

Troisième appel au voyage, sur un mode cette fois plus personnel. Il n'est guère facile de passer au « je », même si le genre de l'essai l'autorise ; mais comment ne pas faire remonter mon expérience du voyage et mon intérêt pour le voyage aux deux années – fondatrices à bien des égards – que j'ai passées en Asie en 1946-1948 ! À un demi-siècle de distance, ce matériau autobiographique peut utilement compléter, même s'il les a précédés chronologiquement, la rencontre avec Rienzi et l'examen de la culture vernienne du voyage. Il vaut sans doute la peine d'évoquer ici ces *Wanderjahre*, ces années d'errance qui, dans la tradition du *Wilhelm Meister* de Goethe, furent par là même des *Lehrjahre*, des années d'étude et de réflexion. En m'embarquant à Marseille en novembre 1946, sur le *Providence* des Messageries maritimes, je ne pouvais alors imaginer quel élan ce départ allait donner à toute mon existence.

L'agrégation passée, j'avais négligé la rituelle visite au « Ministère » et l'affectation dans un lycée qui s'ensuivait ; l'occasion s'était plutôt offerte de passer une année à Genève dans un service international d'entraide universitaire. C'était déjà un vrai départ, même s'il m'avait suffi, pour passer la frontière, de prendre à Annemasse le tram n° 1 du réseau genevois. La vieille voiture bringuebalante m'avait transporté soudain dans un espace radicalement autre, si loin déjà de la France sortie à peine des années d'occupation. Regorgeant de tout, les vitrines des magasins semblaient féeriques. Et surtout, la minuscule enclave genevoise était largement ouverte sur le vaste monde, alors que la France aux prises avec les rigueurs de l'après-guerre restait frileusement nouée sur elle-même. Des Chinois, des Anglo-Saxons, des Indiens se succédaient rue Calvin où je travaillais, ils passaient presque en voisins. Ainsi se forma dans mon esprit le projet d'un voyage d'études à travers l'Asie, au cours duquel je m'étais engagé, en échange d'une aide modique et surtout d'utiles lettres d'introduction, à réunir des informations sur la vie universitaire et la situation des étudiants dans les pays que je traverserais.

Si ce voyage a tant compté pour moi, cela a tenu d'abord à l'enchaînement interne de ses étapes, deux années durant. Parcourant le Moyen-Orient par route et par piste, d'Alexandre à Kaboul via Bagdad et Téhéran, traversant le sous-continent indien en train de Peshawar à Colombo, reliant Singapour à Saigon par terre, passant cinq mois en Chine, regagnant l'Inde par avion et l'Europe par mer depuis Bombay, c'était toujours en venant d'un « ailleurs » préalable que je découvrais un nouvel ailleurs. J'étais arrivé dans l'Inde alors colonie anglaise, l'esprit encore ébloui d'un Afghanistan resté quasi intact. L'Indochine qu'on s'acharnait à prétendre française m'avait paru d'autant plus désuète, plus irréelle que je venais de quitter un Siam[6] qui n'avait jamais connu de domination étrangère. Et c'est par référence aux autres pays d'Asie, non à l'Europe, que j'avais reçu le choc de la Chine dans toute sa singularité millénaire.

Au fil du voyage, je découvrais non sans surprise la valeur de la profondeur de champ ainsi acquise. Mes interlo-

---

6. La Thaïlande portait encore ce nom traditionnel.

cuteurs, souvent des Français en poste là-bas, pouvaient certes s'intéresser au pays où nous nous rencontrions, et même le connaître assez bien. Mais à peu près toujours, ils y étaient arrivés directement de France ; mon regard « inter-asiatique » leur faisait défaut.

Ce voyage « d'Asie en Asie » – je ne l'ai compris que bien plus tard – avait été, à sa façon, aussi bénéfique pour mon esprit que le fut pour les négociants du XVIIIe siècle le commerce dit « d'Inde en Inde », soit entre pays de l'océan Indien et de la mer de Chine.

« Regarde, de tous tes yeux regarde ! » : il m'était d'autant plus facile de suivre cette injonction de *Michel Strogoff* que je voyageais avec les moyens du bord, soit les plus économiques. À bord d'un train chaque fois qu'il existait, ainsi du Caire à Assouan, à travers l'Inde, ou de Singapour à Bangkok, et guère en première classe... À bord d'un bus local, comme celui qui mit dix-sept jours pour relier Bagdad à Peshawar. En convoi militaire au besoin, car le Commandement interallié du Moyen-Orient n'était pas encore dissous en 1946, et un attaché militaire français avait obligeamment négocié une prise en charge par l'armée anglaise jusqu'à Bagdad. En bateau à plusieurs reprises, entre Colombo et Singapour où je retrouvai mon vieux *Providence*, ou de Shanghai à Tientsin. Et jusqu'en charrette à âne, pour entrer dignement dans l'Empire français depuis le poste frontière siamois d'Aranya Pradeth. L'avion n'avait été indispensable, à l'aller, qu'entre Saigon et Shanghai.

J'étais ainsi assuré de toucher la réalité sociale toute simple, en compagnie de gens très ordinaires. Tels les passagers de l'*Afghan Mail*, que le chauffeur du bus laissait descendre cinq fois par jour, pour leurs dévotions face à La Mecque ; ou ceux de l'express Delhi-Madras, bêtes et gens mêlés. La gare centrale de Calcutta était déjà un abîme de misère, mais les banlieusards cinghalais, dans le train qui me ramenait du centre de Colombo chez mes hôtes, chantaient en chœur à la nuit tombée d'anciennes mélopées portugaises.

Lisbonne avait pourtant « perdu » Ceylan depuis trois siècles, mais son empreinte restait vive ; les Fernando, les Pereira, les Da Silva occupaient les trois quarts des pages de l'annuaire téléphonique local.

Sans trop chercher à séparer les impératifs de parcimonie et la recherche de ce qu'on n'appelait pas encore la convivialité, j'avais presque toujours trouvé un lit, tantôt dans un collège, tantôt dans une famille, tantôt dans un logement de fortune. Un lit, et d'abord des lits, car trois journalistes parisiens avaient fait le voyage avec moi, jusqu'en Inde. Les « routards » n'avaient pas encore déferlé sur l'Asie et un jeune intellectuel français de passage était accueilli en général de bonne grâce. En deux ans, je n'ai pas dû passer cinq nuits à l'hôtel, bénéficiant de contacts insolites comme de pauses salutaires. À la frontière irano-afghane, un notable de rencontre nous avait entraînés chez lui, mais pour y jouer à la belote toute la nuit ; il ne savait pourtant pas un mot de français. À Kandy, une famille de missionnaires protestants m'avait spontanément proposé une utile respiration au cœur de la féerie cinghalaise. Autre accueil bienveillant, celui du Collège français de la rue Vallon, dérisoire îlot résiduel de ce qui avait été à la belle époque la Concession française de Shanghai[7].

Les musées, tout au long du voyage, m'avaient été aussi étrangers que les hôtels, mais l'Asie tout entière n'était qu'un splendide panorama historique en espace réel, où les empires coloniaux modernes le disputaient aux anciens empires orientaux. Nichapour, la capitale déchue de Tamerlan, n'était plus occupée que par un pauvre campement nomade. À l'extrémité ténue de la langue de terre où est établi Bombay, on lisait à peine les pierres tombales des marins anglais et français enterrés là au XVIIe siècle. L'hôtel *Great Western* de Cal-

7. Dans la Chine de l'époque des « Traités inégaux », une « concession » était une zone portuaire, passée *de facto* sous l'autorité militaire et politique d'une ou plusieurs puissances étrangères.

cutta restait un haut lieu de l'Empire britannique des Indes. Contre la pluie quotidienne, le piéton pouvait s'abriter sous les interminables arcades des rues du Singapour colonial, arcades qu'a presque totalement englouties aujourd'hui le séisme de la modernité-monde.

L'Asie restait riche de son passé, mais elle vivait un présent tumultueux, une crise historique majeure dont s'effrayait l'Occident nanti alors que d'autres Occidentaux, dont j'étais, y lisaient déjà une espérance prérévolutionnaire. Ces temps étaient durs et j'en perçus les tensions, presque d'étape en étape. À Jérusalem encore sous mandat britannique, et où les *tommies* tiraient la nuit contre les réseaux armés sionistes. À Bagdad, dont le maître Noury Saïd Pacha nous expulsa à peine arrivés ; l'un de nous n'était-il pas correspondant du quotidien communiste *Ce Soir* ! À Lahore, ensanglanté chaque nuit par les rixes entre musulmans et hindous. À Pondichéry, nominalement français mais que recouvrait – épisode bien oublié – une mer houleuse de drapeaux rouges frappés de la faucille et du marteau. En Cochinchine, où le Vietminh tenait tête à la France déjà empêtrée dans la « sale guerre » qu'elle devait perdre. En Chine surtout, où le régime du Guomindang aux abois ne tenait plus que les grandes villes encerclées par les guérillas paysannes, et où tout basculait déjà.

Je fus le témoin vite enthousiaste de toutes ces crises, vite engagé personnellement. Dans l'Inde entrant dans l'indépendance, les mouvements étudiants de gauche m'avaient volontiers enrôlé, et me promenaient de meeting public en conférence de presse. À Bangkok, la délégation vietminh en exil m'avait accueilli chaleureusement. Ce fut tout naturellement que, à peine arrivé à Saigon où j'avais pris contact avec la « résistance », j'acceptai de participer à une mission franco-vietnamienne de bonne volonté, qui devait visiter les zones tenues par le Vietminh et affirmer ainsi que le peuple vietnamien était en guerre contre le régime colonial, non contre le peuple français. Cette visite de huit jours fut inoubliable, elle se termina au retour par une arrestation, à la traversée des lignes françaises. S'ensuivirent une inculpation pour atteinte à la sûreté extérieure de l'État, une détention de quatre mois, une instruction qui tourna court, finalement une expulsion vers la Chine de Tchiang Kai-shek. Du même pas, j'avais découvert les traditions de l'Orient, l'Asie militante, le communisme dans sa force internationaliste, la Chine enfin, qui allait devenir pour longtemps mon champ personnel d'activité intellectuelle.

L'Asie, et l'Égypte en prologue, c'était encore d'immenses espaces naturels et des paysages à la solitude infranchie, autant que l'image attardée de leurs empires déchus. La majesté altière des colonnes géantes de Karnak et de Louqsor, adossées au désert et qui toléraient bénignement quelques fellahs, quelques archéologues, en cette époque incroyablement reculée où le grand tourisme n'accablait pas la vallée du Nil. Les coloris contrastés du désert afghan, ses violets ombrés, presque noirs, ses bruns changeants, ses ocres avivés par le soleil. Le silence protecteur des petits tunnels navigables de la plaine des Joncs, serpentant entre les lignes de palmiers d'eau ; le Vietminh y était chez lui, et le Corps expéditionnaire ne s'y risquait guère. L'extrême sérénité de l'horizon pékinois au sortir de l'hiver, l'étendue gris-bleu des tuiles ondulant à perte de vue, en contrebas des jaunes impériaux qui couvraient les toits vernissés de l'ex-Ville interdite. C'est bien en Asie que j'ai appris à regarder loin, à voir large, à laisser parler le silence.

L'Asie de l'immédiat après-guerre m'était devenue familière, même si ses images semblent si étrangères à notre monde désormais happé dans « le grand concasseur de la modernité[8] ». Cette Asie-là restait elle-même, dans la tension permanente entre son passé à elle et son avenir à elle ; chaque pays vivait à son rythme propre et affrontait ses crises

8. La formule est de J.-G. Guillebaud, *Un voyage en Océanie*, Paris, Le Seuil, 1983.

propres. L'altérité était donc de règle, celle de l'Orient par rapport à l'Occident et aussi celle de chaque pays asiatique par rapport à ses voisins. Les zones de contact avec l'Ouest et les cas d'intervention de forces historiques extérieures n'étaient que locaux, circonstanciels, alors qu'un demi-siècle plus tard le voyageur lassé des grandes mégapoles et de leurs horizons banalisés, répétitifs, traque avec acharnement le moindre vestige d'une vie sociale à l'ancienne et le moindre site « de caractère ».

J'avais connu en 1947 un Bangkok en paix avec lui-même, entre ses canaux, les *khlongs*, dont le réseau était aussi dense qu'à Amsterdam, ses rues proprettes et tranquilles aux maisons de bois, ses passants marchant sans se hâter, ses palais et ses pagodes étincelants, bref une ville qui semblait appartenir à l'Asie de toujours et dont on apprenait avec stupéfaction qu'elle n'avait été construite qu'au XVIIIe siècle. Le même Bangkok – tous les récits concordent – est aujourd'hui affligé de congestion véhiculaire aiguë, gangrené de blocs d'affaires, déshonoré par les trafics les plus odieux, y compris le tourisme sexuel des enfants, déstabilisé par la spéculation financière, et bien sûr souillé par la pollution, car les charmants *khlongs* ont été comblés ou transformés en égouts à l'air libre ; on assure même que la ville imprudemment alourdie s'enfonce dans son sous-sol resté fluide. Je n'ai guère eu le cœur d'aller confronter mes souvenirs avec ce Bangkok-là, je n'ai pas quitté l'aéroport quand ma route y est passée dans les années quatre-vingt.

Il ne serait pas non plus question – autre mutation majeure – de traverser l'Asie entière dans les conditions de parfaite sécurité que j'avais alors connues. Je ne crois pas avoir une seule fois rencontré des yeux hostiles braqués sur moi, des gestes de menace, encore moins des agressions directes. Je m'étais toujours senti à l'aise, au milieu de ces « foules d'Asie » dont certains s'alarment et s'alarmaient déjà à l'époque. Foules certes misérables, capables pourtant d'élans révolutionnaires soudains, mais qui, au quotidien, restaient fort indifférentes à l'étranger de passage que j'étais.

Pendant ces deux ans, je ne me suis jamais perçu comme un touriste !

Il fallut bien revenir, à bord de l'*Ormonde* sur lequel j'embarquai à Bombay. Le moment politique était au rendez-vous une fois de plus, à savoir la page que l'Angleterre impériale était en train de tourner avec maestria dans l'Inde. J'avais eu du mal à convaincre la vénérable « P & O » (Peninsular and Oriental Co) de me trouver une cabine ; l'*Ormonde* était bondé de passagers *anglo-indians* (métis), inquiets de perdre dans l'Inde indépendante le statut privilégié que leur assurait l'Inde coloniale. Ils partaient peureusement vers une *Mother England* dont ils ne savaient rien. Le 15 août 1948, anniversaire de l'indépendance indienne octroyée un an plus tôt par Lord Mountbatten, ils boudèrent les fêtes organisées à bord par de hauts fonctionnaires coloniaux plus avisés. Les anciens *sahibs* et la nouvelle bourgeoisie indienne trinquèrent ostensiblement ; chacun préparait l'avenir.

Navigation de dix-sept jours. Escale à Aden et visite de son sauvage tombeau de Caïn. Passage du canal de Suez, le long duquel le paquebot ne se glissait que de justesse. Débarquement à Londres. Passage Douvres-Calais. Visite au ministère de l'Éducation nationale qui m'affecte à Nancy, sans me témoigner trop de rancune pour mon escapade de trois années. La « salle des profs » du lycée Poincaré me parut bien exiguë, bien terne…

1
Le voyage comme cheminement

Circuit, croisière ou itinéraire, pérégrination, giration ou périple, et encore randonnée, tour, trajet ou tournée : la riche gamme des variantes terminologiques du voyage ne nous éloigne pas de sa définition étymologique : voyager, c'est prendre la *voie*, la route. C'est cheminer le long d'étapes successives qui balisent le voyage, qui *sont* le voyage même dans ses entrelacs, ses pauses et ses rebonds en tout sens.

Bien rares sont sans doute, de nos jours, les privilégiés disposant à la fois d'un statut social flexible, d'une capacité intérieure d'errance, des ressources financières aussi, qui leur permettraient de rester dignes des grands classiques anciens et modernes du voyage – et aussi du récit de voyage. Ceux parmi lesquels chacun peut choisir la figure qu'il révère et le volume qui l'accompagne au bout du monde. Tels Ibn-Battuta, qui au XIVe siècle avait longuement visité l'Afrique du Nord avant de gagner, comme son devancier Marco Polo, l'Asie centrale et l'Extrême-Orient. Le chevalier de Bougainville, qui découvrit Tahiti en 1768 et dont les descriptions enchantées ont engendré un mythe culturel d'une remarquable longévité. Le capitaine Cook, tombé à Hawaii en 1779 après trois longs voyages circumpacifiques qui découvrirent l'Australie, la Nouvelle-Zélande, la Nouvelle-Calédonie et établirent l'inexistence d'un « continent austral ». Ida Pfeiffer, la première femme à avoir fait le tour du monde en 1846-1848. Mark Twain, dont la cocasse *Croisière des innocents* a inauguré en 1869 le voyage-reportage[1]. Ou plus près de nous Bruce Chatwin, qui, de Patagonie au Sénégal et en Australie, n'écoutait que la rumeur de l'escale, la voix inérieure des étendues désertes, la mémoire tantôt truculente et tantôt pathétique de ses compagnons du moment[2].

Nous avons – presque tous – renoncé à pérégriner librement de ville en ville et d'île en île, au fil du temps. Mais, pour nous dont la date-butoir du retour aura inéluctablement le dernier mot, il vaut au moins la peine de donner la préférence aux parcours en boucle, en arabesque. Alors même que tout favorise le banal aller-retour vers une destination ponctuelle, arrêtée à l'avance et qui prétend se suffire à elle-même. Certes, l'organisation technique de ces voyages directs est tellement plus simple, on y propose des conditions financières bien plus avantageuses tant pour le transport que pour l'hébergement, et le bénéfice de détente et d'« évasion » en semble immédiatement assuré. Mais ces translations linéaires sont-elles autre chose que des voyages-simulacres dont seul le *vide*, à la fois physique, culturel, moral, relie le point de départ et le point d'arrivée ? C'est un fait, un voyage conduit dans l'enchaînement d'étapes successives requiert une logistique bien plus complexe, la négociation

1. Journaliste vivant d'expédients, Mark Twain avait acheté à crédit un billet pour une croisière de l'Agence Cook vers la Méditerranée et les Lieux saints – en fait la première de toute l'histoire du tourisme commercial. Il décida ensuite un grand journal américain à prendre ses frais en charge, contre l'exclusivité de ses articles. Récente réédition de la *Croisière des innocents*, Paris, François Maspero, 1982.

2. Bruce Chatwin, un des maîtres contemporains de la littérature du voyage : *En Patagonie*, Paris, Grasset, 1979 ; *Le vice-roi de Ouidah*, Paris, Grasset, 1982 ; *Le chant des pistes*, Paris, Grasset, 1988. Ce grand nomade est décédé prématurément en 1989.

attentive des projets, l'attention quotidienne qu'il faut porter aux mille *impedimenta* de la route. Mais le voyageur itinérant sait qu'il voyage réellement.

À chaque étape, son regard se trouve à la fois imprégné des images et des idées léguées par l'étape précédente, et distancié par rapport au pays dont il est initialement parti. Telle fut mon expérience quand en 1988 j'arrivai à Tahiti, venant du Chili via l'île de Pâques, alors que l'immense majorité des visiteurs français se contentent de l'avion de Paris. Mon regard n'était pas le leur. D'emblée, je pouvais situer l'île dans la réalité géopolitique de son espace pacifique, si distendu soit-il. La tentation m'était ainsi épargnée de réduire Tahiti à un isolat déréalisé pour vacanciers métropolitains avides de soleil, à une projection non euclidienne de notre hexagone à l'autre extrémité du monde. Dans cette appartenance au Plus Grand Océan, celui que je venais moi-même de traverser, se lisait aisément le passé même de l'île, peuplée très tôt par les mêmes navigateurs polynésiens qui s'étaient aussi établis à Hawaii, à Rapa-nui (nom local de Pâques), à Aoteatearoa (nom maori de la Nouvelle-Zélande). Le même espace pacifique, « pan-pacifique » plutôt, situait à sa véritable échelle l'avenir de Tahiti, que d'autres entendent ne définir que par ses liens avec la métropole parisienne. Aborder Tahiti depuis les rivages sud-orientaux du Pacifique et Rapa-nui *faisait sens* et permettait d'aller à l'essentiel.

Sur des trajets plus modestes comme sur de grands itinéraires, il vaut toujours la peine de s'écarter des axes classiques et directs, en préférant des cheminements excentrés sinon excentriques. On peut être privé de certaines facilités logistiques, on doit chercher, tâtonner, se contenter parfois d'informations hasardeuses, sinon s'en remettre à des « locaux » trop sûrs d'eux-mêmes. Mais on est assuré cette fois d'un contact effectif avec la réalité pratique, celle du pays et de ses gens, des paysages également, et aussi de transports auxquels les étrangers ont bien rarement recours.

Il m'est ainsi arrivé, en 1992, de passer directement de

Grenade à Lisbonne, deux villes où je devais participer à des conférences à dix jours d'intervalle. Il aurait été tellement plus simple de revenir à Paris par avion ! Mais j'avais le temps et je voulus en profiter. Presque vide, le bus local qui me conduisit de Grenade à Cordoue flânait par les petites routes de la campagne andalouse, entre les immenses champs d'oliviers, les bords de talus dont la pollution n'a pas encore chassé les fleurs sauvages, les masses rocheuses, les petits ânes vaillants, les bourgades perpétuant sur les collines le souvenir des forteresses arabes qui les y précédèrent. J'avais voyagé... De Cordoue, la RENFE espagnole – dont les horaires douteux font la médiocre réputation – réussit pourtant à m'amener en gare de Séville, d'où je rejoignis non sans peine un vieux garage pour y embarquer à bord d'un « Euro-bus Pullman », décati à souhait et presque vide lui aussi. Il lui fallut treize heures pour gagner Lisbonne à travers l'Andalousie, l'Estremadure, l'Alentejo. Nous avions cheminé à l'ancienne, de station-service en poste-frontière et d'auberge rurale en supermarché ; les deux chauffeurs bavardaient sans forcer leur moteur.

Un voyage non linéaire, soucieux de ménager détours et retours, accorde de ce fait les grâces de la *seconde visite* et les retrouvailles avec le déjà-vu. On porte sur les lieux quittés quelques semaines, parfois quelques jours plus tôt un regard nouveau, plus léger et plus vif parce que dégagé des tensions, des imprécisions aussi du contact initial. On affine ses impressions premières, on les corrige, on les nuance. Rien ne remplace cette profondeur de champ temporelle, cette sorte de vision binoculaire issue de deux regards successifs mais superposés. En 1981, revenant à Nouméa après une semaine passée au Vanuatu (les anciennes Nouvelles-Hébrides), j'ai nettement éprouvé ce sentiment étrangement mêlé de retrouver un lieu déjà familier et de le regarder d'un œil neuf. La prestigieuse place des Cocotiers, haut lieu du pouvoir colonial blanc, offrait sans doute la même image qu'à mon arrivée là-bas, trois semaines plus tôt. Mais cette fois, arrivant non de

France mais de l'ex-condominium franco-anglais devenu indépendant[3], je percevais bien plus nettement l'archaïsme politique de la société « caldoche ». Sentiment souligné par le fait que j'avais atterri non plus à l'aéroport international de la Tontouta, mais sur le petit terrain vieillot de Magenta, au cœur d'une zone résidentielle européenne en état de quasi-hibernation, prétendant ignorer les bouleversements politiques des autres archipels du Pacifique. Ce second regard sur Nouméa-la-Blanche allait bien plus loin que le premier.

Pour retrouver le déjà-vu et le saisir d'un œil neuf, il suffit parfois d'un minuscule écart. Face à Lisbonne dont ne le sépare que l'estuaire du Tage ici démesurément dilaté, le faubourg d'Almada ne présente guère d'intérêt en lui-même. Sinon d'offrir, rehaussé par une grandiose avant-scène liquide, une vue panoramique sur les quartiers monumentaux de la ville. Le billet ne coûtait que quelques escudos, et l'on embarquait sur un vieux ferry bondé matin et soir de banlieusards, et presque vide dans la journée. Il avait suffi de quelques minutes, de quelques kilomètres, pour lire avec une netteté parfaite la polarité maritime de Lisbonne et son destin historique de grande capitale ex-coloniale. La même vision, m'ont rapporté avec enthousiasme des amis portugais, faisait naguère le charme de l'ancien service de paquebots entre Londres et Lisbonne ; les horaires étaient calculés pour que les passagers découvrent au lever du soleil le superbe front de mer de la ville, plus imposant encore que depuis Almada. Mais l'avion a tué le bateau, là comme ailleurs.

Ainsi chemine le voyageur, au fil d'étapes qui gagnent à se succéder, revenir sur leurs pas, se renvoyer l'une à l'autre, un peu comme cheminait au fil des chapitres le lecteur des vieux romans chinois ou anglais. Au long du *Rulin*

---

3. Depuis le début du XXe siècle, l'archipel mélanésien des Nouvelles-Hébrides (un nom choisi par Cook en souvenir des îles écossaises) était administré en commun par la France et l'Angleterre. Ce système bizarre de « condominium » disparut quand ce pays devint en 1980 l'État indépendant du Vanuatu.

waishi[4] ou de *Tom Jones*, les épisodes et les personnages s'enchaînaient eux aussi, s'entrecroisaient, disparaissaient le plus souvent, et se retrouvaient parfois, déjà familiers même s'ils restaient insolites. Le voyage, lui aussi, se lit et se relit dans les bonds et les rebonds de son cheminement, il s'en lie et s'en relie.

Certains chapitres de ces vieux romans restent comme en suspens, et le lecteur déçu les voient s'interrompre alors qu'il était prêt à en poursuivre les détours. Quel voyageur n'a pas ressenti une frustration analogue, quand ses chemins de traverse le conduisent au cœur d'une petite région d'allure recluse ? On a quitté les grands axes, les grands centres, et on découvre la richesse diversifiée d'un réseau local de relations. On change d'échelle. On serait prêt à s'enfoncer dans ces espaces-temps de proximité, on commence à se renseigner sur les itinéraires des bus ou les horaires des bateaux, certes sans vraiment y croire. Mais le temps manque, et il faut quitter Saint-Jacques-de-Compostelle, ou Lerwick la capitale de l'archipel écossais des Shetland, sans avoir pu cheminer le long des *rias* (petits estuaires envahis par la mer) des côtes de la Galice, sans avoir pu gagner Unst la sauvage, à l'extrême nord des Shetland. On s'est contenté de rêver sur la carte.

Trouver le temps de cheminer, tel est bien le grand problème du voyage et du voyageur. On doit presque toujours compter avec les impératifs du budget-temps, et pourtant, la priorité ne devrait-elle pas être de consacrer au voyage le temps qu'il requiert, non de « gagner » du temps à ses dépens ! Privilège rare, car en voyage « le temps est bien,

4. Le *Rulin waishi* (traduit en français sous le titre *La forêt des lettrés*) est un des grands romans du Moyen Âge chinois. Son seul vrai héros, c'est le milieu des lettrés confucéens, dont les silhouettes presque interchangeables passent et disparaissent au long du roman.

de tous les luxes le plus précieux », selon le mot de Nicolas Bouvier, l'auteur de *L'usage du monde* ; on sait que, de Genève aux passes de Khyber, ce « pro » du voyage au fil du temps était resté dix-huit mois en chemin.

Quels sont donc, pour le voyageur qui se respecte, les mérites respectifs de l'avion, du bateau, du train, du bus comme compagnons de voyage, et non seulement comme agents techniques du voyage ?

L'avion est à coup sûr un faux ami, sinon un anti-voyage auquel on ne devrait avoir recours que pour gagner commodément la région où le vrai voyage pourra commencer. Il n'assure que des déplacements déréalisés, en situation de « hors-temps » comme de « hors-sol » ; il brouille les distances, fausse les perspectives, dérègle la *bodyclock* ; il interdit par surcroît toute maturation progressive et graduelle du voyage, tout contact avec les espaces intermédiaires qu'il efface et renvoie au néant, les survolant au lieu de les traverser.

Encore que, à l'occasion, l'avion puisse participer lui aussi à la vérité du voyage et lui apporter une note de réalité imprévue. Entre Rome et Melbourne sur un vol Al-Italia, les passagers sont souvent des paysans âgés, sans expérience de l'aviation, et qui vont visiter des proches installés en Australie. Leurs frayeurs contenues tout au long du vol se libèrent soudain dès que les roues commencent à cahoter sur le sol, la cabine entière éclate en clameurs, en signes de croix et en actions de grâces : l'avion ne nivelle jamais complètement les traits propres à chaque société. Autre exemple entre cent, la desserte aérienne d'îles comme la Dominique dans les Caraïbes ou Aurigny dans l'archipel anglo-normand appartient déjà à leur culture d'exiguïté micro-insulaire. L'avion n'a que dix places, six parfois, il se maintient à peine au-dessus des vagues, on guette les ratés de son moteur bruyamment rassurant.

Le paquebot, par définition, n'est guère mieux placé que l'avion pour assurer un contact avec la réalité sociale des pays traversés – mis à part le petit monde composite de ces « villes flottantes ». Mais il chemine à son rythme. Il permet à l'esprit de se préparer lentement à l'aller, et de méditer, de trier les souvenirs au retour. Las ! Le temps n'est plus des grands *liners* tels le *Queen Elisabeth*, dont les six jours de trajet entre New York et Cherbourg correspondaient exactement aux six heures de décalage horaire et les égrenaient sagement. Le temps n'est plus des *streamers* superbement évoqués par D. H. Lawrence dans son roman *Kangourou*, à savoir les rubans de papier que les passagers déjà à bord lançaient à leurs proches restés sur le quai. Ces fils ténus se tendaient à l'extrême, se brisaient l'un après l'autre et finissaient par pendre tristement au flanc du navire, signes dérisoires et pathétiques du grand départ, ainsi de Sydney à San Francisco.

Le bateau sait prendre son temps, mais il ne permet plus que des échappées occasionnelles, alors que le train – « donneur de temps » lui aussi – reste le fidèle ami du voyageur terrestre.

Voyager par train, c'est à la fois se tenir au contact direct et immédiat des paysages traversés – ensembles urbains ou sites naturels – et pourtant ne les observer qu'à distance, à partir d'une structure technique en mouvement rapide. Cette double relation d'intériorité et d'extériorité fait toute l'originalité du cheminement ferroviaire. On en perçoit la force quand le train se trouve suivre un fleuve, un lac, un bord de mer. On s'immerge en esprit dans ces masses liquides dont on est si proche, à quelques mètres parfois, on n'arrive pas à en détacher le regard. Mais la vitesse du train interpose entre le voyageur et ces eaux quasi immobiles une bien singulière distance spatio-temporelle, qui déconcerte et fascine. Longer le lac Majeur dans l'Italie du Nord, suivre de son wagon le littoral de la Méditerranée, traverser les détroits danois est toujours une vraie fête ferroviaire.

Le train, seconde occasion de plaisir, opère comme un système technique autonome, infrastructures comprises : ce n'est pas le cas de la voiture. Il va droit devant lui à mesure que la voie ferrée tranche les collines, traverse les zones d'activité agricole ou pastorale, taille à vif dans les forêts, passe des banlieues industrielles au cœur historique des cités. C'est la continuité même du ruban métallique, image vernienne, qui propose la succession de ces panoramas en perpétuel renouveau. Le passager pressé seulement de « gagner du temps » préfère les trains de nuit, il n'en attend qu'une prestation technique calculée au plus juste. Mais le connaisseur choisit délibérément les trains de jour, ceux qui permettent de *voir*. Les grandes percées transalpines font la joie des voyageurs, avec leurs bourgades à l'ancienne, leurs sommets hardis, leurs ouvrages d'art, leurs cascades, leurs éboulis, leurs chapelles solitaires et leurs chalets perdus sur les hauteurs.

Tous les trains ne proposent pas les aménagements kitsch du vieil Orient-Express, ressuscité aujourd'hui sous la forme de luxueuses croisières sur rail, avec marqueteries « art déco », sièges de cuir repoussé et cuivres à foison. Tous ne cherchent pas à cultiver l'exotisme à grand renfort de peintures aborigènes en acrylique, à la façon du Ghan qui traverse l'Australie centrale entre Adelaïde et Alice Springs ; son nom évoque la vieille piste le long de laquelle, au XIXe siècle, les chameaux venus d'Afghanistan assuraient la liaison avec les *stations* perdues au « cœur rouge » du désert. Mais on est toujours assuré, en chemin de fer, de rencontres insolites et de scènes truculentes dès que le voyage dépasse quelques heures et s'installe dans la durée. On s'observe un temps, on fait volontiers connaissance, on échange impressions, provisions et recommandations. Un étranger est vite adopté, alors que dans les avions on s'ignore plutôt.

En Chine – peut-être le seul grand pays dont le réseau ferré continue à se développer au lieu de se dégrader –, les voyages en train se prêtent fort bien aux rencontres fortuites et bon enfant, souvent anecdotiques, parfois riches. Ainsi, en 1995, je liai vite connaissance avec deux voisins de compartiment, entre Pékin et Xi'an ; courtoisement, ils se présentèrent comme professeurs à l'Institut des beaux-arts de cette ville ancienne et s'offrirent comme guides pour la visiter le lendemain ; ils revenaient eux-mêmes d'une exposition de peinture moderne à Londres. Entre Pékin et Hongkong, en 1988, ce fut avec les frères Chan que la conversation se noua aisément. Amis de René Dumont, ils connaissaient à fond les accablants dossiers de la pollution dans la Chine postmaoïste ; le temps passa vite à écouter ces deux respectables gentlemen écologistes, aussi simples et cordiaux, aussi mutuellement attentifs que les frères Cheeryble du roman de Dickens *Nicholas Nickleby*. Quant à la marchande de légumes rencontrée en 1995 dans le train Chengdu-Chongqing, et dont les stocks s'étalaient sans façon dans un compartiment entier, elle sortait tout droit d'un film néoréaliste de Zhang Yimu : œil cupide, peau grasse, vêtements criards, gestes impérieux à l'adresse de son commis terrifié.

C'est aussi en soi-même que le voyage ferroviaire invite à cheminer, et pas seulement en compagnie d'un microcosme composite et inattendu. Expérience singulière, le train se révèle aussi libérateur qu'envoûtant. Il prodigue ses sonorités, ses secousses, ses rythmes dont on se laisse pénétrer mollement :

> Il y a dans la masse des sensations ferroviaires, nourrie par le balancement des wagons sur la voie, note un reporter, une impression de rythmes souverains qui domine, un bienfaisant ressassement de type musical qui vous berce le mental, vous masse les idées noires[5].

Du fait même de cette immersion ferrée, l'esprit détendu laisse remonter sans peine les réminiscences, les fantasmes, les analyses, les projets ; voyage déjà déroulé et voyage à venir s'enchevêtrent agilement. Quittant Pékin en 1988 – trajet qu'on vient d'évoquer –, je n'ai pas regretté d'avoir voulu regagner Hongkong par train ; deux jours et deux nuits n'étaient pas de trop, pour ruminer à loisir le contraste brutal que je venais de vivre, entre la nouvelle

5. Max Genève, « Carnets de rail », *Le Monde*, 13 janvier 1990.

Chine du « enrichissez-vous », et la Chine du maoïsme autoritaire et utopique que j'avais quittée treize ans plus tôt. Le couple « Cheeryble » avait contribué à cette rumination.

Telles sont les grâces que le train dispense au voyageur, tel est « l'être-dans-le-train », chapitre inédit de la sociologie phénoménologique. Ou du moins dans le train traditionnel, toujours accueillant même s'il ne connaît plus les superbes exubérances des locos à vapeur d'antan, que célébrèrent Verne et Zola, Honegger et Renoir. Le TGV, en revanche, n'est guère qu'un avion sur rail, aussi étranger à son environnement naturel et social que l'hydroglisseur par rapport à son environnement nautique. Les TGL, par bonheur, n'ont pas tous disparu, les lignes perdues dont la lenteur dit à la fois la vétusté et l'acharnement à survivre. C'est le cas entre Nice et Digne, le long d'une voie si précaire que la SNCF avait refusé de l'intégrer à ses réseaux quand elle fut créée en 1937, mais qui est toujours en activité. À vitesse réduite, on savoure pleinement le charme des itinéraires et le pittoresque des aménagements que proposent les « trains pas comme les autres[6] ».

Voyager en prenant son temps, tel est aussi l'enjeu des trajets en autocars et autres bus routiers. Si on ne craint ni les cahots, ni les odeurs, ni le bruit, ni l'agitation, les bus à longue distance font entrer d'emblée dans la réalité sociale la plus crue, et ce dès la gare routière tantôt bourdonnante et débraillée, tantôt sinistrement vide. De New York à Montréal en passant par la petite auberge de Saratoga, lieu oublié d'une capitulation anglaise qui en 1777 assura l'indépendance des États-Unis, ou de Tananarive à Fianarantsoa en traversant les hauts plateaux de l'Imerina qu'en 1976 dévoraient les feux de forêt, ou de Canberra à Melbourne à travers les riches terres et les anciennes bourgades coloniales du Victoria, les trajets en bus ne m'ont jamais déçu. Et

6. Titre d'une intéressante série de reportages télévisés, dont l'auteur avait été un de mes compagnons de voyage en Moyen-Orient, en 1946-1947.

surtout pas le célèbre réseau américain des *Greyhounds*, auquel j'eus recours en 1981 entre Miami et la Nouvelle-Orléans. Le pullman avait parcouru les interminables banlieues cossues de Floride, longé les réservoirs pétroliers monumentaux de Mobile, franchi le lac Pontchartrain par ce qui est présenté comme le plus long pont du monde. Il avait fait de nutritives escales en pleine nuit dans une pâtisserie semi-artisanale déjà au travail, au petit matin pour un breakfast rustique à Tallahassee, un peu plus tard à Pensacola pour un banal « barbecue chicken », à Mobile encore pour des spaghetti à la viande. Il ne transportait que des personnes âgées et quelques femmes noires, seules catégories d'Américains ne disposant jamais d'une voiture. Pendant vingt-quatre longues heures, j'avais vécu avec l'Amérique réelle.

Est-il un trajet en bus, surtout dans les pays du Sud, qui ne cultive – même à son insu – l'image-archétype du film *Subida al Cielo* ? Buñuel y a parfaitement évoqué le chauffeur qui bavarde en surveillant son frein fatigué, les bagages entassés négligemment sur le toit, la route à demi effondrée, les passagers qui se chamaillent ou se courtisent, les auberges de campagne faméliques mais ravies de voir arriver ces victimes consentantes.

Le voyage ne trouve vraiment sa plénitude que dans deux champs ultimes d'itinérance : la fermeture de l'île et l'étendue de la planète. Le tour de l'île assure la maîtrise d'un microcosme parfaitement circonscrit. Le tour du monde porte les girations du voyageur à leur amplitude maximale, soit les limites mêmes de notre macrocosme terrien.

Accéder à l'île a déjà un parfum d'aventure. L'avion n'est pas toujours disponible, il est souvent hasardeux. On a plutôt recours à des bacs, des ferries, des caboteurs pittoresques et usés par l'âge. Leurs horaires sont imprécis, leurs règles bizarres, et les compagnies qui les gèrent changent souvent de nom et de locaux. Quand on embarque à Athènes pour des archipels égéens peu fréquentés, à Dublin pour l'île de Man, ou à Guernesey pour Sark, on finit par paniquer un peu, à la recherche du point d'embarquement que personne ne semble connaître. Autant d'épreuves quasi initiatiques, qui annoncent déjà la culture îlienne de réclusion altière et son penchant pour le secret.

L'île, par définition, se prête admirablement à la dispersion buissonnante des itinéraires qui y tournent et retournent, on y est prémuni contre les tentations du cheminement linéaire. Tant cet espace fini, fermé vis-à-vis de l'extérieur, est de ce fait ouvert sur lui-même, libre notamment des barrières étatiques que l'histoire a tracées à travers les continents. Les frontières intra-insulaires sont rarissimes, ainsi entre Haïti et la République dominicaine, entre la Papouasie et l'Irian Jaya indonésien, entre l'Ulster et l'Eire ; elles font toujours figure de cicatrices incongrues, auxquelles bien souvent les intéressés ne se sont pas vraiment résignés. Cas limite, et de format timbre-poste, la ligne dérisoire qui sépare depuis les traités de Westphalie (1648) la partie hollandaise et la partie française de l'île de Saint-Martin, aux Antilles. On a reculé devant le ridicule d'un poste-frontière, et seul l'aspect du goudron de la route signale qu'on passe d'une souveraineté territoriale à l'autre. Pour tracer la ligne au XVIIe siècle, il avait suffi, raconte-t-on, qu'un marin français et un mari hollandais s'élancent à la course le long du littoral, mais en sens opposé ; la ligne de démarcation qui continue à traverser l'île réunit le point d'où ils étaient partis et le point où ils s'étaient rejoints.

Voyager dans une île, c'est entrer dans sa culture politique endogène, c'est rencontrer l'identité îlienne toujours vivace. L'honneur de Guernesey éclate à chaque page de *Sarnia*, le roman autobiographique de G. B. Edwards, et les lèvres usées par le temps et le vent de son héros Ebenezer Lepage – en fait son double – ne laissent passer aucune occasion de pester contre les gens de Jersey ; même une brève visite dans l'archipel anglo-normand révèle combien cet antagonisme entre les deux voisines a la vie dure.

À l'autre extrémité du monde, le même attachement viscéral, cette fois collectif, s'est longtemps exprimé à Tahiti dans la coutume du tour de l'île en *truck* (petit camion ouvert), pour fêter le Jour de l'An. On affirmait ensemble l'appartenance à un espace qu'on parcourait dans son intégralité, on entrait ensemble dans l'avenir millésimé de l'île. C'était un vrai rite, racontent les anciens, on chantait, on s'interpellait de *truck* à *truck*, on s'arrêtait en bord de mer pour des ébats joyeux. Mais la voiture particulière devenue omniprésente a tué les transports de passagers par *truck*, donc les pittoresques « tours de l'île ».

C'est son littoral qui définit le champ insulaire, qui en établit le caractère fini, complet, autocentré, et pourtant largement déployé sur l'horizon. Le voyageur aux îles sait qu'il lui faut entrer dans la micro-continentalité îlienne et découvrir son identité vigoureuse, bref regarder l'île vers l'intérieur ; en sens opposé, il ne peut se retenir de méditer aussi sur les étendues marines qui ouvrent l'île sur le reste du monde.

En fait, l'horizon de l'île est loin d'être toujours vide. Assez rares sont les îles tout à fait orphelines ou abandonnées, telles Saint-Hélène ou Pâques. La plupart vivent plutôt « en famille » ; du littoral, le regard s'arrête vite sur une autre île, visible au moins par beau temps, si voisine parfois qu'on la croirait presque à portée de voix. Dans les archipels grecs, autour de la Guadeloupe, dans les parages de l'Écosse, ou plus nettement encore à travers l'immense Pacifique, le voyageur peut observer quel équilibre délicat intervient entre l'identité particulière de chaque microcosme îlien et la non moins vigoureuse identité « familiale » de chaque groupe d'îles. Les gens des Marquises ne se commettent pas avec ceux des Tuamotu.

On a parcouru à satiété le petit monde circulaire de l'île, on a même parfois réussi, quand elle n'est pas trop grande, à embrasser celle-ci visuellement du haut d'une butte, dans sa quasi-totalité. Mais quand le voyage se déploie à l'échelle « macro » de la planète, ce ne sont pas seulement les distances qui se dilatent infiniment, échappant ainsi à notre expérience concrète. On passe, transgression majeure, de la circonférence îlienne définie dans sa surface à la sphère terrestre définie dans son volume. Quand Phileas Fogg voulut faire le tour de la Terre, c'est à cette circularité sphérique qu'il dut s'adapter, d'ailleurs involontairement. On sait qu'il remporta ainsi son pari grâce à la journée gagnée patiemment, à mesure qu'il avançait vers l'est et perdait chaque jour une heure qu'il allait finalement retrouver à son avantage.

Également noués sur eux-mêmes, l'île et le globe ont tous deux ramené à leur point de départ, qui les marins-coursiers du XVIIe siècle, qui Phileas Fogg. Mais l'île est à notre échelle, elle est souvent à portée de notre vue sinon de nos jambes. Alors que la macro-circularité du globe terrestre n'est accessible que par des références mentales, superposées aux perceptions directes : les points cardinaux, définis par le mouvement apparent du soleil, les fuseaux horaires, la ligne de changement de date qui traverse du nord au sud l'immense Pacifique.

Au long d'un voyage circumterrestre, on a certes vécu « à plat » les étapes parcourues. Les horizons de proximité se sont succédé sans heurt, sur terre comme sur mer. Mais ces repères directs, visibles, ne préparent guère le voyageur à revenir à son point de départ – démarche qu'on sait pourtant si banale, depuis Christophe Colomb… Le tour du monde, *mais seul notre esprit le perçoit*, se déploie dans un champ sphérique à trois dimensions, alors que deux suffisaient pour faire le tour de l'île. On a avancé vers l'est, du « Proche »-Orient au Moyen-Orient puis à l'Extrême-Orient, on a atteint les rives d'un Pacifique qu'à son tour, pense-t-on, on va traverser « vers l'Est ». Mais c'est pour se retrouver soudain, nonobstant la continuité apparente du voyage, dans cet « Extrême-Ouest » qu'est le mythique Far West de la géopolitique américaine.

Autant la relation Ouest-Est est mobile et réversible, capable de rebondir de proche en proche pour soudain basculer, autant la relation Nord-Sud est à la fois stable et fidèle à elle-même : en tous lieux du globe, le Nord et le Sud gardent la même position l'un par rapport à l'autre. Évalués à l'échelle de notre macrocosme planétaire, les quatre points cardinaux n'ont donc pas du tout le même statut ; deux sont relatifs, toujours projetés en avant parce qu'ils théorisent le mouvement de la Terre tournant sur elle-même, deux en revanche sont (relativement) fixes, liés à l'axe même de cette rotation.

Le voyageur venu du Nord qui passe dans l'hémisphère Sud ne se soucie guère, le plus souvent, de philosopher sur le statut des « quatre Orients ». Mais il réalise vite qu'il va entrer dans un autre système de repères spatio-temporels, alors que son confrère qui va vers l'Est ou l'Ouest n'a pas quitté son univers cosmique familier même s'il lui arrive d'entrer dans un autre univers social. En franchissant l'Équateur, les anciens de la marine à voile avaient le sentiment très vif de la mutation planétaire qui les jetait dans l'inconnu ; il leur fallait bien conjurer cette anxiété existentielle, et Neptune en personne présidait aux rites exubérants du « passage de la ligne ».

De nos jours, c'est en général en avion qu'on passe la ligne, à destination de l'Australie, de l'Afrique du Sud, de l'Argentine ou de la Nouvelle-Zélande. Mais toujours pour y découvrir un cadre de vie quotidien dont les repères cosmiques sont bouleversés. C'est l'exposition au nord, non au sud, qui valorise désormais les façades urbaines et les versants ruraux les mieux ensoleillés. Les jours sont les plus longs, les plus chauds en janvier, même si des Pères Noël étouffant sous leur houppelande continuent courageusement à distraire les enfants dans les rues. On dit même – cette tradition fait l'objet de plaisanteries classiques – que les lavabos jouent aussi leur partie dans le concert sudiste : leur eau tourbillonnerait en sens inverse de l'hémisphère Nord ! Et le passage à un autre mode d'agencement de l'espace est plus sensible encore au cœur de la nuit, quand ce n'est pas la Petite Ourse qui définit la polarité céleste, mais la Croix du Sud, perdue dans un firmament dont l'étrangeté radicale saisit d'emblée le voyageur venu du monde boréal. Il lui faut renoncer à retrouver les constellations qui lui sont familières et il s'abandonne à ce ciel déroutant sinon anxiogène, face à des jeux d'étoiles inconnus.

Telle est la singularité disons « cardinale » des voyages dans l'hémisphère Sud. Ils sont les seuls à nous transporter dans un ailleurs authentique, à nous imposer une inversion radicale des signes et des repères de notre être-dans-le-monde. Les contrastes inhérents à la rationalité de notre écosphère, de notre maison sphérique, sont peut-être moins immédiats entre le nord et le sud qu'entre l'est et l'ouest, ils n'ont pas les mêmes incidences pratiques notamment horaires – lesquelles posent de gros problèmes techniques à notre âge de « mondialisation ». C'est pourtant à Sydney et à Tananarive, à Valparaiso et à Wellington, qu'est directement sensible la bipolarité existentielle de notre « vaisseau spatial Terre ». Et le message est plus fort encore dans l'obscurité de la nuit.

Le voyageur cheminant en pays lointain chemine en compagnie de lui-même, il chemine en lui-même.

Le soi-en-voyage représente une épreuve sévère, et souvent une découverte. Il faut vivre à l'aise le réajustement constant des lieux, des rythmes et des gens ; il faut saisir au vol ce qu'on ne retrouvera pas, une sonorité singulière, l'éclairage qui anime soudain un site, la confidence insolite d'un inconnu de rencontre. Il faut choisir d'aller de l'avant alors qu'on est loin d'avoir épuisé les ressources de l'étape du jour. Il faut « accommoder » en permanence son regard intérieur, tantôt perdu dans le lointain et tantôt absorbé entièrement par un détail d'apparence minuscule.

« L'usage du monde », selon la belle formule de Nicolas Bouvier, implique le bon usage de soi-même. Y compris de la capacité à laisser son œil flotter dans le vide et à écouter le silence. « Voyager, c'est promener son rêve », disait Mme de Girardin. Le rêve qu'on avait emporté avec soi, le rêve aussi qui surgit face à un paysage dément ou au cœur d'un vieux quartier, resté habité d'une vie secrète.

Le voyage est une intense expérience culturelle, qui fait défiler tant de mythes et d'images, de hauts lieux et de temps forts, de sites consacrés et de chefs-d'œuvre classiques, répertoriés par l'UNESCO sous la forme d'une liste du « patrimoine mondial » qui est intelligemment diversifiée, jamais décevante. Cette expérience est une affaire personnelle, intime. On peut rester quasi indifférent à tel site majeur, mais revenir dix fois vers une petite cour moussue d'un monastère des Collines de l'Ouest dans la banlieue de Pékin, ou vers une falaise de l'Australie centrale dont les filons minéralisés proposent exactement les mêmes ocres, les mêmes noirs, les mêmes blancs que les peintures aborigènes cachées en contrebas.

Voyager avec soi-même, c'est encore assumer les défis qu'on se lance à soi-même, se sentir tiré au-delà de soi-même, plus précisément au-dessus de soi-même. Tel fut mon cas un jour d'hiver 1988 lors d'une excursion au Taishan, la plus majestueuse des montagnes sacrées de la Chine. Le vent nous transperçait, la glace se formait sous nos pieds, le sommet se perdait dans les brumes, et les trois mille marches qui y menaient (à partir du parking établi déjà à mi-hauteur) étaient bien glissantes ; effort d'autant plus ardu que le pied ne pouvait se poser qu'en diagonale sur ces dalles trop étroites, construites à la mode chinoise. L'œil à la fois inquiet et ravi devait accommoder en permanence entre ces degrés si exigus et le paysage de stèles géantes, de ravins, de pagodons, de crêtes boisées qui s'élevait à perte de vue. Il n'est pas de voyage authentique sans montée vers les sommets. On voit loin à l'horizon, on voit loin en soi-même.

Voyager en compagnie de soi-même, est-ce donc voyager seul, en dédaignant les voyages collectifs ? En fait, les deux formules ont chacune leurs mérites. Dans la fidélité à Jean-Jacques, tout voyageur, tout promeneur est solitaire ès qualités. Il tire ainsi le meilleur parti des rencontres, des moments, des surprises. C'est dans ces conditions qu'en 1988 j'ai subi l'épreuve toujours initiatique de la « Grande Boucle », de Santiago à Tahiti et de Canberra à Singapour ; il fallait l'assumer seul. Mais d'un autre côté, ni la compagnie de proches, de personnes auxquelles on était déjà lié et qu'on retrouvera au retour, ni non plus les petites sociétés fortuites et composites que sont les groupes, n'interdisent, bien au contraire, les temps de retraite en soi-même. En compagnie, on voyage comme au second degré, on joue à la fois de ses propres impressions et de celles qu'on recueille autour de soi, stimulantes ou irritantes.

Cheminer avec soi-même, c'est aussi cheminer en soi-même. Comme toute entreprise, comme toute épreuve, le voyage vous fait « avancer ». À la fois pour mieux se connaître soi-même dans ses goûts, ses capacités, ses limites aussi, et pour se découvrir soi-même dans la force du nouveau et le choc de l'imprévu. Bien rares sont ceux qui rentrent d'un long voyage sans y avoir gagné, tel du Bellay, « en usage et raison ».

Si pourtant on a rencontré l'autre en soi-même, si l'on a vu un autre soi-même surgir et s'affirmer, c'est au contact des ailleurs et des autres. On a rencontré d'autres sensibilités, d'autres polarités, d'autres temporalités, d'autres modes d'exister. Et le choc de ces « autres » permet au voyageur de prendre la mesure de son propre soi.

Le cheminement en soi n'est pas un « en-soi ». Loin de s'enfermer dans le narcissisme et le solipsisme, il se déroule dans des *lieux* qui sont des entités sociales, des occasions de rencontre avec le monde des humains ; le Je découvre le Eux et va ainsi accéder à la communauté du Nous. Cet essai, qui chemine lui-aussi sur un mode non linéaire, espère ainsi aboutir à une réflexion sur l'universel.

Interlude I

Itinéraires d'Amérique latine

Au Nicaragua, la dictature de Somoza vient d'être renversée par les sandinistes et l'ambassade m'a gravement octroyé en septembre 1980 le visa de tourisme n° 1, nouvelle série. Pour découvrir le pays « à chaud », mieux vaut sortir de Managua emportée par la joyeuse pagaille de la libération, et où des soldats perdus tirent encore la nuit. Dans les bus de campagne, seuls disponibles vers Leon, Chinandega, Juitega ou Matagalpa, se serrent des colporteurs aux stocks dérisoires, des écoliers en impeccable chemisette blanche regagnant leurs masures, des paysans montés à chaque tournant sans avoir pris la peine d'aller jusqu'au prochain arrêt. Sur le marchepied, un bagagiste-aboyeur-caissier très bunuélien grimpe sur le toit en pleine vitesse pour assurer une corde, hèle les clients, les entasse dans l'allée centrale. Mais il refoule brutalement une jeune sandiniste qui tente une collecte en faisant appel à la solidarité révolutionnaire des passagers ; matérialisé par une simple ficelle en travers de la route, ce péage militant sous les plis du drapeau rouge et noir semble aussi incertain que le nouveau régime.

Les bestiaux sont chez eux sur la chaussée ; mais le chauffeur dispose de trois klaxons selon l'épaisseur de la muraille de vaches qu'il faut fendre, ni trop vite ni trop lentement... Les cicatrices de la guerre civile sont toutes fraîches : véhicules militaires incendiés, transformateurs explosés, murs criblés de balles.

Perdu sur la côte atlantique, accessible seulement par les vapeurs qui de Rama descendent le Rio Abscondido, Bluefields (du nom d'un pirate du XVIIe siècle) est un ancien protectorat anglais tardivement réuni au Nicaragua. Désœuvrés, placides et résignés, les descendants des esclaves autrefois amenés de la Jamaïque flânent dans ce Harlem tropical où il pleut « treize mois sur douze ». On est coupé du monde, le temps est immobile, de très vieux Noirs au corps décharné discutent à longueur de journée, à longueur de rue, la crosse du parapluie adroitement coincée dans la clavicule.

Mais le choc sandiniste a déjà atteint ce petit monde assoupi. Dans les *barrios*, des comités de femmes prennent en mains l'élimination des ordures, celle aussi des résidus somozistes. Au Carnaval annuel de Bluefields, le 5 octobre, des chars narguent l'*american way of life* et célèbrent cocotiers, guitares et paillottes (« *Lo nuestro, lo mejor* »). Un autre char, impensable dans le climat peureusement folklorique de l'année précédente, salue l'entente entre les Noirs anglophones, les « Nicas » hispanophones et les Miskitos indiens, nombreux sur la côte. Bonne volonté manifeste, qu'allait vite gaspiller le dogmatisme de Managua ; les sandinistes n'ont jamais gagné en profondeur la confiance des gens de Bluefields.

Esteli, dans les montagnes du Nord, est une ville martyre de la révolution sandiniste : trois insurrections l'ont meurtrie, contre lesquelles les avions somozistes avaient lâché leurs bombes. Devant la cathédrale passent des unités de partisans, les traits tirés, équipement et vêtements hétéroclites, les pieds traînant douloureusement. Les plus jeunes ont quatorze ans à peine. Immobiles, en files approximatives, ils chantent *Adelante, hijos de Sandino*[1]. Ils ont lutté dans la forêt, ils ont tenu bon, ils vont prendre leurs quartiers dans la caserne voisine.

Trois rues plus loin, trois heures plus tard, une délégation gouvernementale de Managua discute avec les cadres locaux d'Esteli. Discute, mais seulement de voirie ou d'hygiène, problèmes effectivement gravissimes dans cette cité à demi détruite. Aucun dialogue politique, et seulement une « assemblée populaire » autour d'une plate-forme de camion, podium improvisé d'où se déversent les mêmes formules officielles que chaque jour à la radio : difficultés – confiance – reconstruction – vigilance... Les gens écoutent à peine.

Les deux faces du sandinisme se tournent le dos, l'authentique et le factice, le bas et le haut, la lutte et le discours. Sparte prétend remplacer la Rome somoziste, mais la rigidité à la cubaine perce déjà derrière le hâle généreux et émacié des jeunes guérilleros descendus de la montagne.

Le Chili, insolite ruban étatique étiré sur 4 500 kilomètres entre les Andes et l'Océan, se prête admirablement au cheminement du voyage, il l'impose même. En juillet 1988, un Congrès des sciences du Pacifique tenu près de Valparaiso me fournit l'occasion de parcourir longuement le pays, des îles du Sud à la frontière péruvienne. La « transition démocratique » vient de s'ouvrir, la dictature de Pinochet s'efface déjà, on peut se recueillir sans risque devant le palais de la Moneda où Allende est tombé, les patrouilles armées se font rares. Mais le projet de société de la dictature est resté en place. La grande distribution à l'américaine a évincé le petit commerce de proximité, ainsi au bout de la Calle Bremen dans Nuñoa où m'accueille une famille d'ex-réfugiés politiques de Paris, récemment rentrés au pays. Une

1. « En avant, fils de Sandino ! » Le général Sandino, dont se réclamaient les révolutionnaires marxistes de 1980, dirigea au Nicaragua dans les années 1920 une insurrection paysanne anti-américaine.

vieille épicerie vient d'y fermer après une lente agonie. Au centre de Santiago, les bus privés tournent presque à vide, harcelant le client, le disputant au concurrent, l'empoignant au besoin. Le régime de Pinochet a multiplié les licences de transport au-delà des besoins, pour se créer une base politique. Mais ces petits exploitants besogneux et avides ne se soucient guère d'entretenir leurs moteurs, de toute façon trop nombreux. Une pollution épaisse s'est installée, magma jaunâtre et grisâtre dont on ne prend pas conscience en arrivant par l'aéroport, lui-même empâté. Je la découvre avec horreur, du haut du vieux funiculaire menant au zoo de San Cristobal ; les animaux, eux, respirent un air normal.

Nichée dans un creux de la côte du Pacifique, à mi-chemin de la Terre de Feu, la *Grande Isla de Chiloe* cultive avec dilection son identité insulaire. Le bus de Puerto Montt, la dernière grande ville de terre ferme, a serpenté pendant trois heures entre tourbières, mares et bosquets. C'est l'hiver austral, mais les verts vifs l'emportent sur les jaunes et les bruns, soulignés par l'extrême humidité du climat hyper-océanique modéré. Chiloé tourne le dos aux immensités hostiles du Pacifique et vit de sa mer intérieure, face au Chili propre. Sur la façade marine de la capitale Castro et des autres ports, s'alignent les *palafitos* (maisons sur pilotis), à double entrée : d'un côté la base de pêche, de l'autre l'exploitation rurale. À Chiloé, on est à la fois marin et terrien. Mais la pierre manque totalement et la « culture du bois » domine toute la vie de l'île : *tejuelas* (tuiles décorées) pour les toits et les murs, instruments agricoles, jouets, et jusqu'à la monnaie autrefois. Avec ses statues de bois, ses poutres maîtresses, son plancher, son clocher de bois, sa voûte en coque de navire renversée, l'église San Francisco est un festival ligneux dont on est fier.

Avec le bois et la pêche, m'explique avec ferveur mon nouvel ami Oscar G., la pomme de terre est un autre ingrédient majeur de l'art de vivre à Chiloé ; les îliens connaissent à fond ses cent variétés et leurs nuances de goût, d'aspect ou de mode de cuisson. J'avais rencontré Oscar à Puerto Montt, il s'est replié loin dans le Sud à l'époque de Pinochet, il s'y est plu, il est très engagé dans la reconstruction démocratique. Nous parlons de tout cela sur le front de mer de Castro, à la terrasse d'une plantureuse *maresqueria* à laquelle, je m'en rends vite compte, ses ressources plus que modestes ne lui donnent guère accès. Sa femme croate Ivanina, chiloéenne d'adoption et de dévotion, s'est jointe à lui pour aider ce visiteur passé trop vite à découvrir un peu de l'île qu'ils chérissent.

À Chiloé comme en Tasmanie ou comme dans l'île Sud de la Nouvelle-Zélande, on est au terme austral extrême de la vie humaine sur terre. J'ai toujours apprécié le climat invariablement doux de ces contrées, leur simplicité accueillante, leur conscience aiguë d'une marginalité de l'Extrême-Sud. On se sent à l'aise, parmi ces gens qui prennent le temps de vivre.

À l'autre bout du pays, très loin de l'humidité conviviale de Chiloé, j'ai vainement cherché quelques jours plus tard le regard d'un vieil Indien Aymara, rencontré dans l'aridité solitaire du désert de l'Atacama à la frontière péruvienne. Dans un fouillis de vieilles planches, de pneus usagés et de bidons de rebut, il essaye d'arroser quelques légumes au bord de la grande route du désert, celle qui m'a amené de la zone franche d'Iquique toute proche. Dans le vide absolu de ses yeux, il me semble lire le vide même où a sombré son peuple, rameau déchu des prestigieuses civilisations précolombiennes du Pérou, désormais réduit à quelques milliers de personnes sur ce plateau de l'Altiplano ; les autres ont glissé dans la misère et le chômage des banlieues du Nord-Chili. C'est aussi le vide, qui a succédé aux mines de salpêtre toutes voisines, si actives jusque dans les années cinquante-soixante et dont ne subsistent que des cités-fantômes en plein désert, des tranchées de rail à voie étroite, des débris de cuir tombés du harnachement des mules qui ravitaillaient les mineurs et que la sécheresse extrême a gardés intact.

Vide également, voici la *Panamericana*, l'autoroute qui, de l'Alaska à la Terre de Feu, entendait exalter la puissance *gringo*, mais que l'insécurité croissante des pays andins a fermée peu à peu au trafic à longue distance. Comme est parfaitement vide l'Atacama lui-même, où rien ne pousse que l'arbre *tamarago*, qui réussit à ne se nourrir que de rosée. Les yeux du vieil Indien étaient plus vides encore, accablés, perdus dans cet horizon lunaire dont la lumière rasante du soleil tôt couché n'arrivait même pas à animer les masses molles.

N'est-ce pas ce vide même, ces quatre figures du vide, qui ont attiré ici la ZOFRI (Zone franche d'Iquique), créée par le régime Pinochet et par où transitent en masse les productions d'Asie orientale, ensuite redistribuées dans tout le « cône Sud » ?

À Mexico-City, dans le vieux quartier de Tlatelolco, la place des Trois-Cultures n'est pas qu'une attraction recherchée des touristes. Cet audacieux « collage » historique bondit à travers les siècles ; en quelques mètres, on va passer d'une pyramide aztèque en basalte rouge et noir à une belle basilique espagnole de style baroque colonial, et un peu plus loin à de sobres buildings d'affaires, dont la verticalité fonctionnelle ne s'embarrasse d'aucun effet décoratif. De ces trois cultures, omniprésentes dans tout le Mexique, c'est bien la plus ancienne qui mérite la préférence et Teotihuacàn, tout voisin du centre-ville, ne va pas me décevoir.

Lorsque j'arrive sur les lieux en mai 1992, les pyramides du Soleil et de la Lune invitent à l'ascension. Objectif modeste, les deux cent vingt-cinq marches de l'une sont bien raides, bien étroites, et plus encore les cent marches de la seconde ; la technique chinoise du pied posé en diagonale, acquise en 1988 sur le Taishan, se révèle fort utile ; il vaut mieux ne pas forcer à 2 000 mètres d'altitude. À Teotihuacàn comme partout ailleurs, ce sont bien les sommets qu'il faut viser d'emblée ; c'est de là qu'on peut regarder au loin, dans le temps plus encore que dans l'espace.

La vue sur la Chaussée des morts, sur la citadelle, sur le palais de Quetzalpapaotl, présente dans sa sublime rigueur linéaire le plan de l'ancienne capitale olmèque, sans faire place à la moindre courbe. Les volumes, eux aussi, ne jouent que de plans rectilignes successifs, de niveaux étagés, de pentes trapézoïdales savamment disposées en retrait jusqu'à la plate-forme sacrificielle du sommet. À l'époque, disent les archéologues, des revêtements de pierres précieuses enjolivaient l'ensemble, et renvoyaient en tout sens les rayons du soleil dont Teotihuacàn représentait la « cinquième recréation ». Tout cela a disparu et on n'en goûte que mieux, selon moi, l'extrême sévérité résiduelle des masses et des alignements, discrètement mis en valeur par les gris, les rouges, les noirs des laves et des basaltes utilisés dans la restauration du site.

L'apogée de Teotihuacàn se situe vers les premiers siècles de notre ère, et la ville fut abandonnée vers l'an 1000 pour des raisons restées inexpliquées. Du haut des pyramides, le regard se porte sans effort vers cet horizon temporel énigmatique à jamais, autant que vers l'horizon immédiat de la ville du « Cinquième Soleil ». Le regard, certes en esprit, glisse plus loin encore, jusqu'au destin si singulier des anciennes civilisations d'outre-Atlantique. Durant des millénaires, elles s'étaient développées selon une ligne d'évolution historique totalement indépendante de l'Ancien Monde. À l'arrivée des Espagnols, elles ne s'intégrèrent dans « l'histoire universelle » que pour en être aussitôt expulsées, sauvagement et radicalement.

On se laisse aller à philosopher, mais on n'oublie pas les rites d'une visite si prestigieuse, on aimerait bien ramener chez soi un « souvenir ». Sur tous les grands sites du monde, ainsi en bas du Parthénon ou à la sortie des tombes chinoises de Xi'an, on trouve à foison des statuettes ou des motifs en poterie d'imitation, bien patinées et donc assez présentables. Las ! Le Mexique du Cinquième Soleil est déjà saisi par sa « troisième culture », celle de la modernité plastifiée. Il faut me contenter d'un calendrier circulaire maya et d'une effigie du dieu Quetzalcóatl moulés dans une vilaine gelée verdâtre, luisante et synthétique à souhait même si elle prétend évoquer l'obsidienne d'autrefois.

Quelques jours plus tard, je me trouve flâner devant la cathédrale de Cuernavaca, entre le palais de Fernand Cortez et les belles maisons créoles de la Plaza de Armas, bref au cœur de la « seconde culture » du Mexique ; vais-je y prendre ma revanche, de la production touristique de grande série imposée à Teotihuacàn ? Sur le sol, des centaines, des milliers de petites statuettes enserrées dans les plis de leurs vêtements, tordant d'angoisses leurs bras et les traits de leur visage, hurlant de détresse extrême. C'est la Semaine sainte et ces figurines font peut-être partie d'un rite populaire de compassion, de participation aux souffrances du Crucifié. Visiblement de facture artisanale, elles ne visent sans doute qu'un marché local, sinon éphémère. Mais je ne les ai jamais revues malgré maintes recherches. Peut-être agacé par le harcèlement des paysannes qui les proposaient pour quelques pesos, je les avais dédaignées, j'avais laissé passer le moment singulier qui en voyage ne revient jamais.

Une banale *autopista* me ramène à Mexico, et son seul et douteux mérite est de rendre immédiatement perceptible le matelas gazeux où macère la capitale du pays. De l'avant du bus, on observe parfaitement la masse hideuse où l'on va vite s'enfoncer, on peut l'identifier à son odeur délétère.

Quand les troupes de Cortez se rendirent maîtresses en 1521 de Tenochtitlàn, la capitale atzèque qui allait devenir Mexico, elles furent saisies par la beauté de son environnement montagneux, couvert de neiges et de forêts. Mais de nos jours, sur le même site urbain démesurément distendu et souillé, il est rarissime d'apercevoir fût-ce l'ombre indistincte de ce panorama volcanique jadis superbe.

Par millions, la voiture règne dans cette mégapole que les transports publics ne peuvent desservir correctement. Mais c'est une voiture de pays pauvre, dont les moteurs-épaves lâchent massivement leurs poisons gazeux. Aucun gouvernement ne se risquerait pourtant, m'explique Roger B., l'ami sociologue dont je suis l'hôte, à imposer des contrôles réguliers. Car les trois quarts au moins du parc automobile de la plus grande ville du monde s'en trouveraient immobilisés, et toute l'activité de l'agglomération avec eux. Mexico-« City » est bien le pandemonium urbain disséqué sans pitié par Claude Bataillon[2], c'est bien la « Smogopolis » maudite par les vers d'Isabel Freire :

> Cette ville
> Après avoir joui d'elle pendant vingt ans
> Je l'ai vue se dépecer, se défaire devant mes yeux
> Ce n'était plus une ville c'était un cauchemar
> Un de ces cauchemars dont on se réveille en criant
> Et le cadavre est toujours là.

À maintes reprises, j'ai nettement senti mes yeux se brouiller, me piquer. Mésaventure impensable il n'y a pas si longtemps, quand le même Mexique enflammait de ses fantasmes les yeux des Eisenstein, Artaud, Breton, Hemmingway ! De ma fenêtre, au quatorzième étage du « Radisson » où l'Université m'a logé, je vois chaque matin le soleil tenter de percer et renoncer piteusement, lui dont la splendeur à la fois bienfaisante et avide de sang était au cœur de la culture aztèque.

Les humains sont malades, même si le ministère de la Santé refuse toute enquête statistique sur les incidences médicales de la pollution. Les arbres et les plantes végètent. Seul le règne minéral maintient quelques repères naturels dans cet espace infra-urbain dénaturé, digne du film *Soleil vert*. Le volcanisme est récent sur le site de la ville et des moignons de basalte sont souvent visibles, au flanc des bretelles d'autoroute, au ras des *colonias* où se barricadent les

---

2. Bataillon (Claude) et Pannebière (Louis), *Mexico aujourd'hui, la plus grande ville du monde*, Toulouse, Publisud, 1988.

riches contre la délinquance et les bandes, ou au hasard des parcs publics. Ce même basalte a servi à édifier les petites pyramides aztèques encore dispersées çà et là, noir matériau qui perpétue le deuil d'un monde anéanti !

Quelle excursion choisir, pour mon seul week-end hors de la capitale ? Les prestigieuses ruines mayas du Sud seraient bien tentantes et pourtant je leur préfère Tijuana dans l'extrême Nord du pays, au contact entre la Californie mexicaine et la Californie américaine, entre le monde des riches et le monde des pauvres. Il me faut regarder de près ce lieu emblématique de notre planète fracturée.

Dès le premier soir, un chercheur du Collegio de la Frontera me conduit dans les parages sordides où des migrants venus de tout le pays, sinon d'Amérique centrale, tentent d'atteindre l'*otro lado* (l'autre côté), sans se laisser intimider par les projecteurs des miradors, les rondes des policiers en jeep et les patrouilles en hélicoptère. L'*otro lado* se matérialise ici par de lourdes plaques de fer assemblées en parois verticales, qui se prolongent jusque dans les flots du Pacifique tout proche – vision sinistre. Immobiles parmi les détritus qui jonchent ce *no man's land* jamais nettoyé, de jeunes candidats mexicains au départ attendent la nuit tombante pour essayer de passer. Fraîchement peintes sur des *murales*, des scènes de masse dans la grande tradition de l'expressionnisme mexicain illustrent des slogans qui sont autant d'appels à la dignité : « *No illegales, no criminales, solo trabajadores !* » ou encore : « *¿El muro de Berlin cayò, porqueno ese tambien ?* »[3]

La ville s'est développée dans un site de canyons abrupts en haut desquels, le lendemain, nous pouvons observer à distance d'étranges parallélépipèdes aplatis, dont les toits et les parois de plastique étincellent au soleil et qui semblent venus d'outre-espace. Ce sont les *maquiladoras*, les usines

3. « Ni illégaux, ni criminels, nous sommes seulement des travailleurs. » « Le mur de Berlin est tombé, pourquoi pas celui-ci ? »

américaines et japonaises de montage dont rien ne transparaît à l'extérieur, ni le nom, ni le type de production, ni bien sûr les conditions de travail. Ceux qui n'ont pu passer au Nord peuvent toujours s'y faire embaucher. *Aqui se necessita personal*[4], pas de chômage à Tijuana...

Nous continuons vers le *barrio* des Indiens Miztèques, héritiers d'une civilisation brillante, réduits aujourd'hui à la détresse la plus extrême. Des cabanes branlantes en matériaux de rebut tiennent à peine sur des colonnes de gros pneus usagés, tant la pente est forte. Les chiens se traînent, sous-alimentés eux aussi. Un camion-citerne passe, géré par un entrepreneur privé ; il demande une petite fortune pour remplir d'eau potable un vieux bidon rouillé de 200 litres. C'est la misère absolue, mais non la déchéance sans espoir que, près d'Iquique, j'avais naguère lue dans les yeux d'un vieil Aymara. Des travailleurs sociaux aident cette petite communauté déracinée à conserver sa langue, sa dignité, le contact avec sa terre natale d'Oaxaca dans le Sud du pays. Un de ces bénévoles nous a introduits dans ce petit monde si fermé, si méfiant ; il nous épargne la pénible et culpabilisante position du voyeur.

L'après-midi, nous gagnons San Diego, la première ville du territoire des États-Unis. Le petit tram propret longe des pelouses impeccablement arrosées et tondues, les restaurants affichent leur abondance, les voitures de luxe apparaissent. On a changé de planète, et l'*otro lado* exhibe sans embarras les dividendes de sa « rente de situation » historique.

Panama, nouvelle étape après le Mexique, c'est d'abord le canal de Panama, nœud géostratégique majeur, *corazon del universo*, disent les dépliants touristiques.

L'écluse de Miraflores, proche de Panama-« City », est impressionnante de gigantisme technologique. De leur ter-

4. « Ici on embauche ! »

rasse, les visiteurs observent un gros cargo grec monter de neuf mètres d'un coup, encadré par quatre locomotrices qui évitent toute dérive. Pas question de visiter l'ensemble, on est en zone militaire et les équipements défensifs américains sont partout visibles.

Un taxi me ramène en centre-ville par les *barrios* réputés dangereux de Chorillo et San Felipe, où le lumpen-exotisme bon enfant célébré par Blaise Cendrars dans les années trente a fait place à la violence, à la peur. Le chauffeur, à contrecœur, tolère un bref arrêt dans une belle église de baroque colonial, il serre les dents, il fonce.

Je suis venu à Panama pour le canal, et je me retrouve nez à nez avec l'insécurité, plaie majeure de cette bulle financière suractive, mais socialement sinistrée. Le pays est en tête de toute l'Amérique latine pour la drogue chez les jeunes : 4,6 % contre 2,6 % au Pérou et 1,4 % au Guatemala selon *El Panama* de ce 29 juin. À l'entrée du « Siete Mar » où je dîne le soir, quatre gardes lourdement et ostensiblement armés sont en alerte contre les raids, fréquents. Et l'ambassade me déconseille formellement d'aller à Colón, à l'autre bout du canal : « Il faudrait organiser une véritable expédition militaire… »

Au cœur de la ville ancienne, la Plaza de Francia s'orne du buste de Lesseps, qui avait rêvé de renouveler à Panama l'exploit déjà réalisé avec le percement de Suez ; il est entouré des ingénieurs Léon Boyer, constructeur du viaduc de Garabit, Alban Reclus, un frère des illustres géographes Élisée et Onésime, et autres pionniers qui durent abandonner en 1893 leur projet d'un canal à la française (sans écluses). Mieux équipés, les Américains prirent la relève, ils sont restés. Entre la vente de la Louisiane en 1803 et la déconfiture de Panama, le XIXe siècle a vu s'effondrer bien des rêves français en Amérique, rêves dont, sur place, on mesure mieux l'irréalité. Au Chili, j'avais retrouvé la trace du Périgourdin visionnaire Antoine de Tounens, qui avait espéré constituer dans Andes, vers 1850-1860, un fantasmatique

« Royaume d'Araucanie ». Mexico n'a pas oublié l'archiduc Maximilien de Habsbourg, infortuné protégé de Napoléon III, qui ne réussit jamais à consolider son « empire » et finit fusillé par les républicains[5]. Chassés d'Amérique au XVIIIe siècle, la France n'a jamais réussi à repasser l'Atlantique, et je ne m'en émeus guère.

Au Brésil, où je viens en juin 1992 pour la Conférence des Nations Unies sur l'environnement et le développement, je mesure une fois de plus les mérites des voyages en boucle, des cheminements d'étape en étape. Les autres délégués français arrivent tout bonnement de Paris par avion ; après un séjour au Mexique et une escale à Panama, c'est un regard tout différent, déjà *décentré* que je peux porter sur le géant luso-américain.

Après la réunion mondiale de Rio, qui tenta à la fois d'éviter le naufrage de notre environnement mondial et d'aider au développement des pays du Sud, c'est vers le Nordeste brésilien, lui aussi naufragé, que j'ai repris la route. *La guerre de la fin du monde* de Vargas Llosa m'avait beaucoup marqué et je tenais à voir Canudos, siège de la révolte dirigée dans le Nord-Est il y a un siècle par Antoine le *Buon Conseilhero*, et que fait revivre ce roman[6].

De Petrolina où arrive l'avion de Recife, une route effroyablement dégradée s'enfonce dans le *sertao*, le grand désert. Il faut slalomer entre les excavations creusées par les camions géants, autour desquelles font mine de s'affairer des groupes de paysans en haillons ; ces cantonniers-mendiants veulent surtout ralentir les rares voitures, dans l'espoir qu'on

5. La France avait poussé Maximilien à se proclamer empereur du Mexique, en 1864. C'était « la grande pensée du règne », disaient les adversaires de Napoléon III. Mais les troupes françaises ne purent triompher de la résistance mexicaine et se retirèrent en 1867, abandonnant Maximilien.

6. Mario Vargas Llosa, *La guerre de la fin du monde*, Paris, Gallimard, 1983. Ce roman relate la révolte paysanne et millénariste dirigée entre 1893 et 1897 par le « Bon Conseiller ». Il fallut quatre expéditions militaires brésiliennes pour emporter Canudos, le cœur de la révolte.

leur jettera quelques cruzeiros. Puis c'est la piste, plus précaire encore : pierres plombées, buissons jaunâtres de cactus et de *joazeiros* aux branches coupantes, vautours *urubus* qui rôdent dans l'immobilité cruelle du ciel, chèvres gambadant sur la pierraille, et les *sertanejos* à la peau tannée, brûlée par la sécheresse. Ces gens ne rient jamais, dit-on, leurs traits ne se détendent qu'en cas de pluie, rarissime. On est bien aux limites de la résistance humaine, on est à l'horizon terminal du monde des hommes. Tout ici renvoie à la lutte millénariste des disciples du Bon Conseiller, qui voulaient hâter la venue du royaume de Dieu en édifiant leur Jérusalem de torchis. À un siècle de distance, d'autres paysans du Nordeste ont pris la relève sous l'égide du « Nouveau Canudos ». Ils sont proches de la théologie de la libération, ils soutiennent la gauche radicale brésilienne, ils veulent perpétuer le souvenir des combats d'Antoine, et j'ai passé avec eux une bonne partie de la nuit.

De Recife, l'avion local en direction de Belém ne me détourne pas du Brésil profond et de ses simples gens. Un peu omnibus de banlieue, un peu service de cabotage, il s'arrête à João Pessoa, à Natal, à Fortaleza, à São Luis de Maranhão, sept heures en tout qui semblent interminables. Les passagers se relaient de ville en ville, se saluent, s'installent à l'aise pour redescendre presque aussitôt.

Canudos et le Nordeste sont une « fin du monde », mais Belém, dernière étape avant Cayenne et l'hexagone, est une sorte de renaissance au monde, presque un Bethléem[7]. On est au point zéro des latitudes Nord et Sud, la végétation exulte, les avenues de manguiers géants sont superbes, le boom immobilier des années soixante et soixante-dix a été ici bien moins rapace qu'à Recife ou à Rio. Et surtout, si loin de la sécheresse absolue et des paysages ingrats du *sertao*, le plus puissant fleuve du monde vient déployer ses eaux plantureuses, avant de les disperser dans l'Océan.

---

7. *Belém* est la forme portugaise de Bethléem.

Je ne me suis pas refusé une croisière d'une journée sur l'*Amazone Queen*, certes aussi commerciale que la visite à Canudos l'était peu. Le guide se plaît à présenter ce majestueux paysage fluvial, déroulé sur les 300 kilomètres qui séparent la rive nord du fleuve et sa rive sud. Sans cacher sa fierté, il décrit les richesses naturelles de l'estuaire, les deux mille plantes à usage médicinal, les mille cinq cents variétés de poissons, les innombrables baies et fruits qui permettent à Tip-Top, le Bertillon local, d'offrir cent quatorze parfums de glaces. On peut ici parler de patrimoine mondial, sans forcer la note.

Cayenne, dernier arrêt entre Belém et Paris. Qu'en dire, sinon qu'on touche ici à la limite du concept de « DOM-TOM » ou plutôt que celui-ci y bascule dans la pure fiction. La Guyane est le seul « outre-mer » français de terre ferme, elle est ainsi privée de la rente d'insularité dont bénéficient nos autres terres lointaines. En sa qualité de « DOM », la Guyane est censée disposer des mêmes conditions de vie et surtout des mêmes structures d'assistance que les autres départements français. Mais elle est par ailleurs limitrophe du Surinam ex-hollandais et surtout de l'immense Brésil, elle fait corps avec ce bloc continental de détresse humaine. Vu les dimensions de ce territoire presque vide (quelque 100 000 habitants pour 88 000 km^2), sa frontière est une passoire à travers laquelle affluent Brésiliens, Surinamiens, Haïtiens aussi. Ils sont déjà presque aussi nombreux que les détenteurs d'un passeport français et la République ne peut, sans se déjuger, leur refuser les prestations dispensées en métropole ; telle est la règle de « l'assimilation » des DOM.

La Guyane est pauvre, la base de Kourou est une exclave[1] hors sol et le vieux Cayenne n'a pas pu s'abandonner aux délires immobiliers qui ont défiguré les Antilles. Ses

1. Néologisme proposé par Roger Brunet, *Atlas des zones franches et des paradis fiscaux*, Paris, Fayard, 1986.

anciennes maisons coloniales de bois ont bien du charme, tout autour de la place des Palmistes où il fait bon flâner dans la chaleur humide. Si somnolente en tant que doyenne des terres françaises d'outre-mer, la Guyane puisera-t-elle une vie nouvelle dans sa parenté naturelle avec le monde brésilien en pleine crise ?

2

Entrer dans le temps local

Voyager, c'est prendre la route, la voie, mais c'est aussi *voir*. Et, pour cela, ne pas s'en tenir aux paysages, aux ruines, aux monuments que la renommée a consacrés, mais plutôt regarder de près la réalité sociale quotidienne. C'est peut-être ici que prend tout son sens l'opposition si banale entre touriste et voyageur. L'un ne cherche qu'à « faire » des lieux dont la liste est établie par avance ; l'autre, même s'il sait les mérites de tel site prestigieux, laisse venir à lui les bruits de la rue, les odeurs des marchés, et jusqu'aux petites annonces de la presse locale. Il va tenter d'« entrer », si rapide que soit son passage, dans la vie simple des simples gens.

Entrer dans le temps local, c'est d'abord découvrir et identifier les rythmes de la journée, les heures où la vie sociale s'éveille et où elle s'interrompt, les moments de pause, les horaires des repas.

Ces repères temporels peuvent varier à l'extrême. La journée commence à six heures à Hanoi ou à Tahiti, pour profiter au maximum de la fraîcheur matinale avant les grosses chaleurs. Alors que, en Espagne, en Sicile ou en Grèce, le repas de fin de journée – moment convivial par excellence –

est reporté tard dans la soirée, affreusement tard parfois de l'avis des couche-tôt, pour attendre la fin des mêmes grosses chaleurs.

Mais les usages comptent autant que le climat, comme codification de la vie quotidienne et perpétuation d'habitudes souvent ancestrales. Chez les Caldoches de Nouméa, on a longtemps pris à 11 heures le « grand déjeuner », terme déjà désuet par lui-même ; la volonté identitaire de cette petite communauté fermée, immobiliste, se cristallisait autour d'horaires remontant à l'âge de Flaubert sinon de Balzac, et ce en plein XXe siècle. Mais en Nouvelle-Zélande, l'identité sociale prend le pas sur l'allégeance politique ; les « kiwis » restent fidèles aux usages des banlieues ouvrières britannique d'où leurs ancêtres ont émigré au XIXe siècle ; ils observent encore des horaires de gens pauvres, tenus de partir très tôt à l'usine ou la mine ; on continue à dîner à six heures du soir, sinon plus tôt.

Il n'est pas toujours aisé d'analyser les rythmes propres à chaque pays et les conventions sociales qu'ils reflètent. Peut-on penser, par exemple, que les Chinois, même en ville, sont restés des paysans à qui un code très strict, y compris en haut de l'échelle sociale, impose de dîner vers sept heures et de quitter la table vers huit heures, sans traîner ? Pékin, et avec lui toutes les villes chinoises, retrouve sa pleine activité dès sept heures le lendemain matin, hiver comme été.

Faire l'inventaire de ces horaires souvent insolites, s'essayer à en comprendre l'origine, en mesurer la force, le « non-dit », en tenir au besoin un registre comparatif, fait partie des attraits du voyage. Pour le voyageur soucieux d'éviter bévues et mésaventures, c'est aussi l'occasion de s'adapter avec souplesse et bonne humeur, sans tenir rigueur à des connaissances de rencontre, de ne pas avoir pensé à le prévenir de ce qui pour elles allait de soi… Ce code de bonne conduite tient en un seul article : on est chez les autres, on se soumet au temps des autres.

Quand mange-t-on ? Mais aussi que mange-t-on, et

quelles traces l'alimentation conserve-t-elle du passé de ces sociétés lointaines ? L'analyse de l'historicité culinaire est particulièrement stimulante pour le visiteur des pays de la zone tropicale, très tôt soumis aux convoitises des colonisateurs européens et qui se trouvèrent ainsi « acculturés » à des cuisines raffinées car préindustrielles ; cet art de vivre y survit à des dominations coloniales évanouies depuis des siècles. Exemple privilégié, les menus cajuns de Louisiane, avec leurs poulets en rougaille, leur *hot-boudin*, leurs écrevisses à l'étouffée, leurs spaghettis aux huîtres chaudes ; ils se maintiennent avec succès, face à la marée montante d'une alimentation *yankee* à qui son affligeante banalité ne semble guère donner de complexes.

Quant aux menus de Macao, ils récapitulent avec bonheur la riche diversité gastronomique de l'ex-empire portugais, importée de chaque continent au fil d'une histoire séculaire. Les *curries* de Goa voisinent avec des pâtisseries arabes, souvenir des croisades contre les musulmans ; s'y ajoutent les ragoûts africains, la *feijoada* brésilienne aux haricots rouges, les *kebabs* grillés de Malaisie, les riz sautés de Chine du Sud. L'empire portugais s'est décomposé de siècle en siècle, et toute la gamme de ses saveurs déchues s'est réfugiée dans ce minuscule territoire lointain.

Le bien-manger légué par l'âge colonial est souvent concurrencé par un *basic food* cosmopolite, sans surprises et sans attraits, mais bien meilleur marché et tellement plus simple à préparer. Telles sont les menaces qui pèsent sur les traditions culinaires autochtones, enracinées dans une temporalité plus ancienne encore, souvent millénaire. Ainsi, dans les îles du Pacifique, on ne prépare plus qu'à l'occasion de réjouissances solennelles les repas traditionnels à base de poissons marinés, de tubercules cuits à l'étouffée, de fruits frais : ils sont devenus bien trop chers. C'est seulement dans les grandes circonstances que les Tahitiens s'offrent la fête, célébrée à six heures du matin, d'une riche friture multicolore, pêchée à l'aube le jour même. Entrer dans le temps local des pays visités, c'est suivre d'un œil attentif le combat obstiné de ces petits David culinaires, contre le Goliath de l'alimentation standardisée.

À l'autre extrémité du Grand Océan, les « Nicas » sont eux aussi envahis par le pop-corn et le Coca-Cola, mais les cafés des banlieues populaires de Managua continuent à afficher « *Hay nacatamales* » et à offrir ces sortes de bouchées de viande et céréales, ficelées dans des feuilles de bananier et cuites à la vapeur. À Singapour, où l'habitat traditionnel chinois a été brutalement rasé, les petits marchands ambulants des succulentes *Singapore noodles*, proposées bol et baguettes en mains, se glissent adroitement entre les blocs résidentiels géants et les complexes d'affaires à la japonaise.

Quand on fait l'effort de tenir à distance les omniprésents « menus internationaux », on trouve à chaque étape l'occasion pittoresque de repérer – et d'encourager – ces résistances minuscules.

Dès qu'il refuse le huis clos des bases touristiques déréalisées, le voyageur va rencontrer des gens ordinaires dans leur espace-temps ordinaire. C'est-à-dire dans la rue, en y marchant tout bonnement à pied. Pour le visiteur, la rue n'est pas seulement la figure la plus directe de l'être-ensemble, en tant que culture de groupe et mouvement collectif ; c'est aussi une formation sociale dans laquelle un piéton venu de loin peut espérer sinon se fondre, du moins pénétrer sans trop de difficultés ; encore que sa qualité d'étranger reste évidente à Pékin, relativement discrète à Mexico, presque invisible à Sydney. La rue, c'est à la fois un lieu privilégié d'observation et une forme élémentaire de participation.

À l'époque de la guerre froide, l'antagonisme planétaire entre les deux « superpuissances » se lisait déjà tout entier dans le contraste entre la rue de New York et la rue de Moscou, entre d'un côté l'addition sérielle d'individus toujours pressés, toujours extérieurs les uns aux autres en dépit ou peut-être à cause de leur aisance, et de l'autre une foule organique restée paysanne et placide malgré la pénurie partout visible.

Autre contraste radical que la rue reflète parfaitement, celui qui opposait jusqu'à leur retour à la Chine le Macao colonial et le Hongkong colonial. Le premier, base avancée de la vieille Europe en Extrême-Orient et ce depuis quatre siècles, était accueillant aux marcheurs, de par les échelles de distance, l'étroitesse des rues, le rythme détendu du trafic, les policiers débonnaires. Le second, très attentif lui aussi aux piétons du fait même de sa surpopulation congestive, les a canalisés autoritairement le long de passerelles en surplomb, de coursives, de dalles surélevées, de cheminements souterrains ; les policiers n'ont pas à y sévir contre celui qui traverserait à sa guise, puisque l'exploit est irréalisable, mais la rue comme lieu social a disparu corps et biens.

Là où elle survit, la rue parle et il suffit de l'écouter. À Tunis, en 1991, les magasins pour touristes comptaient en dinars et la facture était vite lourde ; les petits vendeurs des trottoirs calculaient encore en « millimes » le prix des articles misérables qu'ils offraient aux passants : la société duale s'y lisait d'emblée. À Honiara aux îles Salomon, en 1993, la plus banale des promenades à pied suffisait pour prendre la mesure du « lien social » resté très rural ; tout le monde se connaissait, s'interpellait, flânait, se lançait de grandes bourrades, repartait d'un pas paisible, à la paysanne.

Sentir la vie de la rue, c'est aussi négocier les relations souvent incertaines entre les piétons et les véhicules que ceux-ci côtoient. À Pékin, le flot compact et résolu des cyclistes se révélait l'allié le plus sûr du piéton, son véritable ami. Car ce flot, fort de son nombre, savait s'opposer aux voitures et camions, leur tenir tête, permettre ainsi aux piétons de traverser à l'abri de cet écran protecteur ; mais à bon escient, sans jamais gêner son allié et se l'aliéner : les cyclistes pékinois détestent freiner. La « manhattanisation » du Grand-Pékin est en train de tuer ce jeu triangulaire digne de l'ancienne saga chinoise des Trois Royaumes ; ni cyclistes ni piétons ne se risquent plus dans les lourdes tranchées surdimensionnées où camions et voitures règnent seuls, à l'américaine.

À Mexico, en revanche, un « tiers parti » original s'interpose entre piétons et voitures : celui des chômeurs, des jeunes désœuvrés, de tous les petits boulots inventifs dont le ballet incessant vient animer les carrefours, laveurs de vitres, vendeurs de journaux, petits commerçants à la sauvette, femmes qui miment un mélodrame avec leurs enfants dans les bras, clowns grimés et baladins dont le spectacle express doit tenir dans la durée d'un feu rouge. Les piétons se faufilent à l'aise parmi eux. Que le feu passe au vert, et tous se volatilisent en un temps incroyablement court. Cet art de la rue-spectacle, aussi fugace que coloré, donne une vie inattendue au Mexique de la surpopulation et du sous-emploi.

Si la rue s'offre à tous et en tous moments, d'autres lieux coutumiers de vie sociale assurent un contact non moins privilégié avec la réalité locale et les gens ordinaires. On ne regrette jamais le temps passé dans les marchés de plein air, à une séance de cinéma de banlieue, à la sortie d'une église, voire dans un cimetière.

Les grands marchés populaires d'alimentation offrent une occasion unique de rencontrer à la fois la vie rurale et la vie urbaine, la production et la consommation, la gamme colorée et bigarrée des viandes, légumes, poissons, fruits, et la foule non moins pittoresque et multiforme des clients qui soupèsent, flairent, hésitent, discutent ; le tout sur un fond sonore où se mêlent les cris des animaux vivants et le boniment des marchands. Autant la vue se régale aisément de ces beaux étalages et de cette cohue affairée, autant il est difficile de passer au rang d'acheteur qui « fait son marché ». Quel voyageur n'a pas regretté amèrement que sa chambre d'hôtel ne lui permette pas de cuisiner tel article frais si tentant ? Il faut se contenter de grignoter la viande froide, le fruit ou la mixture étrange qu'on s'est risqué à acheter.

Dans les pays anglo-saxons comme l'Australie, c'est le

samedi que les marchés vivandiers battent leur plein : le jour du Seigneur ne doit pas être souillé par de vils appétits terrestres. Il en était de même – ô surprise ! – à Tananarive quand j'y séjournai en 1976 et la gigantesque aire commerçante de son marché central, célèbre pour ses tissus autant que pour ses produits alimentaires, était vide et morte le dimanche. On y mesurait le poids de la culture protestante implantée tout au long du XIXe siècle par l'ancienne monarchie hova, et que soixante-dix ans de domination française à Madagascar n'avaient pas effacée. Alors que, dans tous les pays de notre ex-« empire », le dimanche est resté le jour par excellence de la vie publique, à la française – et même à Tahiti, autre terre de protestantisme.

Dès le lever du jour – mais il ferme à sept heures –, le marché central de Papeete est une féerie poissonnière, légumière et fruitière déployant tous ses coloris et tous ses contours sous le soleil déjà vif. À deux siècles de distance, on croit revivre l'éblouissement des marins du *Bounty*, soudain confrontés aux merveilles de la Nouvelle-Cythère après avoir enduré pendant tant de semaines les coups de fouet, la soif, la peine ; ils en avaient trahi leur capitaine, leur roi, leur pays. Mais Tahiti s'était offert à eux.

À quelques rues de là, la foule dominicale qui pénètre quelques heures plus tard dans le Grand Temple de la ville offre un spectacle non moins féerique, mais tellement insolite. Tous différents dans leur texture et leurs motifs, des centaines de chapeaux de paille blanche au diamètre plus qu'imposant s'y bousculent, que les dames de la bonne société protestante ont tressés elles-mêmes ; elles les portent avec une pieuse dignité, fières de montrer leur savoir-faire et surveillant jalousement leurs voisines.

Le cinéma, lui aussi, fait partie des guichets d'accès à la vie quotidienne, auxquels le voyageur peut se présenter sans embarras. Le spectacle est souvent dans la salle autant que sur l'écran, tant varient les poses et les postures du public et bien sûr ses réactions aux films, surtout qu'ils sont « blancs ».

On y vient souvent en famille, de l'aïeule au nouveau-né, on bavarde, on mange, on regarde à peine les étrangers de passage. Telle fut l'expérience en 1957 de notre groupe de sinologues, venu examiner les illustres fresques bouddhistes de Dunhuang au fond du désert de Gobi. En prime, nous pûmes assister à la projection de *Fanfan la Tulipe* en version française non doublée... Le public local de paysans, de soldats et de petits employés n'entendait pas un traître mot des paroles de Gérard Philipe, mais il savourait bruyamment ses bondissements et ses passes d'armes, dignes à leurs yeux des meilleures scènes de bravoure du théâtre chinois.

Quant aux lieux du dernier repos, une fois vaincue la timidité un peu angoissée que suscite toujours la mort, il vaut aussi la peine de s'y attarder. Ces cimetières sont, à leur façon, de parfaits miroirs de la société que leurs occupants semblent avoir quittée, mais qui continue à les entourer avec sollicitude. Entre les cimetières italiens dont les épitaphes débordent d'exubérance et de solennité verbeuse, et la discrétion bucolique que cultivent les petits cimetières anglais à l'ombre d'une église de campagne, s'affrontent deux cultures de la mort, en fait deux arts de la vie. En Asie ou en Océanie, dans ces cimetières oubliés où reposent des aventuriers, des missionnaires, des soldats d'Occident, qui n'a pas cherché à déchiffrer des noms, des dates presque effacées sur les pierres tombales, à supputer ce qu'avait pu être la vie, en ces époques où l'on partait pour toujours, de ces gens venus mourir si loin de chez eux, souvent en pleine jeunesse, à peine débarqués d'une traversée qui avait dû être interminable, et quelquefois parvenus au terme de l'extrême vieillesse ?

Il vaut aussi la peine, quel que soit le niveau linguistique de chacun, d'interroger la radio locale, les journaux locaux, et jusqu'aux graffitis des murs ou aux mots clés de la presse et de la publicité.

En écoutant sur place les programmes de radio des DOM-TOM français, dont l'environnement végétal, les rythmes de vie, l'aspect même des habitants sont si éloignés de la métropole, on mesure parfaitement les contradictions sinon les fictions de ces pays de l'autre bout du monde, tenus pourtant pour partie intégrante du territoire de la République. On n'épargne à l'auditeur aucun détail des bouchons qui obstruent l'autoroute du Sud entre Tournus et Mâcon, mais on ne lui dira quasiment rien des élections tenues la veille à la Dominique, pourtant visible de la Guadeloupe à l'œil nu ; ni d'un sinistre à l'île Maurice, sœur jumelle de la Réunion ; ni d'une crise gouvernementale au Vanuatu si proche de Nouméa. L'environnement régional de la Caraïbe, du Sud-Pacifique ou de l'océan Indien est délibérément ignoré, nié – mis à part un fond musical « tropical », sirupeux à souhait…

Même lue en diagonale, la presse locale est elle aussi une excellente « entrée » dans la réalité locale. À Ceuta, petit Gibraltar espagnol en terre marocaine, le *El Faro* du 6 décembre 1992 présentait d'accablantes photos sur la pollution des plages du détroit, du fait de la *basura* flottante, soit les détritus partout visibles. S'ensuivaient une chronique des voitures volées au-delà de l'ex-Rideau de fer, destinées à être recyclées au Maroc et saisies par la police de Ceuta ; l'annonce que l'eau normalement amenée à Gibraltar était coupée une fois de plus, à la suite d'une avarie des canalisations vétustes ; la description d'un mur autoroutier géant de 8,2 kilomètres (*Carretera de Circunvalacion*), déjà approuvé par les autorités pour un coût prévisionnel de 3 562 771 712 pesetas (*sic*), qui assurerait la *impermeabilizacion* de la frontière et tiendrait à distance les immigrants illégaux voulant passer de Ceuta en Espagne propre ; et encore le dénombrement des appels téléphoniques reçus par la police locale, à la suite d'une émission de télévision consacrée à Miriam, Désirée et Toni, trois fillettes disparues le mois précédent. Ceuta, comme Tijuana, se trouve sur le *limes* transterrestre, au point de contact entre la planète des riches et la planète des pauvres, et l'ambiance y est aussi précaire, aussi dégradée.

Aucune chronique des journaux locaux ne devrait être négligée, y compris leurs petits « pavés » typographiques facilement repérables. Dans les quotidiens de Rio de Janeiro, un encadré placé chaque jour en bonne place donnait en 1992 les taux très instables du change entre dollar américain et cruzeiro ; la fragilité extrême de l'économie brésilienne s'exhibait sans embarras. Dans les journaux de Mexico, c'était l'indice quotidien de l'IMECA (système d'évaluation de la pollution) qu'indiquait quotidiennement des encadrés non moins nettement mis en évidence ; la même fragilité extrême affectait cette fois les chances et les risques de la vie humaine dans « la plus grande ville du monde ».

Les graffitis, quant à eux, peuvent avoir été « bombés » à la hâte dans un recoin sordide ; ou peints avec fierté sur un emplacement de choix ; ou rester à peine visibles sur une ruine croulante. Ils sont toujours un aliment de choix, pour le voyageur soucieux de toucher le fond. À maintes reprises, en Amérique latine comme dans le Pacifique Sud, ma récolte de graffitis sur mon bloc-notes fut plaisante, souvent émouvante.

Toute la misère d'antan revivait dans ces vers naïfs recueillis dans l'Atacama, sur un vieux mur d'un centre minier déserté :

Salitra !
Harina de la luna llena !
Cereal de la tierra quemada[1] *!*

Et la volonté de renouveau des gens de Matagalpa, confiants dans l'avenir de la révolution sandiniste, éclatait dans cette formule choc : « *Nos creian muertos, pero solo dormimos*[2]. »

Dans les banlieues de Melbourne et d'Auckland, d'autres graffitis relevés en 1986 étaient comme une tessiture

1. « Salpêtre ! Farine de la pleine lune ! Céréale de la terre brûlée ! »
2. « Ils nous croyaient morts, nous n'étions qu'endormis. »

confuse où passaient toutes les dissonances thématiques des *street kids*. Le ton blasé dominait : « *Apathy meeting – cancelled through lack of interest* », ou encore « *Endless seas of misery* » ; mais aussi la protestation acerbe, agressive : « *At least sardins are dead when they are sealed* », ou « *Eat the rich, wear their bones* »[3]. Beaucoup de slogans faisaient écho à des enjeux de la gauche : « *No troops to the Falklands* », « *Hiroshima never again* », « *Yes please don't send me to Mexico-No live sheep exports* »[4]. Mais d'autres étaient franchement racistes : « *Stop the Asian invasion* », « *Aoteroa is maori ! O.K. we keep New Zealand* »[5].

Souvent aussi, un seul terme suffit à alerter l'esprit du visiteur, à lancer le projecteur sur une zone critique de la réalité sociale. Des panneaux tels que « *Yonke* » (= « junk ») ou « *Secondarias* » (= articles d'occasion), présents partout dans les quartiers pauvres de Tijuana, traînent sur des monceaux d'articles de rebut, dont les *gringos* du Nord se débarrassent et qui sont bradés à bas prix. Cette étiquette de *yonke* est déjà, localement, le signe des trafics frelatés de Tijuana ; n'est-elle pas emblématique du destin d'ensemble du Mexique et de ses semblables ! Le modèle « nordiste » auquel ces pays ambitionnent d'accéder ne sera jamais généralisable, et c'est d'une modernité *yonke* que le « Sud » doit se contenter : ferry-boats en ruine, médicaments périmés, aliments industriels bas de gamme, vidéocassettes de contrefaçon.

La bizarre métaphore de la *impermeabilizacion*, rencontrée à Ceuta, exprime parfaitement la réification, la déshumanisation des contacts entre peuples pauvres et peuples riches. Les espoirs pathétiques et si souvent déçus

---

3. « Meeting sur l'apathie / Annulé par manque d'intérêt. » « Mers infinies de misère. » « Au moins les sardines sont mortes quand on les met en boîte. » « Mangeons les riches, portons leurs ossements comme décorations. »

4. « Pas de troupes pour les Falklands. » « Jamais plus Hiroshima. » « Oh oui ! S'il vous plaît ne m'envoyez pas au Mexique, interdisons l'exportation de bétail sur pied. »

5. « Stop aux envahisseurs asiatiques » (c'est-à-dire les émigrants venus d'Asie orientale). « Aotearoa se veut maori ! O.K. Nous gardons la Nouvelle-Zélande. » (Ce slogan vise la revendication des Maoris et des Néo-Zélandais les soutenant, en vue d'adopter pour le pays une double dénomination, Aotearoa / Nouvelle-Zélande.)

des Africains candidats à l'entrée en Europe sont traités comme une poussée hydrostatique, un phénomène purement physique que des moyens matériels appropriés devraient suffire à contenir.

Le vocabulaire qui fait sens, les mots forts – tel *yonke* – valent toujours la peine d'être relevés. Dans d'autres situations, c'est la langue elle-même qui va retenir l'attention. Et plus précisément la persistance obstinée de certaines langues populaires à statut intermédiaire, au plein sens du mot. Ces langues jouent un rôle de médiateur, de passage entre les parlers imposés par les Blancs à l'époque coloniale, et les parlers indigènes. Telle était déjà la fonction du *sabir* méditerranéen, langue de passage entre « Francs » et Arabes dès le Moyen Âge. De nos jours, de tels parlers mixtes restent vivants dans deux régions principales, toutes deux d'historicité composite : d'un côté les îles de la Caraïbe, de l'autre les trois archipels mélanésiens que sont le Vanuatu, les îles Salomon, la Nouvelle-Guinée. Dans les Antilles, le créole n'est pas un français abâtardi, mais une langue adulte, intégrant les mots des Blancs à une phonétique originale et surtout à une logique linguistique différente, sans doute venue d'Afrique avec la traite des Noirs. À l'origine code secret par lequel se protégeaient les esclaves, le créole est resté un enjeu culturel et politique ; il continue à affirmer la résistance des pauvres et des dominés à la volonté expansionniste du français comme de l'anglais.

En juin 1992, le Père Aristide, qui revenait comme moi de la Conférence mondiale de Rio et passait par Cayenne, fut accueilli sur la place des Palmistes par une foule immense de réfugiés haïtiens et aussi de Guyanais. Président populaire et populiste de Haïti, récemment chassé par une junte militaire pro-américaine, il appelait ses amis et partisans à reprendre en chœur les phrases très simples, que je voyais « Ti-Tid » leur lancer en créole ; il les invitait à affirmer leur dignité, dans la langue qui avait autrefois cristallisé les humiliations sinon le calvaire de leurs ancêtres importés d'Afrique comme des bêtes :

Nou sèl, nou fèbe,
Ansan'm nou fô.
Ansan'm ansan'm,
Nou sè l'avalas[6].

En 1985, la *Konferansa degné koloni fwansé*, qui sera évoquée plus loin à propos des voyages « entrés en politique », m'avait déjà permis de mesurer le dynamisme politique du créole.

Bien loin des Antilles, d'autres parlers intermédiaires, le *pidgin*, le *pisin*, le *bislamar*[7] restent très vivants au Vanuatu, aux *Solomon Aelan* (îles Salomon), en *Niu-Gini* (Nouvelle-Guinée) ; seuls les Mélanésiens de Nouvelle-Calédonie ont perdu leur *pidgin* encore très vivace au XIXe siècle, mais traqué à mort par l'école de la République. Ces idiomes de Mélanésie reflètent la même aptitude que le créole à détourner la langue des Blancs, à se la réapproprier ; ils jouent aussi, plus nettement encore que dans la Caraïbe, un rôle fédérateur entre des sociétés insulaires dont l'émiettement linguistique est extrême ; ce sont des outils de communication unifiante, des *wantok* (*one talk*). Bien souvent, ils sont aussi un bon raccourci, pour « entrer » dans les crises qui ébranlent ces sociétés restées bien fragiles.

« *Wok sekyurit, hat wok*[8] », disait en 1993 la légende d'une photographie du *Niugini News* ; des gardes surarmés y paradaient avec leurs chiens à l'entrée du Parlement, car Port-Moresby n'est plus une ville sûre. « *Bitim Méré*[9] », ce mot d'ordre des ONG de Honiara visait à prendre la défense des femmes battues ; les habitudes machistes restaient fortes aux Salomon, mais la conscience féministe s'affirmait déjà

6. « Isolés, nous sommes faibles, ensemble, nous sommes forts. Ensemble, ensemble, nous sommes une avalanche. »
7. Le terme *pidgin* (ou *pisin*) est une déformation de l'anglais *business*. *Bislamar* (ou « bêche de mer ») désigne à l'origine l'holothurie, comestible très prisé en Chine et qui faisait l'objet d'un commerce actif avec les pays mélanésiens.
8. « Travail de sécurité, rude travail ! »
9. « Battre sa femme » (litt. *beating Mary*).

vive. Quant aux *Supsupgadan*[10], lancés par ces mêmes ONG, ils voulaient encourager une autosuffisance alimentaire au moins relative, et protéger ces sociétés restées très rurales contre les facilités et les pièges de la consommation « moderne ».

Pour le voyageur qui n'identifie la Caraïbe ou la Mélanésie qu'à des plages de rêve ou à des fortins de style paléo-colonial, un contact rapide avec le créole, le bislamar ou le pisin permet de passer, telle Alice, « de l'autre côté du miroir ». On ne regrette pas l'attention portée à ces formules elliptiques et à ces termes aux sonorités étranges, même s'ils exigent un effort de décryptage phonétique d'ailleurs plaisant. Ces parlers rappellent au visiteur de la fin du XXe siècle que le « temps béni des colonies » est fini à jamais, que lui-même ne sera plus jamais un *masta*, un « maître » ; il est invité à prendre au sérieux ces signaux linguistiques qui sont des signaux politiques. Il les écoute en *témoin*.

La langue maorie, parlée en Nouvelle-Zélande par une faible fraction seulement de la population[11], est un de ces signaux dont on ne mesure la force que *in situ*. Elle est omniprésente dans la géographie et la toponymie. Par quelle mystérieuse prédestination linguistique le nom de Tangimoana, localité qui abrite la principale base militaire américaine du pays, signifie-t-il « les sanglots de l'océan » ! Et celui de Waitangi, où fut parachevée en 1840 la capitulation politique des chefs maoris, « les eaux qui sanglotent » ! De son côté, Otago, la grande province de l'île Sud, désigne « le pays de l'ocre rouge ». Hokitika, principal centre du jade, situé aussi dans le Sud du pays, est bien « le bout de la route » selon la toponymie maorie, c'est là que les touristes à la recherche de couleur locale se croient tenus de faire étape. Le haut volcan méridional dont le nom anglais perpétue le souvenir du capitaine Cook s'appelle en réalité Aorangi, soit « le nuage dans le ciel », le mont dont les fumées chaudes attirent l'humidité

10. « Jardins familiaux » (litt. *soup-soup-garden*).
11. Environ 12 % selon les recensements récents.

de l'air. La même particularité météorologique frappa déjà les navigateurs maoris quand, au terme d'un interminable voyage depuis les îles Hawaii, ils arrivèrent au Xe siècle dans ce vaste pays alors totalement vide. Ils le nommèrent *Aotea-roa*, soit « l'île au long nuage » – terme devenu emblématique du réveil politique maori depuis les années soixante-dix. Redonner toute sa place à ce patrimoine toponymique riche et coloré, et surtout mettre en évidence son message culturel, sa lecture du paysage, fait partie de la reconnaissance que revendiquent les Maoris dans la Nouvelle-Zélande contemporaine – celle que les panneaux indicateurs de la route invitent à découvrir. Le mouvement maori le sait, et fait campagne pour que des traductions anglaises figurent sur ces panneaux.

Laissé à soi-même, comment espérer atteindre ces lieux de convivialité populaire et décoder ces signaux culturels ? On ne peut se passer des amitiés de rencontre et des « lieux-sas ».

Les découvrir fait partie de l'art du voyage, certes en s'aidant de la chance, des circonstances fortuites, mais aussi de l'écoute personnelle, de l'intuition. Il suffit si souvent que s'échangent de brefs regards, que se crée une ambiance de sympathie réciproque, qu'interviennent le presque-rien et le je-ne-sais-quoi chers à Vladimir Jankélévitch. La persévérance entre aussi en jeu, la recherche patiente de l'interlocuteur insolite, l'effort délibéré pour gagner la confiance de ceux dont on croise inopinément la route.

De telles « personnes-ressources » – terme si banalisé dans notre jargon communicationnel et qui retrouve ici toute sa force – sont parfois, en elles-mêmes, des figures hors du commun, elles constituent comme un voyage dans le voyage, et ce fut le cas pour moi, en Louisiane, d'Elizabeth Rodgers. D'autres interlocuteurs de rencontre, tel un vieil infirmier qui en 1989 m'avait reçu dans l'île polynésienne de Tahaa, interviennent plutôt comme des passeurs ; ils se plaisent à prendre le visiteur par la main et à le guider dans leur petit monde.

Elizabeth R. m'avait, sans embarras, relaté sa vie d'une parfaite rectitude, si singulière, marginale et mouvementée qu'elle ait été. Cette nonagénaire, encore alerte quand je fis sa connaissance en 1981, avait vécu sur la Côte d'Azur les « années folles », comme tant d'autres Américains excentriques. Son existence bascula soudain quand elle rencontra – grand amour romantique – un syndicaliste de l'Arkansas qui était un « dur » du parti communiste américain. Le couple s'installa à la Nouvelle-Orléans, en première ligne du « front de classe ». Veuve depuis longtemps, elle vivait depuis soixante ans dans le même cottage de banlieue, peu à peu englouti dans une *neighborhood* de Noirs pauvres qui la respectaient et la chérissaient. Loyale à ses choix comme à ses souvenirs, elle savait tout sur Cuba, elle ignorait jusqu'au mot de Mai 68.

Tout différent, tout aussi singulier, l'accueil de l'ancien infirmier-chef de Tahaa m'avait renvoyé tout droit à une Arcadie *maohi*[12] digne de Bougainville. Je ne pense pas qu'il ait jamais lu ce dernier, mais il s'était plu, dans le droit fil du mythe tahitien du « Bon Sauvage », à me présenter son petit paradis fleuri en bordure du lagon, ses frangipaniers, bougainvillées, *opahi* (plumeaux rouges), flamboyants et autres *tiaré-tahiti*. Il m'avait détaillé les richesses « indigènes » de son intérieur, les coques de tortues, les chapeaux tressés, les conques marines, les bacs de bois sculpté, les coquillages. « J'ai peur pour mon île », disait-il en évoquant la ruée du grand tourisme sur Bora-Bora toute proche. Nous avions parlé en confiance, car cet hôte d'un jour connaissait bien les ONG tahitiennes qui m'avaient recommandé à lui.

De telles rencontres-passage s'inscrivent en général dans des *lieux* appropriés, des sas où le visiteur de bonne volonté est accueilli sans trop de problèmes et à partir desquels il peut espérer passer le seuil, abandonner même pour un temps brévissime son état congénital d'extériorité et accé-

12. C'est par ce terme (très voisin du « maori » de Nouvelle-Zélande) que les autochtones de Polynésie française se désignent eux-mêmes. Ce terme est invariable.

der à un statut d'intériorité, certes toute relative. Encore faut-il s'en soucier...

Tous les touristes qui « font » l'île de Pâques s'attardent devant ses énigmatiques et impérieux *moai,* ses statues géantes qui tournent le dos à l'Océan. Mais en 1988, il m'avait fallu préparer depuis Santiago de Chile ma rencontre avec le « Conseil des anciens » qui représente les trente-deux lignages polynésiens de l'île. Le délégué local du PTI (Partido de la Tierra y de la Identitad), groupement indigéniste formé à la faveur de la « transition démocratique », m'avait logé chez lui, heureux de trouver un hôte payant qui soit acquis à sa cause. Je n'avais certes pas négligé les devoirs du touriste, j'avais pu admirer à loisir les célèbres *moai* ; je m'étais aussi entretenu avec les insulaires, pour qui Pâques ne représente pas seulement un patrimoine exceptionnel, mais un enjeu politique âprement disputé au pouvoir chilien et au despotisme colonial que celui-ci tente de préserver.

À Miami, en 1981, ce fut un vrai jeu de piste qui me permit d'entrer en contact avec la radio des démocrates haïtiens en exil, entendue par hasard le matin même dans mon hôtel. J'eus d'abord l'idée de m'adresser à une librairie universitaire – *rara avis* – réputée plus proche de la vie politique locale. D'une vendeuse au débraillé typiquement *New Left*, je fus successivement renvoyé à un chauffeur de taxi raciste, à un épicier noir méfiant mais francophone, à une auto-école mystérieuse qui n'était que la couverture de l'amicale des réfugiés haïtiens. De proche en proche, je pus atteindre les animateurs de leur station de radio sise en plein cœur du quartier pauvre dit « Little Haïti », bien loin des mirages du Miami publicitaire. Trois heures à peine après avoir quitté Holiday Inn, je me retrouvais apporter au micro des exilés le salut de solidarité d'un démocrate français. L'obstination avait payé...

En Louisiane ou à Tahaa, à Pâques ou à Miami, personnes-ressources et lieux-sas avaient parfois surgi à l'improviste ; j'avais aussi saisi l'occasion au vol, ou encore bénéficié de relais négociés longtemps à l'avance. Dans ces divers cas, il s'était toujours agi de rencontres politiques, vers lesquelles me portaient tout naturellement ma sensibilité personnelle et les milieux que j'avais tendance à fréquenter. D'autres voyageurs seront plutôt guidés par d'autres sensibilités, d'autres milieux d'accueil. Mais il vaut toujours la peine de repérer de tels « passages » – au sens qu'avait ce terme pour les promeneurs parisiens du XIXe siècle et dont Walter Benjamin a célébré les ressources[13] ; ils jalonnent avec profit le voyage, ils le nouent dans une densité soudaine, ils instaurent une relation même éphémère de proximité familière, ils aident à regarder vers un « dedans ».

Bien loin des tensions, des crises, des « temps chauds » que sa route peut croiser inopinément, il arrive aussi au voyageur de saisir des ambiances furtives, si discrètes qu'elles en semblent presque immobiles.

Quand on a quitté l'Occident « stressé » qu'on retrouvera bien trop tôt, on est toujours attiré par les petits mondes tranquilles, lovés dans leur temporalité moins inerte qu'en paix avec elle-même. À l'échelle d'une société entière, certes de taille plutôt réduite, on y ressent le même soulagement qu'en entrant dans une zone piétonnière, au cœur d'une cité survéhiculée et suragitée ; c'est tout notre être, et pas seulement notre système nerveux, qui soudain « se sent bien », avant même que notre esprit puisse en faire l'analyse rationnelle.

Ainsi, dans les villages cajuns de Louisiane et dans leurs *stores* du bord de route, cette discrétion furtive est immédiatement perceptible, elle tranche avec l'assurance abrupte et la suractivité affectée des grandes villes yankees d'où l'on arrive, tels Bâton Rouge ou Lafayette. Ces gens parlent un français feutré et timide, leurs mouvements sont

---

13. Walter Benjamin, *Paris, capitale du XIXe siècle. Le livre des passages*, Paris, Le Cerf, 1989.

lents, leur regard réservé, ils élèvent à peine la voix. Depuis deux siècles et davantage, ils se sont faits petits, ils ont réussi à tenir dans la durée de leur temps à eux.

Le même temps furtif et discret flottait autour de la réserve Arawak de la Dominique, telle qu'elle m'apparut en 1985. Le gazon était tenu bien ras dans son cadre de bosquets fleuris, les gosses jouaient, les femmes assises à même le sol devisaient en tressant des vanneries. Pas un papier gras, pas un détritus. Ces gens étaient chez eux dans le temps comme dans l'espace, au fil d'une durée temporelle plus ancienne encore que celle des Cajuns. C'est ce cadre à la fois naturel et socialisé, cette temporalité patiente que j'ai plus tard retrouvés dans les « tribus » kanak – on sait que ce terme désigne un espace coutumier et pas seulement une parentèle. Temps patient, mais non temps immobile comme le voudrait le discours convenu de l'anthropologie structuraliste[14]. Qu'une crise politique survienne à Nouméa et les tribus de sensibilité indépendantiste, la veille si sereines, se mobilisaient sur-le-champ.

De telles crises ne sont pas si rares. Elles créent la surprise, elles viennent animer soudain un voyage qui se pensait parfaitement programmé. Un temps de crise émet des signaux qui se repèrent aisément. Il suffit souvent d'être à l'écoute, d'observer autour de soi, comme à Athènes où, en 1994, revenait dans chaque conversation le courroux obsessionnel des Grecs envers les autorités de la Macédoine ex-yougoslave ; on trouvait odieux que celles-ci usurpassent des emblèmes considérées comme exclusivement hellènes, telle la « roue d'Alexandre », et jusqu'au nom même de Macédoine. Le visiteur ne pouvait se tenir à l'écart de cette explosion d'intolérance nationaliste qui occupait des pages entières des journaux, à grand renfort de caricatures, de photographies et de cartes historiques.

---

14. Pour une critique des « temporalités froides » selon Claude Lévi-Strauss, *cf.* Alban Bensa, « Images et usage du temps », *Terrains*, n° 29, septembre 1997.

Il vaut aussi la peine de lire l'intensité d'un moment politique dans les yeux mêmes des passants, ainsi à Tunis en 1991, au lendemain du premier tour des élections algériennes et du succès des islamistes. Le Maghreb tout entier retenait son souffle, et semblait prêt à changer de camp. Dans le petit train vieillot qui relie La Goulette à Tunis, avaient pris place des jeunes femmes ostensiblement vêtues et coiffées à la moderne, la jupe bien courte, la tête bien droite, et dont la posture, le regard décidé n'étaient pas neutres ; elles affirmaient en public leur volonté de rester libres, de rester elles-mêmes. Non loin de moi, dans le même wagon, des hommes de leur âge, non moins ostensiblement enveloppés jusqu'aux pieds d'une djellaba traditionnelle, ne se privaient pas de lancer un regard peu amène sur le Français de passage. Les mêmes tensions traversaient tout le pays, traversaient ce tram de banlieue.

Parfois, c'est d'un événement majeur que le voyageur se trouve être témoin, d'un temps fort au plein sens du terme ; ainsi à Tahiti en 1989, quand les indépendantistes, dont j'étais proche, occupèrent l'aéroport international de Faa'a pour mieux signifier au premier ministre Michel Rocard la force de leurs griefs. Mais parfois aussi, il semble s'agir d'un simple épisode ponctuel, sans portée et dont on ne mesurera l'impact que bien plus tard. L'entrée dans le temps local se conjugue au futur, et pas seulement au présent ou au passé.

En août 1976, j'avais tenu à assister au meeting géant au cours duquel le général Ratsiraka, nouveau maître de Madagascar, était venu se faire acclamer par la foule. Des observateurs superficiels pouvaient penser qu'après tout, il n'était qu'une nouvelle silhouette sans consistance, aussi éphémère que celle des autres chefs militaires qui s'étaient succédé au pouvoir depuis le « Mai malgache » de 1972. Dans mes conversations avec les Blancs établis là-bas de longue date – les *vazaha*, disent les Malgaches –, il était clair qu'on ne prenait pas au sérieux Didier Ratsiraka, et tel était bien évidemment l'avis de mes collègues de l'université de

« Tana », installés dans leur savoir. En fait, le vent avait tourné ce jour-là. Assuré de la confiance des couches dirigeantes du pays, le nouveau chef allait, pour vingt ans, imposer son pouvoir autoritaire à la Grande Terre, quitte à la laisser glisser dans le désordre et le déclin.

Quand on s'interroge sur le voyage comme cheminement, comme entrée dans le temps local et la vie locale, on doit aussi s'arrêter sur le statut des pays visés par ce cheminement, par cette entrée. Le voyage qui cherche à saisir dans toute leur étrangeté ces pays, n'est-ce pas tout bonnement le voyage « à l'étranger » ? Il est temps de s'en expliquer : le voyageur qui ne quitte pas le territoire qui est le sien, et le voyageur qui s'en échappe, effectuent-ils des voyages de la même *qualité*, au sens philosophique de ce terme ?

Poser cette question, c'est considérer le voyage comme *sortie* avant qu'il soit une entrée ; donc comme rupture avec les usages et les codes, les manières de vivre et de penser, bref tout le non-dit qu'implique l'appartenance à un groupe national. L'ouverture à l'autre n'invite-t-elle pas à prendre ses distances par rapport au « soi », tant collectif qu'individuel ? Une prise de distance à laquelle sont tout particulièrement conviés les Français qui voyagent, tant leur identité « hexagonale » – quand ils n'y prennent pas garde – a tendance à cultiver l'autosuffisance, sinon la suffisance…

Au risque de paraître un peu catégorique, la position choisie ici est sans ambiguïté : il n'est de voyage authentique qu'une fois passée la frontière. Observer des horaires de repas insolites, relever des graffitis aux allusions pas toujours claires, se laisser aller au rythme nouveau des rues, se hasarder dans des cimetières à l'ambiance singulière ne *fait sens* pour le voyageur que du fait qu'il est loin de chez lui.

Chacun a pu en faire l'expérience : présenter son passeport au poste de contrôle représente un *transit*, un passage, sinon une transgression. Tout change une fois le passeport vérifié, ou du moins tout changeait… Douvres se révèle si loin de Calais, Genève d'Annemasse, Vintimille de Menton… La disparition progressive des contrôles frontaliers, très vraisemblablement, ne suffira pas à effacer ces contrastes lourdement historisés.

Certains ont pu s'essayer, avec verve et talent, au genre insolite qu'est le voyage de proximité exotique. C'est-à-dire le voyage effectué dans un espace immédiatement familier, mais en affectant de découvrir et d'analyser cet espace avec le même regard distancié que des pays étranges et étrangers où l'on aborderait au terme d'une longue itinérance. Julio Cortazar nous a fait revivre sur ce mode humoristique ses expériences d'explorateur de l'autoroute Paris-Lyon[15], Marc Augé a disséqué le parc de Disneyland dans la banlieue parisienne avec le savoir-faire d'un vétéran de l'anthropologie africaine[16], et François Maspero a mis en œuvre, en relatant son voyage en RER, dans les parages nord de Paris, la même rigueur d'observation qu'un reporter « couvrant » la Yougoslavie en guerre[17]. De tels exercices sont stimulants intellectuellement, ils ont abouti à de vraies réussites littéraires, mais seulement en tant qu'exercices…

Ne faut-il pas, en sens opposé, insister sur la valeur irremplaçable d'une démarche d'extériorité, sinon d'arrachement délibéré loin du cercle de famille ? Le voyage, semble-t-il, ne peut se passer de cette extériorité. Il s'empare de l'ailleurs, de l'autre, du différent, et c'est en apaisant notre soif de cette Terre si petite, selon la formule de Benjamin Fondane, qu'il peut espérer rencontrer *l'universel*, soit la conscience de tout ce qui unit les sociétés si diverses du monde dans la généralité de l'humaine condition.

---

15. Julio Cortazar, *Les autonautes de la cosmoroute*, Paris, Gallimard, 1983.
16. Marc Augé, *L'impossible voyage. Le tourisme et ses images*, Paris, Rivages, 1997.
17. François Maspero, *Les passagers du Roissy-Express*, Paris, Seuil, 1992.

Interlude II

Chez les Aussies

À un quart de siècle de distance, l'aéroport de Sydney dit déjà combien l'Australie a changé, tout en restant elle-même. Fait majeur, c'en est fini du *Keep Australia white*[1] ; ce principe encore sacro-saint à ma première visite en 1970 est désormais congédié. D'année en année, au fil de mes passages successifs, les figures asiatiques et océaniennes débarquant d'un avion se sont faites plus nombreuses, plus visibles surtout : commerçants vietnamiens, familles chinoises, travailleurs polynésiens et jusqu'aux jeunes étudiantes voilées de Malaisie ou d'Indonésie – images impensables en 1970. Les Aborigènes, longtemps niés, interdits de séjour en ce lieu où l'Australie s'ouvre au monde, viennent s'y mêler à la foule, sans embarras : groupes artistiques, cadres fédéraux des « affaires aborigènes », familles partant rendre visite à des parents à l'autre bout du pays, simples touristes.

---

1. « Préserver l'Australie blanche. » Ce slogan remontait à la création de la Fédération australienne au début du XXe siècle, et exprimait la volonté d'un *statu quo* colonial et racial. Dans le climat de guerre froide des années cinquante et soixante, il avait affirmé aussi l'adhésion de l'Australie au camp occidental, la Chine communiste faisant figure de danger principal, immédiat.

Mais la bonhomie informelle des employés, les hommes en grand chapeau de feutre dans la tradition broussarde, l'atmosphère générale de simplicité détendue disent bien, à mon dernier voyage en juillet 1997, que l'Australie est fidèle à son image. Encore que les autorités sanitaires aient abandonné les rites barbares de bienvenue qui naguère suffoquaient d'emblée le visiteur : en tenue de combat, avant même les formalités de police et de douane, des vétérinaires vaporisaient d'insecticide les passagers mal réveillés, à l'intérieur de la cabine ; la vigilance antimicrobienne s'est faite plus discrète.

Dans son superbe *Boomerang*[2], Michel Butor voit l'Australie comme une autre Méditerranée dont les centres vitaux, périphériques eux aussi, ne regardent que des étendues désertiques et non plus marines.

Moins hardis que les Grecs ou les Phéniciens, les Australiens se sont familiarisés tardivement avec leur *Mare nostrum* terrienne. Ils prennent mieux conscience de leur identité propre, ils s'attachent à mieux connaître leur pays-continent dans son extrême diversité. Une diversité dont j'ai pris moi-même la mesure, en découvrant au fil de mes douze voyages les immensités urbaines de Melbourne et de Sydney qu'oppose une rivalité inexpiable ; Brisbane restée à demi-coloniale avec ses maisons de bois sur pilotis, flottant à la dérive parmi des masses bétonnées en pleine expansion ; Adelaïde fière de son festival de théâtre ; Cairns déjà tropicale dans l'extrême Nord-Est ; la Tasmanie restée si rustique ; les spectaculaires parcs naturels du « Top North » ; Uluru, le monolithe géant au cœur du « cœur rouge » du pays ; et même les horizons marins de la Nouvelle-Galles du Sud, devant lesquels, à l'abri d'élégants rideaux d'eucalyptus dispersés dans

2. Le long essai intitulé *Boomerang, le génie du lieu* (Paris, Gallimard, 1978) entremêle les réflexions qu'avait suggérées à Butor son séjour en Australie, et des notes sur d'autres pays de l'hémisphère Sud.

les rochers du littoral, on rêve face à une Amérique latine perdue à des distances infiniment éloignées, presque abstraites.

En Australie, les distances imposent au visiteur de prendre l'avion aussi naturellement qu'un fonctionnaire fédéral en mission ou un médecin visitant ses patients dans une réserve aborigène. Il faut aussi se familiariser avec la route australienne, dont la majesté n'est monotone qu'en apparence et qui s'étire en ligne droite à travers les *gumtrees* (eucalyptus) intemporels ; tel est l'*outback*, le « grand intérieur » si étrange et envoûtant, quasi lunaire. Sur ces routes, on panique pourtant un peu quand il faut doubler ou croiser les monstrueux *road-trains* à trois remorques, assurés du pouvoir absolu que leur confère leur masse démente. Quant au réseau ferré, on le voit tomber en lambeaux d'année en année au nom de la dérégulation, sauf autour des grandes villes et sur l'itinéraire de prestige qui traverse le pays d'est en ouest, de Sydney par Adelaïde, pour atteindre Perth face à l'océan Indien.

Canberra n'est guère aimée des gens de Melbourne ou de Sydney, un peu jaloux des bureaucrates et des diplomates de la capitale fédérale, et de leur vie réputée facile. Son ANU (Australian National University) n'est qu'un *featherbed*, un lit de plumes, disent les collègues des autres universités. Pourtant, à chaque voyage, je retrouve avec plaisir cette *garden city* qui réalise enfin le rêve d'Alphonse Allais : transporter les villes à la campagne. On s'y sent les épaules alertes, si loin de Paris et de ses tensions.

On se plaît à observer le vol des perroquets multicolores en liberté ; on parcourt les immenses avenues où le soleil libère les senteurs des eucalyptus, à perte de vue puisque les règlements interdisent toute haie, palissade et muraille du côté de la chaussée ; on flâne autour du lac Burley-Griffin, poumon artificiel qui assure la respiration de cette ville-artefact et lui ouvre en tous sens des perspectives élégamment distribuées ; on rêve le soir devant ses lignes de crête, admirablement soulignées par la légèreté de l'air et derrière lesquelles les derniers feux du jour lancent comme un appel d'outre-monde. Le citadin de la vieille Europe, en revanche, n'a aucune chance d'y retrouver la vie de la rue, ses foules affairées, ses boutiques, son débraillé. Ces avenues si bien dessinées sont totalement vides et le piéton devra plutôt savourer de bonne grâce ce néant, s'en imprégner, s'y fondre.

Les gens sont simples et directs, toujours amusés de voir revenir ce Français atypique qui se sent à l'aise parmi eux. En taxi, je m'assois selon l'usage à côté du chauffeur : c'est un signe de *mateship*, de camaderie égalitaire. Sans non plus ménager le « quant-à-soi », le *Canberra Times* publie régulièrement les listes nominatives de conducteurs pris en état d'ivresse, sanction plutôt humiliante, dont la France pourrait s'inspirer...

En haut d'une colline visible de partout, un tripode géant qui semble surgi d'une autre galaxie signale le nouveau Parlement fédéral[3], lourdement surdimensionné. Sur le site de l'ancien siège, au bord du lac, des *wiltjas* (huttes de branchages) apportent une note de vie autochtone ; c'est l'*Aboriginal Embassy*, campée là depuis vingt-sept ans déjà. En défiant le pouvoir blanc, les « premiers Australiens » entendaient en 1970 protester contre la célébration cette année-là d'un « bicentenaire », selon lequel l'histoire australienne n'aurait commencé qu'avec l'arrivée du capitaine Cook deux siècles plus tôt. Ils se sentaient ignorés, niés, réduits à ouvrir une ambassade dérisoirement étrangère, sur le sol qui est leur depuis des temps immémoriaux.

Dans le centre-ville, dit *Civic*, les blocs d'affaires, les parkings et les *shopping malls* prolifèrent à l'américaine, mais les jeunes *homeless* mendient dans les rues piétonnières,

---

3. L'Australie, on peut le rappeler, est un État fédéral, au sein duquel chaque unité régionale dispose de larges pouvoirs : Victoria, Nouvelle-Galles du Sud, Queensland, Australie du Sud, Tasmanie, Australie occidentale, Territoire du Nord, et même Canberra en tant que « district fédéral ».

chaque année plus nombreux. Le boom immobilier est passé par là, la crise sociale aussi. L'Australie a abdiqué son image de *lucky country*, de *Cornucopia*[4] offrant à tous ses richesses inépuisables.

Thredbo, le 30 juillet 1997, occupait sur huit colonnes la première page des journaux. Dans cette station de sports d'hiver construite sur une pente instable, un glissement de terrain venait de tuer en quelques minutes des dizaines de skieurs endormis. La presse refusait la thèse officielle de la « fatalité tragique » ; elle mettait en cause la spéculation touristique, les contrôles insuffisants, le dogmatisme de la dérégulation cultivé par la droite au pouvoir dans la Nouvelle-Galles du Sud, et jusqu'aux aspects écologiques de la catastrophe. Certains intégristes du reboisement indigéniste n'avaient-ils pas obtenu que le gouvernement de l'« État » – terme qui en Australie désigne les autorités régionales – empoisonne les arbres « exotiques », c'est-à-dire venus d'Europe ! Par centaines de milliers, des saules et des bouleaux bien adaptés à la stabilisation des pentes venaient d'être éliminés dans tout le parc national des Snowy Mountains.

Thredbo n'est qu'un exemple entre cent, et la lecture du *Canberra Times*, de l'*Age* de Melbourne, du *Sydney Morning Herald*, de l'*Australian*, rite matinal stimulant, dit notamment l'intérêt très vif des Aussies pour notre environnement naturel. En un seul mois de 1997, on pouvait y relever des enquêtes et études sur la pollution de la baie de Sydney, l'assèchement soudain du fleuve Murray sous l'effet du redoutable *El Niño*, la précarité des golfs construits au Japon sur des décharges dont les émanations interdisent d'y allumer même une cigarette, et surtout le trou d'ozone audessus de l'Antarctique : l'Australie est ici en première ligne, le taux des cancers de la peau y est le plus élevé du monde.

4. *Lucky country*, le « pays chanceux », celui où coulent à flots les richesses de la Corne d'abondance (*Cornucopia*).

On s'informe, on s'organise aussi. À Melbourne, chacun observe sans broncher les fastidieuses contraintes qu'imposent les *huit* collectes distinctes d'ordures ménagères : verre, papiers, huiles industrielles, métaux, produits de compost, plastique…

La lecture des journaux peut aussi initier le visiteur aux jeux complexes de la politique intérieure australienne et à leurs figures si changeantes, d'une rive à l'autre de cette Méditerranée-continent. On découvre ainsi le profil politique original d'un « État » comme la Tasmanie, fondé sur une culture insulaire très particulariste ; celui du Victoria aux fortes traditions républicaines et ouvrières ; celui encore du Queensland, dont les « petits-blancs » font bon accueil aux excentricités démagogiques d'une Pauline Hanson, la Le Pen de ce *Sunshine State*. La mémoire vient aussi enrichir la culture politique nationale. D'année en année, « l'ère Whitlam » devient plus prestigieuse, presque mythique. En 1972, il avait suffi de quelques jours à ce leader travailliste dont le parti était écarté du pouvoir depuis 1949, pour retirer du Vietnam les troupes australiennes, reconnaître Pékin, octroyer l'indépendance à la Nouvelle-Guinée, accorder aux femmes l'avortement libre et gratuit, poser les principes d'un accord avec les Aborigènes. Le nom de Gough Whitlam s'identifie à l'authentique *statesmanship*, à la volonté de l'homme d'État.

Sydney et Hamilton, tout semble opposer ces deux images. L'opéra de Sydney est un dragon futuriste qui s'est posé dans les années soixante au cœur de la « Bay », avec une extrême délicatesse de tracé et de toucher. Telles des ailes-écailles géantes, ses coquilles curvilignes à demi éventrées se dressent à la verticale, aussi insolites à distance qu'accueillantes pour les visiteurs qui y affluent de tout le pays ; la créature d'outre-monde semble prête à reprendre son vol à tout moment, et son élan fantastique ne peut laisser indifférents les détracteurs les plus acharnés du béton –

je suis du nombre. Par contraste, il n'en rend que plus hideux les campus, hôpitaux et autres sièges administratifs que le même matériau a partout fait surgir sous le signe du *brutalism* architectural.

Mais Hamilton, modeste bourgade de Tasmanie centrale, remonte à un XIXe siècle où construire, c'était construire en pierre. Boutiques et *cottages* aux murs robustes ont gardé leur charme vieillot. Par les soins du Bureau du tourisme, on peut s'y trouver logé dans un gîte d'accueil de style colonial, véritable maison de poupées où chaque tenture, chaque assiette, chaque siège, chaque accessoire sont des pièces authentiques d'âge victorien, sinon géorgien. Telle fut du moins la chance que j'eus en 1987, et peut-être prend-on moins de risques dix ans plus tard ! N'étaient le réfrigérateur et la bouilloire pour le thé du matin, on pouvait croire qu'un gardien distrait avait enfermé le visiteur pour la nuit dans une salle de son musée…

Entre l'opéra d'avant-garde et la petite ville assoupie dans ses traditions, ne peut-on discerner comme l'avers et l'envers de la même historicité australienne claudicante, tantôt emportée dans ses impatiences modernistes et tantôt soucieuse de préserver la moindre parcelle du temps jadis ?

Les signes de cette « culture du passé » abondent d'une extrémité à l'autre du pays. Bendigo, dans le Victoria, vit encore de sa gloire déchue de « Pays de l'or » ; sa dernière mine ne tourne plus que pour les visiteurs, elle est desservie par un tram non moins vétuste et qu'on maintient lui aussi en parfait état de marche. Les placers aurifères de la vallée d'Araluen, près de Canberra, sont quant à eux épuisés depuis longtemps ; des quarante-huit *pubs* qui y étaient florissants à l'époque du *gold rush*, il n'en subsiste que deux, endormis dans la poussière et le soleil et qui semblent retournés à la paix agreste du site. La Tasmanie tout entière est le lieu par excellence de l'archaïsme australien ; on ne visite jamais sans émotion ses bagnes, tel celui de Port Arthur dont les murs en ruine suintent encore du sang et des larmes de ceux qu'on y déportait de l'autre bout du monde, pour un pain volé.

Hamilton, Bendigo, Araluen, Port Arthur, soit quatre exemples entre cent de cette piété identitaire, par laquelle l'Australie semble s'excuser de son passé si bref, si léger – du moins de son passé « blanc », vieux de deux siècles à peine. Dans ces fermettes en pierres de taille, ces musées rustiques, ces pubs vétustes, ces pénitenciers en ruine, je ne me suis guère senti plus « étranger » que la masse des visiteurs venus des grands centres urbains du pays. C'était plutôt le contraire, parce que l'immense majorité de ces gens vivent dans un environnement technique totalement banalisé et mécanisé, alors qu'en Europe nous avons conservé une certaine familiarité avec l'aménagement « traditionnel » de la vie domestique. Les touristes australiens – je les ai souvent observés – visitent avec une émotion silencieuse, avec une sorte de vénération fascinée toutes ces *relics* qui leur semblent infiniment éloignées, issues d'un monde avec lequel ils ne se sentaient plus rien de commun. Ils s'attardent dans ces « lieux de mémoire » qui sont aussi des lieux de commerce, ils hésitent entre des rubans à l'ancienne, des recettes de gâteaux « du cottage », des articles ménagers de bois, des fleurs séchées. Tout les attire.

Avec l'affaire Mabo, ce fut un passé infiniment plus ancien qui refit surface soudain. Les deux siècles d'historicité « blanche » se trouvèrent brutalement confrontés aux dizaines de milliers d'années dont peut se réclamer la doyenne des cultures humaines. Le nom totalement inconnu de Mabo, qui fit en 1993 la une de la presse et de la télévision, était celui d'un indigène des îles du détroit de Torrès, entre l'Australie et la Nouvelle-Guinée. Cet Eddie Mabo, au terme d'une interminable guérilla judiciaire, se vit finalement reconnaître par la *High Court* de Canberra, soit la plus haute autorité australienne, ses droits sur des terres qu'occupaient ses ancêtres avant l'arrivée des Blancs. Tragique ironie du destin, il mourut avant que la victoire du *Mabo case* devienne – j'en fus le témoin – l'objet de controverses acharnées dans tout le pays.

Pour la gauche, pour les mouvements de solidarité avec les Aborigènes, l'arrêt Mabo signifiait la défaite du principe de la *terra nullius*, invoqué par la colonisation blanche depuis le XIXe siècle : ces gens n'étaient pas des civilisés, peut-être même pas des humains, leurs terres étaient donc disponibles à volonté. Désormais, il en allait tout autrement et la question de la « dépossession » des Aborigènes par les Blancs était posée de plein fouet. Mais ce fut la panique chez les éleveurs, les agriculteurs, les sociétés minières et jusque dans la petite bourgeoisie des banlieues, terrifiée à l'idée qu'un « Abo » allait soudain surgir dans le *backyard*, l'arrière-cour, pour la revendiquer au nom de ses droits ancestraux consacrés par l'arrêt Mabo. Je revins de ce voyage de 1993 avec un copieux dossier sur l'affaire ; mais, à part quelques anthropologues dont mon ami Alban Bensa, je ne réussis pas à y intéresser qui que ce soit et surtout pas la presse française…

Le réveil politique des « Koories[5] », très sensible depuis les années soixante-dix, devient ainsi un fait majeur de la vie publique du pays. Gauche et droite continuent de s'affronter sur l'étendue et sur l'enjeu de la « réconciliation », que tous acceptent comme inéluctable.

De fait, les Aborigènes – c'est-à-dire les quelque trois cent mille personnes qui, selon la loi, peuvent revendiquer cette qualité à leur gré, sans autre contrôle que l'accord d'une communauté – sont de plus en plus visibles dans la vie australienne, j'ai pu le constater à chaque nouveau passage. Bien souvent, ce sont leur misère, leur déréliction que l'on remarque dans les quartiers les plus humbles des grandes villes, ainsi à Redfern au centre du vieux Sydney. Une maison mal tenue, devant laquelle se traîne une voiture-épave, est souvent celle d'un *fringe Aborigene* qui a quitté sa « réserve »

---

5. Les « Koories » n'ont eu droit qu'en 1967 à un état civil, leur reconnaissant un statut dans la société australienne. Ce terme est familier, non péjoratif.

et est venu échouer « à la marge » avec sa famille. Même à Alice Springs, où ils représentent une minorité importante, les Aborigènes étaient les seuls à s'attarder au soleil des carrefours, quand j'y suis passé un dimanche après-midi d'août 1997 ; leur désarroi, leur désœuvrement faisaient peine à voir.

Quel contraste avec le succès commercial de l'art aborigène, des bois sculptés, des peintures sur écorce ! Les galeries se sont multipliées à Sydney autant qu'à « Alice », et les prix ont suivi ; depuis Londres et New York, des négociants avisés en sont venus à passer directement commande aux tribus, restées maîtresses des œuvres de leurs membres. Quel contraste aussi avec la dignité retrouvée, avec l'alerte compétence des jeunes *rangers* aborigènes qui accueillent les visiteurs à l'entrée du parc national d'Uluru. Tel est le nom traditionnel qu'a repris l'extraordinaire Ayers Rock, depuis que le gouvernement travailliste l'a restitué en 1983 au peuple des Pitjantjaras-Yankunytjatjaras ; ceux-ci en contrôlent l'accès et remettent cérémonieusement aux visiteurs, pour trente dollars, des billets d'accueil rituel : *Pukulpa Pitjama Ananguku Ngarakutu*, bienvenue chez les Aborigènes.

Quand ils arrivent en Australie, les visiteurs étrangers sont déjà familiers, en général, avec le fait aborigène. Ils ont déjà réfléchi à l'extraordinaire longévité de cette culture multimillénaire (elle remonte jusqu'à quarante mille ans dans certaines régions du centre du pays), restée si vivante et qui est nettement plus ancienne que nos civilisations préhistoriques d'Occident[6]. Ils ont déjà découvert l'art aborigène, à travers les expositions et les publications qui l'ont popularisé hors d'Australie depuis les années soixante-dix et quatre-vingt. Tout naturellement – j'ai été de ceux-là – ils se préoccupent de la situation de ces « premiers Australiens », dans les réserves comme dans les banlieues. Ils suivent de

6. On fait remonter à vingt mille ans environ les premières œuvres de l'art rupestre paléolithique en Europe, et on situe son apogée à quinze mille ou douze mille ans avant notre ère.

près l'évolution de la politique de Canberra en ce domaine – ainsi avec l'affaire Mabo.

Mais qu'en est-il des « nouveaux Australiens », ces émigrés venus d'Italie, de Croatie ou de Grèce, et plus récemment de Chine ou du Vietnam ? Ceux-ci n'ont pas la conscience d'une dette historique des Blancs envers les Aborigènes, ils ne se soucient guère d'une éventuelle réparation politique due aux victimes de ce qui fut un quasi-génocide, ils ne sont absolument pas prêts à partager avec les Australiens de souche anglo-saxonne ce fardeau moral de l'homme blanc. La femme chauffeur de taxi d'origine croate qui, en 1993, m'amenait à l'ancienne gare de Cairns, d'où part un vieux train minier – attraction touristique renommée – ne faisait que pester contre les « Abos » : ils ne travaillent même pas, ils ne font qu'aller toucher leur *allowance* ! Un Vietnamien de Sydney, acharné à faire prospérer son restaurant « ethnique », aurait parlé dans les mêmes termes... De leur côté, les Aborigènes ne sont guère favorables aux émigrés de fraîche date.

Un fossé, sinon un abîme d'incompréhension, sépare ainsi les « Koories » et les « nouveaux Australiens », notamment les Asiatiques. La conscience historique des uns s'enracine infiniment en amont de la société des Blancs, alors que l'arrivée toute récente des seconds se situe en aval du *Keep Australia white*. Ce qui pourrait combler ce fossé, c'est peut-être le fait que les uns et les autres ont aujourd'hui mêmes amis et mêmes ennemis. Le racisme grossier de Pauline Hanson et de ses émules agresse à la fois les Noirs et les Asiatiques, lesquels sont soutenus conjointement par les groupes de défense des droits de l'homme, les milieux chrétiens, la gauche universitaire et intellectuelle. Quelle Australie pourra un jour, non seulement affirmer comme indissociables les droits de ses plus anciens citoyens comme des plus récents, mais créer les conditions pour que les uns et les autres se respectent mutuellement, s'acceptent mutuellement ?

Aussie, ce mot-symbole d'une australianité qui de plus en plus s'assume sans complexes, remonte sans doute[7] au corps expéditionnaire envoyé en 1914-1918 en Europe, au secours de *Mother England*. Pris au premier degré, et indifféremment adjectif ou substantif, il désigne les gens du pays *down under* (« de par en dessous », dit-on en Grande-Bretagne) et les particularités de l'anglais qu'on y parle. Mais il m'a semblé que les Australiens, désormais bien plus familiers avec les régions si diverses de leur pays et aussi avec son histoire, devenaient capables d'une ironie discrète envers eux-mêmes ; ce terme d'*Aussie* serait le signe d'une maturité nouvelle, d'un regard plus distancié.

Entrer dans le temps local d'un pays – en Australie comme ailleurs –, c'est souvent chercher à en identifier les termes lourds, ceux qui cristallisent des situations originales, des tendances profondes de la société. Ces glanes terminologiques sont une des joies du voyage. Au fil des années, j'ai ainsi découvert le mythe culturel du *going North* ; j'ai fait connaissance avec le *mateship* et le *baby-talk* ; j'ai vu les liens avec l'Angleterre reculer devant la *pacificness*. J'ai surtout, plus récemment, assisté à l'ascension lente mais irrésistible de la *Republic*, dans ce pays où la visite de la reine fut si longtemps *the* événement.

Going North, c'est s'éloigner des grands centres urbains, tous situés dans le Sud du pays, c'est donc prendre ses distances vis-à-vis des contraintes sociales qui y règnent, c'est aller vers le soleil, vers la nature, vers une vie plus simple, même au risque de se laisser aller, sinon de déchoir. C'est de toute façon faire un nouveau choix de vie, souvent à l'âge des « jeunes retraités », prendre un nouveau départ. C'est un peu la version « aussie » de la crise de nos sociétés de modernité.

Inspiré de la tradition pionnière du XIXe siècle sinon de la rude vie du bagne, le *mateship* est une référence de cama-

7. Selon l'*Australian National Dictionary*.

raderie virile et populiste, faite de bière glacée engloutie à grandes rasades, de vociférations devant un match de rugby, de sans-gêne grossier. Mais la *New Left* des années soixante-dix est passée par là, le *Women's Lib* a marqué des points, les *equal opportunity officiers*[8] veillent à faire respecter le *sex ratio* dans l'emploi. Et de toute façon, les *mates* continuent à parler comme de grands enfants. Ils hésitent le dimanche entre une *barbie* (barbecue) et un *footie* (match de football), une fois pris un *breakie* (breakfast) plus copieux. Ils choisissent leurs *pressies* (présents) pour *Chrissie* (Noël) ; libération sexuelle aidant, ils ne dédaignent pas une *quickie* (passade) ou des *naughties* (vilains moments), vite oubliés devant l'écran de la *tellie* (télévision)...

Mais dans les banlieues des grandes villes, les démonstrations bruyantes de *mateship* ne suffisent pas à occulter la pathétique déréliction de ceux qui vivent isolés. En juillet 1993, je fus le témoin de l'extrême émotion provoquée par l'affaire Mavis Raines ; le cadavre de cette femme de 67 ans venait d'être découvert trois ans après son décès dans sa maison du faubourg aisé d'Annandale, à Sydney.

Les repères géopolitiques de l'Australie bougent eux aussi. L'ANZAC (Australia and New Zealand Army Corps, nom officiel des contingents envoyés combattre en 1914-1918 aux côtés des armées britanniques) reste l'image emblématique des liens fondateurs avec la Grande-Bretagne. L'*ANZAC Day*, le 25 avril, est un jour férié officiel, que la droite nationaliste et conservatrice célèbre à grand renfort de parades paramilitaires, de discours et de banquets. Mais le souvenir de ces aventures militaires à l'autre bout du monde tend à s'effacer. C'est vers les marchés asiatiques que regarde l'Australie contemporaine, bien plus que vers l'Europe ; elle prend conscience de sa *pacificness*, de son appartenance aux

8. Soit les fonctionnaires chargés d'assurer « l'égalité des chances », en fait l'assurance pour les femmes de pouvoir être embauchées ou recrutées sur un pied d'égalité avec les hommes.

espaces du Pacifique – même si la vieille génération vit assez mal le retour en force des hommes d'affaires japonais, alors que le Japon fut l'ennemi mortel des années 1941-1945.

Conscience identitaire, maturité nouvelle, ouverture à la région Asie-Pacifique, meilleure connaissance touristique du pays, tous ces aspects nouveaux se rejoignent dans le mouvement « républicain », qui est assuré de larges soutiens à droite et pas seulement à gauche. Les journaux relèvent sans embarras la disparition discrète du terme *Royal*, qui restait un signe de respectabilité pour maintes institutions d'intérêt public. La reine d'Angleterre garde certes le statut de souveraine nominale du pays, mais l'apparition d'une *Republic* à l'horizon 2000 du temps australien n'a plus rien d'invraisemblable.

3

Le voyageur historien

Voyager dans le monde, c'est aussi voyager dans le passé du monde. En présence des sites les plus divers, tantôt monumentaux et tantôt signalés par d'humbles pierres dont le message risque de nous échapper, c'est retrouver les traces visibles du passé. À chaque étape, le voyageur est sollicité de se faire historien.

Parfois, il va tout simplement découvrir le passé des sociétés, des pays qu'il rencontre, il va devoir s'initier à une histoire locale dont il ignorait tout alors qu'elle est revendiquée comme fondatrice par ces sociétés, ces pays. Parfois aussi, il va revisiter cette histoire ; il va jeter un regard neuf sur un passé qu'il ne connaissait que de l'extérieur et qu'il peut saisir sur le lieu même où il s'est déroulé, comme dans son épaisseur autonome.

Le voyage s'« historise » ainsi de lui-même, en se déployant à la verticale du temps. On s'arrête longuement devant les lieux historiques lourds, où les images du passé restent inscrites avec vigueur. On découvre *in situ* la vitalité volontariste des dates clés, des temps forts du passé local. On relève les traces et les empreintes d'un jadis parfois presque effacé, parfois resté très lisible. On se familiarise avec l'histoire « fractale » de sociétés originales, nouées sur leur micro-identité. On repère les lieux d'histoire stratifiée, riches en traditions diverses qui s'y sont superposées au fil des siècles. À un détour du chemin, on rencontre même des « lieux de mémoire » qui sont plutôt des lieux d'oubli, des débris tantôt furtifs et tantôt spectaculaires de temps révolus.

Parmi les *sites lourds* qui s'offrent à la méditation, le *Stadion* nazi de Nuremberg est peut-être celui qui réalise le plus parfaitement l'adéquation d'un lieu particulier à un projet historique d'ensemble. Il faudrait être bien indifférent au destin du monde pour traverser la Bavière sans faire escale dans ce pôle mythique des grands rassemblements hitlériens, ceux qui prétendaient fonder le IIIe Reich pour mille années.

L'ensemble reste *kolossal*, à la mesure de ce colosse politique effondré. Les gradins du *Zepplinfeld*, d'où Hitler vociférait pendant des heures parmi les croix gammées géantes qui claquaient au vent, continuent à dominer l'immense avenue de parade où les militants nazis défilaient par rangées de cent. Non loin de là, un super-Colisée à la romaine devait accueillir les congrès du parti ; il est resté inachevé.

Seul le silence s'y fait désormais entendre, avec une intensité plus poignante encore que celle des harangues du Führer. C'est le silence de la déchéance et de l'abandon, car on ne sait que faire de ces lieux qui firent trembler le monde. Il serait impensable de les restaurer, absurde et d'ailleurs ruineux de les entretenir en l'état ; on s'est contenté de loger quelques entrepôts municipaux dans les soubassements, et l'avenue de parade sert de parking auxiliaire au moment des grandes foires commerciales. C'est la nature qui a eu le dernier mot, les broussailles gagnent lentement les gradins et les sols, dont le béton massif a bien fini par se fissurer. Nuremberg comme artefact dément a survécu à Nuremberg comme ambition politique non moins démente ; il continue à vivre de sa vie matérielle propre, au gré du climat et de la végétation que les hommes ont préféré laisser faire. Les rares touristes du dimanche matin ne sont que de minuscules silhouettes égarées dans cet hyper-espace où, par millions, se déchaînait le fanatisme grégaire. À l'entrée du *Stadion*, les bénévoles de la petite association *Geschichte für Alle* (« l'histoire pour tous ») ont organisé une modeste exposition sur le nazisme et combattent vaillamment l'oubli.

Le complexe nazi de Nuremberg n'est pas une simple curiosité historique, un de ces lieux retombés dans la banalité et devant lesquels – comme à Waterloo – on ne s'arrête que parce qu'il s'y est passé quelque chose. C'est un site lourd au plein sens du terme, c'est-à-dire un espace aménagé dont les éléments constitutifs, y compris dans leurs dimensions, étaient partie intégrante du projet historique qui s'y matérialisait. L'horreur tragique des entreprises nazies s'y perpétue, comme un écho « en dur » de leurs ambitions vaincues. Tel est « l'effet Nuremberg », qui peut également s'observer dans maints autres sites lourds de par le monde, certains très classiques tels les palais impériaux de Pékin, et d'autres presque inconnus comme le musée de la guerre aéronavale dans les îles Salomon.

Chacun sur son registre particulier, tous deux perpétuent les rapports de forces passés dont ils sont issus, et la même puissance déchue qu'à Nuremberg y reste présente. Les ensembles monumentaux du *Gugong*, l'ex-Ville interdite des empereurs de Chine, dispensaient déjà, à l'époque, un discours politique permanent. La hiérarchie rigoureuse de ces palais et de ces cours était comme la matérialisation sublimée du système confucéen, lui-même très hiérarchisé, dont ils étaient la clé de voûte. Leurs halls monumentaux, leurs cheminements de marbre, leurs toits vernissés brillant au soleil continuent à y affirmer avec une absolue rigueur l'ex-pouvoir non moins absolu du Fils du Ciel.

Autre site lourd, autre discours « en dur », le musée militaire de plein air où, dans l'île de Guadalcanal[1] aux Salomon, sont réunis dans un cadre paradisiaque les souvenirs de la grande bataille aéronavale de 1942-1943. L'enfer se déchaîna et les hommes tombèrent par milliers, dans les deux camps. Des carcasses de dizaines de gros bâtiments coulés gisent pour toujours au fond des passes de l'*Iron Bottom Sound*, le détroit au lit bourré de ferraille. Les matériels meurtris continuent à crier la violence du choc. En bord de mer, entre le parfum des bougainvillées et les fleurs géantes des tulipiers, on a rassemblé des tourelles disjointes de tanks, des torpilles tordues, des ailes brisées d'avions, des canons à demi explosés, toute une quincaillerie guerrière devenue invalide et qui est dispersée là, dans un savant désordre que pourrait lui envier le Musée d'art brut de Lausanne.

Mais, sur ces deux sites tout comme à Nuremberg, c'est dans le silence que se décline désormais ce qui reste visible du pouvoir dynastique en Chine ancienne ou de la bataille de Guadalcanal. Le visiteur doit s'en imprégner, s'y immerger, pour revivre en esprit soit la force des contraintes politiques qui s'y exercèrent, soit le bruit des combats qui s'y livrèrent. Un silence que vient orchestrer et entretenir la végétation, une fois tarie la violence déchaînée des hommes. Ce retour de la nature fait lui aussi partie de « l'effet Nuremberg ». À Guadalcanal, la corrosion due au soleil et à la pluie des tropiques se combine à la poussée luxuriante des lianes, et les débris épargnés par les combats passés tombent eux-mêmes en lambeaux. Même au *Gugong*, qu'on s'efforce d'entretenir, les herbes folles gagnent les toitures, les rues intérieures, les cours qu'animaient jadis tout un peuple de soldats, d'eunuques, de serviteurs, de dignitaires, et qui sont aujourd'hui désertées ; beaucoup sont fermées aux passants.

Rien ne remplace une visite sur ces lieux qui conti-

1. Si acharnée et meurtrière qu'elle ait été, la bataille de Guadalcanal resta indécise. Les Américains avaient réussi à arrêter l'avance japonaise, mais non à briser le corps de bataille ennemi.

nuent, et pour longtemps, à affirmer et la force séculaire de la tradition étatique chinoise et la folie meurtrière de la guerre et de ses technologies autodestructrices.

Le voyageur rencontre aussi sur sa route des lieux où restent inscrites des *dates fortes*, des événements dont il ne soupçonnait pas l'importance. En pénétrant dans un espace, dans un lieu social nouveaux pour lui, il peut mesurer de l'intérieur la fonction fondatrice, légitimante, que ces dates et ces événements assurent dans leur cadre propre, tant physique que social.

Au cœur des forêts du Nord-Luxembourg, non loin de Clairvaux, on peut soudain découvrir une puissante pyramide de grès rose, très germanique, qui a été élevée à la mémoire des Luxembourgeois tombés en 1795-1799 pendant la « guerre des Paysans ». Totalement inconnue en France, cette révolte dite du *Kloeppelkrieg* (« guerre des Fléaux ») était dirigée contre l'administration française de ce qui était alors le département des Forêts ; restée inscrite dans la mémoire politique du Luxembourg[2], elle ne s'affirme que sur place.

À l'autre bout du monde, deux dates de l'histoire tahitienne sont considérées elles aussi comme fondatrices par la population maohi, alors qu'elles sont strictement inconnues des touristes appâtés par ce ciel enchanteur : soit le 5 mars et le 23 juin. Le 5 mars (1797), c'est le « Jour de l'arrivée du Livre », c'est-à-dire de la Bible apportée par les premières équipes de la LMS (London Missionary Society) ; Tahiti et ses archipels (devenus les îles « de la Société ») se convertirent rapidement et durablement au protestantisme. C'est seulement en contemplant là-bas les plaques commémoratives de

2. En fait, ce soulèvement antifrançais était surtout soutenu par les forces de conservation sociale avec l'appui du clergé. La gauche luxembourgeoise ne s'en est jamais réclamée.

l'événement, ou en assistant aux cérémonies d'anniversaire, qu'on réalise vraiment la portée historique de cette arrivée dans le Pacifique de la Bible, dont toute la vie tahitienne est restée profondément imprégnée.

Quand on débarque dans l'île par l'aéroport international de Faa'a, on ne peut manquer non plus de découvrir une autre date souche de son histoire : le 23 juin 1844, date dont la mémoire – cette fois politique – est perpétuée par la municipalité indépendantiste de Faa'a sous la forme d'une stèle dans le style polynésien. Construite en grosses pierres rondes, celles des *marae* traditionnels[3], elle est dédiée aux patriotes polynésiens tombés dans la guerre de conquête de 1844. Tout à fait oublié lui aussi de ceux qui ne regardent le passé tahitien que de l'intérieur de l'Hexagone, cet épisode est pour la sensibilité politique maohi un repère légitimant, un ancrage dans son passé à elle.

C'est seulement dans leur cadre propre que trouvent leur pleine signification des dates telles que la guerre des Paysans du Luxembourg, l'Arrivée du Livre à Tahiti, les combats de Faa'a. Ce qui, de l'extérieur, n'est connu que de rares érudits devient soudain une évidence, un fait de notoriété commune. Non seulement le savoir historique du voyageur s'en trouve enrichi, mais il est invité à inverser les perspectives dont il se satisfaisait jusque-là. Les administrateurs du Directoire, souvent affairistes et cupides, ne devaient guère être populaires au Luxembourg, même s'ils se réclamaient encore des « grands principes » de 1789. Tahiti, de nos jours, est réputé appartenir au territoire de la République ; mais le 5 mars y est chaque année célébré avec une solennité qui éclipse complètement les fêtes du 14 juillet – date républicaine par excellence. Quant aux combats de Faa'a, ils nous

3. Dans la culture politique polynésienne, un *marae* est un espace clos, rehaussé de tables et de stèles, et où se tenaient les cérémonies publiques à l'époque des anciennes monarchies insulaires.

rappellent combien nos connaissances d'histoire coloniale sont sommaires et surtout unilatérales.

Une visite en Nouvelle-Calédonie, elle aussi, invite le voyageur à réviser son histoire, dans tous les sens du terme. Le paysage du « Caillou », pour peu qu'on y prête attention, propose une lecture « historisée », aussi stimulante que dérangeante, aussi éloignée de certaines habituelles banalités historiques que celle de Tahiti.

Le passé calédonien qui reste présent sous nos yeux, c'est notamment celui que construisait le régime colonial pour le maintien de sa position dominante, et la topographie accidentée perpétue le souvenir de ces rapports politiques inégalitaires. À Poindimié, à Hienghène, à Touho, à Ponérihouen, c'est toujours au sommet des buttes qu'avaient été établies sur la côte est les gendarmeries. C'est-à-dire dans la région où les Mélanésiens étaient restés majoritaires, faute de larges espaces où aurait pu se développer le grand élevage blanc. Du haut de ces buttes, on tenait le pays, on tenait en respect les indigènes. Pendant les « événements » de 1984-1988, ces fortins du XIXe siècle reprirent du service, à grand renfort de barbelés, de guérites, de chevaux de frise, de projecteurs éclairés toute la nuit. Les Caldoches isolés s'y repliaient en cas de rumeur d'une offensive du FLNKS.

À l'île des Pins, ancien bagne, c'est l'insularité et non l'altitude qui dit le passé. Après la Commune de 1871, le pouvoir versaillais envoya mourir par milliers à l'autre bout du monde ceux qu'avaient épargnés les conseils de guerre et les exécutions sommaires. L'île des Pins est aujourd'hui un petit paradis, entre des plages laiteuses au sable fin comme une farine, le bleu turquoise de l'océan qui s'embrase au soleil couchant, les pins « colonnaires » aux troncs si serrés que Cook les prit pour une falaise de basalte. Mais ce fut l'enfer. Beaucoup de ces artisans, de ces intellectuels, de ces petites gens qui n'avaient jamais quitté le pavé de Paris se laissèrent mourir sous le soleil, surtout les plus jeunes. Après l'amnistie de 1880, les survivants édifièrent au fond du cimetière une sobre pyramide frappée d'un salut lapidaire : « À nos frères ». À plus d'un siècle de distance, le silence de ce lieu de mort est aussi implacable que le soleil qui l'écrase. Si prestigieux que soient en métropole les souvenirs de « la Commune » – ainsi le mur des Fédérés au cimetière du Père-Lachaise, c'est bien à l'île des Pins, retournée à la sérénité de son éden tropical, que peuvent se lire en clair la violence de la crise politique de 1871 et la peur intense qu'avaient alors éprouvée les couches dirigeantes françaises.

Autre hommage à la mort, autre lieu où le voyageur se trouve nez à nez avec l'ancien ordre colonial néo-calédonien, les monuments funéraires élevés dans chaque commune de ce lointain territoire, pour honorer les militaires tombés dans les deux guerres mondiales. Ici, c'est de la discrimination raciste que ces signaux discrets transmettent la mémoire, encore que bien visibles. Les Blancs et les Mélanésiens y sont salués comme « morts pour la France », en apparence sur un pied d'égalité ; mais on constate vite que les premiers y figurent par leur nom complet d'état civil, les seconds par leur seul prénom. Rien n'indique au passant les motifs de cette disparité ; celle-ci ne devient intelligible que si on se rappelle que, sous le régime dit de l'indigénat aboli seulement en 1946, les Kanak n'avaient pas d'existence individuelle au regard de la loi. En revanche, ils étaient baptisés et recevaient le nom de leur saint patron. Ces stèles funéraires attestent l'ancienne sollicitude spirituelle de la Mission envers ceux que la République refusait de reconnaître politiquement – sauf à les envoyer mourir à l'autre bout du monde.

En maintes autres circonstances, s'offre l'occasion de pratiquer ces lectures historiques des paysages naturels et des ensembles bâtis que l'on rencontre sur sa route. Presque en permanence, le voyageur est confronté à la présence du passé ; il peut vérifier, même sans être particulièrement familier avec la philosophie allemande, la définition que donne Heidegger de ce passé comme *vorhanden*, comme « sous-la-main ». Le passé est bel et bien « passé », il continue néanmoins à appartenir à notre présent, il se survit matériellement à lui-même à travers tant de sites et de monuments divers. Toute la culture historienne du voyage tient à ce dialogue entre le passé « sous-la-main », celui que nous voyons physiquement, et le passé que nous ne percevons que mentalement, à partir d'un savoir historique préexistant.

C'est un tel dialogue que nourrit à chaque étape un voyage dans les Pouilles. La constellation des *castelli suevi* (« châteaux souabes ») si nombreux dans la région ne fait sens que pour qui est déjà familier avec la folle aventure de la maison allemande des Hohenstaufen, ces petits hobereaux d'Allemagne du Sud qui, aux XIIe et XIIIe siècles, régnèrent sur le Saint Empire romain germanique et tentèrent de s'implanter en Italie. Aucune lecture historique ne peut avoir la force évocatrice d'une visite à Bari, à Barletta, à Castel del Monte surtout, à Trani, à Giaoia del Colle, à Gravina di Puglia, où ces châteaux souabes sont venus se poser tels des OVNI d'outre-espace, d'outre-Alpes en fait. Leurs lignes sévères, la simplicité de leur décor, la froide blancheur de leurs pierres tranchent radicalement avec l'exubérance du patrimoine architectural italien de la région, et cette dysharmonie culturelle est un fait politique.

Les *castelli suevi* étaient les points d'appui, les centres nerveux du pouvoir dynastique de Frédéric II, de Conrad IV, de Manfred et des barons souabes qui les accompagnaient dans cette équipée en pays lointain ; l'aigle germanique des Hohenstaufen reste souvent visible à l'entrée de ces forteresses. Pour mesurer la force de ce réseau militaire, il faut encore se rappeler qu'au XIIIe siècle, les Pouilles n'étaient pas le pays perdu dont le nom peu flatteur est entré dans la langue commune. Cette extrémité de la péninsule italienne représentait une position stratégique privilégiée ; c'est de là qu'on embarquait pour la Palestine et Jérusalem, centre mythique de toute la chrétienté.

Les ambitions impériales des Hohenstaufen se sont évanouies misérablement, elles restent magnifiquement présentes à travers ces châteaux venus d'ailleurs. À sept siècles de distance, on pénètre toujours avec la même émotion intense dans le Castel del Monte, où restent inscrits les rêves inaccomplis de Frédéric II, Hohenstaufen par son père et Hauteville par sa mère, fougueux chevalier et fin politique qui cultivait la compagnie des savants, et aimait à s'entourer de lettrés juifs et musulmans. La légèreté rigoureuse et comme irréelle de ses volumes extérieurs très simples, l'ambition altière de ses hautes salles dédaignant décors et ornements, disent le destin exceptionnel de ce précurseur, de ce vaincu.

L'empreinte laissée par le pouvoir est souvent inscrite « en dur » à l'horizon, mais elle peut aussi se lire dans le paysage végétal. À qui a pu apprécier sur place l'extraordinaire symphonie de formes arborescentes, de senteurs, de coloris des troncs ou des feuilles, qu'offrent les sept cents espèces de *gumtrees* qu'on a répertoriées dans la brousse australienne, la vue d'une banale rangée de ces eucalyptus le long d'une route de Méditerranée ou d'Asie ne semble jamais fortuite ni indifférente. Le relais original qui a permis cette dissémination, c'est la puissance impériale de l'Angleterre dans le monde au XIXe siècle. Maîtresse de l'Australie, elle était aussi en position dominante sur tout le pourtour du Pacifique, en Asie et dans l'ensemble du bassin méditerranéen. Un peu comme on marque un objet ou un livre de son sceau, les Anglais ont partout acclimaté ces arbres robustes aux ombres légères, dont le bois résistant se prête à tous les usages. Le voyageur déjà familier avec les paysages australiens repère immédiatement, comme on retrouve de vieux amis, les lignes d'eucalyptus si communes en Grèce comme au Portugal, au Chili comme en Chine, bref partout où l'Angleterre était autrefois chez elle.

Le passé « sous-la-main », sous les yeux plutôt, du voyageur n'a pas toujours la force dominatrice des structures impériales que sont les buttes de Calédonie, les châteaux souabes des Pouilles ou même les pacifiques eucalyptus. Il peut aussi prendre la forme fugace sinon insaisissable d'espoirs brisés et de fantasmes inaccomplis. Si savant soit-il, si curieux de ce fabuleux livre d'histoire qu'est le livre du monde, le voyageur historien doit plutôt se laisser ici aller à rêver, à laisser flotter son esprit devant ces pages d'où s'est effacé depuis si longtemps le ce-qui-fut et que traverse seulement l'impalpable trace de ce-qui-ne-put-être.

Tel est le sentiment que laisse une visite à Chapultepec, ce beau parc qui s'obstine à tenir bon, au centre du pandemonium urbain de Mexico. On vient de quitter le fracas des avenues engorgées, leur agitation frénétique, et on découvre soudain un irréel palais néo-viennois qu'entourent de beaux jardins baroques dans la grande tradition des Habsbourgs. L'ensemble avait été construit pour l'empereur Maximilien, qui paya de sa vie en 1867 sa confiance naïve en Napoléon III[4]. Vue de Chapultepec, l'inanité de cet empire mort-né est criante et, à mon passage en 1992, le même air d'inanité flottait encore parmi ces salons d'apparat et ces colonnades gracieuses, où s'était éteint depuis longtemps l'écho des fastes factices qui les avaient animés jadis. Un peu nostalgiquement, je m'étais attardé dans la roseraie toujours fleurie, dessinée en l'honneur de la toute jeune impératrice Charlotte, morte octogénaire et folle en 1927, soixante longues années après le drame. La senteur de ces roses avait-elle continué à adoucir les sombres replis de son esprit égaré ?

Sur un registre tout différent, et plus tragique encore,

4. Sur Maximilien de Habsbourg, encouragé par Napoléon III à se créer un empire au Mexique et ensuite abandonné par lui, *cf.* Interlude I, note 5.

la vue des superbes falaises blanches entourant la rade d'Alger frappe de la même note d'irrationalité pathétique la guerre d'Algérie tout entière. Les Blancs s'y étaient attachés, s'y étaient identifiés, avec un acharnement passionnel. Contre toute logique historique, ils s'obstinaient dans la défense de « leur » Algérie française. Les falaises d'Alger continuent à affirmer la force de ces délires collectifs, elles en furent le *lieu* autant que le symbole. Dans un paysage, on lit l'irréalité historique et pas seulement la réalité historique.

Parfois aussi, c'est d'une trace infime, d'une minuscule silhouette, que naît cet étrange sentiment d'irréalité, cette fuite bizarre dans l'imaginaire et l'inaccompli. Je n'ai jamais su pourquoi un buste du grand poète Landivar trônait au centre d'un jardin kitsch de Panama où je suis passé en 1992. Intrigué, je découvris par la suite que ce jésuite guatémaltèque du XVIIIe siècle est réputé être « le Virgile de la modernité ». Expulsé du Mexique alors espagnol par le roi Charles III, avec toute la Compagnie de Jésus, il finit ses jours à Parme, où il devint un maître de l'ancienne versification latine. Cet « indigène » d'Amérique centrale était parfaitement familier avec les iambes, les dactyles, les spondées, et le grand poème de quatre mille vers qu'il composa dans le style de l'*Énéide* est sans doute un ultime et très tardif chapitre, dans la longue histoire de la littérature latine classique. Sans mon passage à Panama, j'aurais toujours ignoré Landivar, ce rêveur obstiné qui, fuyant le souvenir évanoui de ses ancêtres mayas, avait tenté de s'en consoler en compagnie d'un Virgile disparu depuis plus longtemps encore.

Le dialogue itinérant entre présent et passé est plus stimulant encore dans le cas de pays exigus, au profil bien ramassé. Le visiteur est ici confronté aux empreintes et aux traces d'un passé *fractal*, c'est-à-dire subdivisé presque à l'infini. C'est à Hans-Magnus Enzenberger qu'on doit la métaphore d'une Europe fractale[5], dont l'extrême diversité de ses traditions locales fait la richesse. Un long séjour n'est pas nécessaire, pour réaliser que la Galice n'est pas l'Espagne, ni la Bavière l'Allemagne, ni la Sardaigne l'Italie. On mesure la force de ces identités propres, dès qu'on fait connaissance avec les *galerias* vitrées, largement ouvertes au dernier étage des immeubles de Santiago de Compostela ; ou avec les fresques naïves, les *Lüftelmalereien* qui décorent les maisons de ville et les fermes bavaroises ; ou avec les énigmatiques *nuraghe* sardes, les tours en ruine dispersées à l'horizon des collines de l'île. Mais la Galice de l'intérieur se défend de toute confusion avec la Galice des *rias* côtiers, la Bavière protestante du Nord se sait différente de la Bavière catholique du Centre et du Sud, et les Sardes-Catalans d'Alghero ne veulent rien savoir des autres Sardes... Autant de différenciations insignifiantes à distance, évidentes sur place.

L'île de Man, si petite à mi-distance entre l'Irlande et le Pays de Galles, illustre fort bien la richesse de ces micro-historicités. Ne relevant que de l'autorité personnelle de la reine d'Angleterre, elle ne fait pas partie du « Royaume-Uni », n'est pas représentée aux Communes, n'est donc pas concernée par les règlements communautaires de Bruxelles – ce qui en fait un paradis fiscal très apprécié de la finance interlope. Mais à faire le tour de l'île, à parcourir les étapes intelligemment commentées de son *National Heritage walk*, ce statut d'exception semble bien moins insolite ; il s'inscrit dans un passé resté partout « sous-la-main ». Par centaines, les cimetières des villages ont conservé leurs monumentales croix celtiques. Le château en ruine de Peel fut du VIIIe au XIIIe siècle la base d'un royaume viking. Castletown reste fière d'avoir été jusqu'au XIXe siècle le siège du gouvernement local, écossais puis anglais. Dans Douglas, l'actuelle capitale, le Parlement autonome, dit « House of Keys », se considère comme le plus ancien du monde en tant qu'héritier

5. Dans l'essai *Europe ! Europe !*, Paris, Calmann-Lévy, 1986.

millénaire du *Tynewald*, l'ancienne assemblée de printemps des guerriers scandinaves. Les Manxois parlent volontiers de leur île et de son histoire singulière. Bien irréfléchi serait le visiteur qui se contenterait de s'amuser du cas de Man, sans prendre au sérieux cette relation « historisée » d'appartenance identitaire. Loin d'en affaiblir la portée, l'échelle minuscule à laquelle se situent ses repères historiques ne fait qu'en souligner la force. Man n'est pas seulement une place financière *off-shore*, mais la capitale mondiale de l'antiquariat ferroviaire. Ses quatre voies ferrées n'ont chacune que quelques kilomètres ; elles datent toutes du XIXe siècle et sont conservées en parfait état de marche, à la vapeur ou à l'électricité, sur crémaillère ou sur ballast.

Poussant plus loin encore la miniaturisation du passé, il peut aussi arriver qu'on trouve sur sa route un bâtiment ou un site totalement anachroniques, débris furtifs et solitaires d'un monde englouti. Ces fragments semblent surnager à la dérive, épargnés au hasard des opérations de rénovation immobilière, protégés parfois par la timide intervention des autorités soucieuses de sauver des lambeaux du patrimoine bâti. On tombe en arrêt, on s'efforce sans grand succès d'oublier le fracas des véhicules, le tumulte des passants, le désordre brutal des buildings avoisinants, on médite avec la même acuité nostalgique que Winston Smith, examinant dans le *1984* de George Orwell un débris de corail enchâssé dans un bloc de cristal, sous les yeux du faux brocanteur qui le livrera à la police. On éprouve le même ravissement, la même sensation aussi de transgression téméraire que le héros du roman.

Chacun a pu faire cette expérience, en pénétrant à Athènes dans une de ces chapelles byzantines obscures et enfumées qui ont réussi à survivre du fait même de leur exiguïté, enchâssées cette fois dans les blocs bétonnés du centreville. L'impression d'intense étrangeté, d'étirement temporel presque schizophrène est la même quand, du haut d'une *expressway* de Hongkong, on aperçoit pour de brefs instants, comme autant de débris coralliens, le fronton pseudo-grec d'un vieux poste de police d'époque victorienne, les tuiles vernissées d'un minuscule temple taoïste, ou la véranda coloniale d'une ancienne maison de bois, épargnée par le boom immobilier.

Le sentiment d'*arrachement* est plus vif encore à Pékin où se devine à peine la plainte poignante d'un passé naufragé. Il s'agit ici de la somptueuse et défunte muraille, longue de seize kilomètres et contre laquelle se sont acharnés au début des années soixante les adeptes d'une modernisation aussi ostentatoire qu'inutile – il eût suffi de ménager des passages pour la circulation. Ses portes monumentales, sauf quelques rescapées, ne survivent plus – ô dérision ! – que sous la forme de quelques idéogrammes sur les panneaux de signalisation, le long des nouvelles voies expresses : An-ting Men, la porte de la Paix affermie, Ching-wen Men, la porte de la Vénération des lettres, Xuan-wu Men, la porte de la Splendeur des armes.

Sur la route du voyageur, le passé fractal, subdivisé à l'infini, est bien souvent un passé récapitulatif, qui conserve l'empreinte successive des âges révolus. Si les éléments qui se présentent à l'horizon s'y sont superposés au fil du temps, ils n'y ont pourtant survécu, sauf rares exceptions, que dans la dispersion et la discontinuité tel un « collage » géant dont la place des Trois-Cultures à Tletalolco – déjà évoquée ici – est une figure devenue classique.

De tels collages historiques ne sont pas rares. En présence de leurs éléments si composites, certains peuvent être tentés de célébrer la fantaisie désordonnée d'une « déconstruction » – terme à la mode – qui bousculerait irrévérencieusement l'ordre même du Temps. N'est-ce pas plutôt l'occasion de lire, dans ces traces si éloignées les unes des autres dans leur position chronologique, si proches dans le champ de vision du voyageur, le mouvement profond des sociétés humaines et leur historicité plurielle ?

À Vianden par exemple, dans le Luxembourg oriental, le petit pont médiéval qui franchit un sous-affluent de la Moselle s'orne des mêmes statues que celles de l'illustre pont Charles de Prague, y compris un saint Jean Népomucène portant fièrement sa tête de décapité. La coïncidence amuserait, si on ne se rappelait que la maison ducale de Luxembourg a aussi régné sur la Bohême au XIVe siècle. Quelques mètres plus loin, l'auberge Victor-Hugo et son mini-musée évoquent le séjour qu'y fit le proscrit de 1851 ; il s'y plut, il consacra même un de ses sombres lavis au *Burg* féodal qui se dresse au-dessus de la rivière, et qui se trouve être le berceau de la famille d'Orange-Nassau – celle qui règne aujourd'hui sur les Pays-Bas. Toute la culture fractale de l'Europe n'est-elle pas concentrée dans cette modeste bourgade, entre les errances d'un grand romantique, les aventures d'une famille seigneuriale du Moyen Âge, et la lente ascension d'une des dernières dynasties royales d'Occident ?

Le même effet d'historicité plurielle joue à fond dans les petites villes westphaliennes de Münster et d'Osnabrück, qui ne figurent pourtant pas au Gotha du grand tourisme. On est ici tout près de la mythique forêt du Teutoburgerwald, où les guerriers d'Hermann (latinisé en Arminius par Tacite) anéantirent les légions de Varus et brisèrent en l'an 6 de notre ère l'expansion romaine vers le Nord. C'est là aussi que le protestantisme extrémiste des anabaptistes tenta en 1531 d'instaurer une « Commune » millénariste ; ils échouèrent, et les chefs furent suspendus vivants dans des cages de fer, en haut du clocher de la cathédrale de Münster ; leurs restes décomposés y sont restés depuis quatre siècles – vision d'horreur, même si c'est en pensée...

Les célèbres traités de Westphalie furent signés dans ces deux villes en 1648, entre les dorures et les moulures de belles boiseries baroques qui paraissent intactes – on a dû en fait les restaurer après les bombardements massifs de 1943-1944. Il semblerait que la guerre de Trente Ans vienne de prendre fin, dispersant pour deux siècles le pouvoir d'État dans la multitude « des Allemagnes » – y compris à Münster et à Osnabrück, dont les anciens palais d'État des princes-évêques sont toujours là eux aussi, occupés par des administrations publiques.

Depuis le XIXe siècle, l'Allemagne unifiée a remplacé l'Allemagne fractale, et elle s'est lancée dans des guerres dont les deux évêchés jumeaux gardent la trace bien visible. Au visiteur français, on fait remarquer non sans malice que les beaux quartiers d'Osnabrück furent bâtis avec les francs-or des « réparations » versées par Paris, dans les années 1870. La folie guerrière des nazis reste présente elle aussi, avec la belle figure du cardinal-comte von Galen, grand aristocrate qui fut un des rares opposants déclaré – et intouchable – à Hitler ; une exposition permanente lui est consacrée dans la cathédrale de Münster. De l'empereur Auguste au IIIe Reich hitlérien, le visiteur peut parcourir en quelques jours deux millénaires entiers d'histoire allemande, dont le polycentrisme foncier se manifeste ainsi dans ces cantons reculés de la Westphalie. À Münster et Osnabrück, l'impression de collage aléatoire se dissipe vite, n'en déplaise aux postmodernes… La continuité au fil du temps est toujours plus sensible dans un cadre local, bien dessiné. Continuité dont Nuremberg – il vaut la peine d'y revenir – offre un autre exemple privilégié.

Un banal trajet en taxi suffit en effet pour passer du Nuremberg de la démence hitlérienne au Nuremberg médiéval du pluralisme régional. Dotée du statut de « ville d'Empire », ce fut pendant des siècles un des grands carrefours commerciaux d'Europe centrale, illustré aussi par ses « maîtres chanteurs », plus tard par le génie d'un Dürer ; les empereurs romains-germaniques venaient s'y faire couronner. Les nazis n'avaient donc pas choisi par hasard cette ville-symbole d'un premier *Reich* qui dura près de dix siècles[6], et

6. Fondé par Othon de Saxe en 969, le Saint Empire romain germanique ne fut formellement dissous qu'en 1806, sous l'effet des conquêtes de Napoléon.

qu'ils entendaient faire revivre pour un nouveau millenium. Le contraste n'en est que plus saisissant aujourd'hui, entre le Nuremberg colossal que gagnent les broussailles et celui de Dürer, restauré à la perfection après les bombardements destructeurs de 1944.

En revanche, il faut beaucoup insister pour identifier le troisième Nuremberg, celui dont le procès des criminels de guerre nazis a fondé le « droit de Nuremberg » et institué le génocide comme catégorie nouvelle de la pensée juridique mondiale. Rien en effet, strictement rien ne signale la salle n° 600 du *Justizgebäude*, dans la Furtherstrasse. L'impact du Tribunal international qui y siégea en 1946 est pourtant appelé – exigence morale – à être au moins aussi lourd, aussi durable que celui des deux autres images historiques de la cité. À l'encontre du *Stadion* nazi ou de l'atelier de Dürer, ce lieu de mémoire est plutôt « hors-la-main » du visiteur, il se cache ou plutôt on le cache avec embarras – ce fut du moins le cas en 1993 quand j'y suis passé ; seule la sollicitude d'amis de l'université d'Erlangen, toute voisine, m'avait permis de savoir.

Le voyageur historien doit se soucier de repérer les « blancs », les zones de non-dit où le passé n'apparaît qu'en négatif. Il doit aussi prêter attention aux cicatrices laissées dans le paysage par des situations conflictuelles dont, sans un informateur qualifié, il n'aurait jamais rien su.

Ce fut un batelier cajun du village de Saint-Martinville qui décrypta pour moi le choc de temporalités dont garde l'empreinte le bassin marécageux de l'Achafalaya, dans le delta du Mississippi. Ici, la modernité yankee a frappé de plein fouet l'espace écologique coutumier des cajuns. Sur des dizaines de kilomètres, les marais sont jalonnés par les piles de la chaussée pharaonique qui relie Bâton Rouge et Lafayette. À l'entour ont proliféré les derricks, les appontements, les pylônes divers, car la région est riche en pétrole. Mais cette forêt de fer et de béton est comme surimposée à une antique forêt fantôme de cyprès, dont les puissants troncs cannelés sont réduits à des moignons qui émergent de l'eau sur un mètre à peine. Dans les années trente, m'avait expliqué le batelier dans son français furtif et confidentiel – celui qu'ont pris l'habitude de murmurer ces gens dédaignés et réprouvés depuis leur départ du Canada au XVIIIe siècle –, il avait fallu couper les arbres pour payer les nouveaux impôts établis par Roosevelt au nom du New Deal. Derrière ces deux forêts rivales entre lesquelles glissait notre barque, deux mondes inconciliables continueront longtemps à s'affronter – on sait que le bois de cyprès est presque imputrescible. Mais les automobilistes lancés à grande vitesse sur l'autoroute du delta ignorent tout de ces cicatrices, même s'ils ne restent pas indifférents aux jeux étranges des derricks dispersés dans les légendaires « bayous », les petits boyaux navigables.

Quand sa route le conduit vers des sites déchus et des lieux tombés dans l'oubli, le voyageur historien en vient tout naturellement à philosopher sur le passé, autant qu'à l'identifier. Il s'interroge sur les processus historiques interrompus, les destinées brisées, les situations de régression dont on ne relève jamais les traces dans l'indifférence. Les précurseurs ne lui font pas défaut, tel un Volney, dont, à la fin du XVIIIe siècle, les voyages en Orient avait nourri les réflexions sur les « révolutions » des empires disparus[7] – thème déjà cultivé par un Montesquieu ou un Voltaire qui, quant à eux, n'avaient guère voyagé.

C'est avec Chateaubriand que s'est pleinement engagé le dialogue entre l'expérience du voyageur et la réflexion

7. Constantin-François de Volney (1757-1820) accomplit plusieurs voyages en Moyen-Orient, et en étudia les langues et l'histoire. Il publia en 1791 son œuvre majeure, *Les ruines ou méditations sur les révolutions des Empires*, entendant par « révolutions » des cycles au sens astronomique du terme.

théorique sur les sociétés du passé. Ses *Mémoires d'outre-tombe* abondent en pages superbes, qui sont autant de méditations conjointes sur les siècles écoulés et sur l'image qu'en conservaient les sites qu'il visite. C'est à Carthage qu'il s'interroge sur l'éphémère aventure d'Hannibal, c'est à Grenade qu'il évoque la culture raffinée de l'islam espagnol et sa soudaine déchéance. Il dit son « saisissement » devant une ruine indienne des rives de l'Ohio, bâtie « alors que le monde au sein duquel elle était cachée existait ignoré des trois autres parties de la terre[8] ». Cheminant trente ans plus tard vers Prague où il va saluer le roi déchu Charles X, il fait étape aux sources du Danube, l'antique Ister des Romains, et il récapitule « les maux inséparables de la société, pestes, famines, incendies, saccagements de villes », qui se sont reproduits sur ses bords depuis que l'empereur Trajan y jeta le premier pont[9]. C'est de nuit qu'il arrive à l'imposant château-citadelle du vieux Prague, et l'occasion lui est belle de parcourir du même mouvement de l'esprit son histoire personnelle et celle de toute l'humanité :

> À mesure que je montais, [...] les enchaînements de l'histoire, le sort des hommes, la destruction des empires, les desseins de la Providence se présentaient à ma mémoire en s'identifiant aux souvenirs de ma propre destinée ; après avoir exploré des ruines mortes, j'étais appelé au spectacle de ruines vivantes[10].

Tout au long de ses pérégrinations, Chateaubriand s'était montré d'autant plus sensible aux « ruines » de l'histoire, qu'il avait été le témoin direct de trois sinon quatre chutes historiques majeures : celle de l'Amérique anglaise devenue indépendante, celles, et par deux fois, de la France des Bourbons, celle surtout de l'Europe napoléonienne. Découvrant les richesses monumentales de la Grèce, de

8. *Mémoires d'outre-tombe*, livre VIII, chap. I.
9. *Ibid.*, livre XXXVII, chap. VII.
10. *Ibid.*, livre XXXVIII, chap. I ; le terme « ruines vivantes » désigne le roi détrôné Charles X et sa famille.

Rome, de l'Andalousie et même de Carthage où n'en subsiste que le souvenir, il s'était plu à méditer longuement sur les anciennes « destructions d'empire » qu'il y lisait.

Un peu à son exemple, il n'est guère de voyageur à qui telle ou telle étape n'offre l'occasion de s'attarder en esprit sur le destin brisé des puissances et des cultures balayées par le temps.

Peu de sites offrent un choc aussi brutal que celui de Petra en Jordanie du Sud, entre l'intense activité du passé et le néant qui lui a succédé. Surgi du désert vers le Ier siècle de notre ère, issu d'une société longtemps nomade, l'État marchand des Nabatéens avait pu tenir tête aux Romains, puis aux Byzantins. Les temples et les palais de sa capitale furent creusés dans le grès massif et il avait fallu tailler à la verticale, selon des alignements impeccables, leurs façades rehaussées de colonnes et de frontons : performance technique bien supérieure à celle des édifices simplement « bâtis » en pierres de taille superposées. Mais Petra s'éteignit dès le VIe siècle et retourna au silence du désert, jusqu'à ce que le voyageur suisse Johann Burkhardt le redécouvre en 1812, presque par hasard. De nos jours, l'abrupte disposition physique des lieux continue à en souligner la force philosophique éminente. Tel un vrai parcours initiatique, il faut d'abord longer sur un bon kilomètre une saignée de quelques mètres à peine, toujours sombre et taillée à pic par l'érosion ; un dernier coude, et l'on reçoit avec une violence extrême la révélation des frontons grandioses de la première hypogée, noyés de soleil. Les touristes grouillent, en ces lieux dont la vie propre s'est retirée depuis des siècles. Petra eût fasciné les philosophes du XVIIIe siècle, mais ils en ignoraient tout.

Presque innombrables, d'autres hauts lieux de la déchéance historique – souvent inscrits par l'UNESCO sur la liste du « patrimoine mondial » – viennent rivaliser avec Petra, et offrent des facilités d'accès, impensables autrefois. L'archéologie en plein essor a pu inventorier et mettre en valeur des centaines de sites oubliés, non seulement sur ses terres classiques du Moyen-Orient, mais dans les parages les plus reculés d'Asie, d'Amérique et même d'Afrique. De leur côté, les « voyagistes » ont proposé un large choix de visites thématiques en direction d'Angkor, de Montalbàn et Palenque au Mexique, de Bahmian au nord de Kaboul[11], de la mystérieuse forteresse de Zimbabwe. On est ainsi invité à y méditer *de visu* sur la gloire et la décadence de la monarchie cambodgienne ancienne, des empires préhispaniques d'Amérique, des cultures gréco-bouddhiques d'Afghanistan, des anciennes sociétés d'Afrique méridionale que la jungle a reconquises.

Cet afflux touristique consacre certes la commercialisation banalisée d'une « demande d'exotisme » que nourrissent les médias, mais il a sans doute des racines bien plus profondes. Tous les visiteurs n'ont pas nécessairement à l'esprit la fameuse phrase de Valéry sur les civilisations qui désormais « se savent mortelles ». Mais tous ont l'expérience, même confuse et malaisée, même refoulée par l'euphorie impénitente d'une certaine modernité technique, qu'ils vivent eux aussi une crise majeure de civilisation. L'effet de serre menaçant les zones littorales, les déchets nucléaires ingérables, le milliard de « nouveaux pauvres », le sida, la grande délinquance financière informatisée n'en sont que quelques signaux parmi tant d'autres. L'attirance, même bassement commercialisée, vers les lieux où se sont effondrées d'autres civilisations, qui en leur temps furent tout aussi sûres d'elles-mêmes, ne peut être fortuite.

Le passé a pu retourner au néant, mais d'autres destinées historiques sont plutôt restées en suspens. Elles demeurent parfaitement lisibles sur des sites où la vie sociale continue à être très active, alors que les projets historiques qui s'y inscrivaient ont tourné court. De tels lieux semblent se survivre à eux-mêmes, comme à Copenhague ou – sur un mode plus insolite – au centre du vieux Tananarive.

11. Bahmian n'est plus accessible, depuis les conflits afghans ouverts en 1980.

Ce n'est que sur les quais de Copenhague, face à ses imposants monuments royaux et aux véritables palais qu'occupent encore les sièges des grandes banques et autres grosses firmes commerciales, qu'on mesure réellement l'ampleur de l'échec historique du Danemark. Maître des détroits baltiques à l'époque où cette région pesait si lourd dans l'économie européenne, il fut pendant des siècles *la* grande puissance de l'Europe du Nord-Ouest. Mais l'Angleterre longtemps plus modeste le supplanta complètement dès le XVIIe siècle, avec l'essor de la zone atlantique. Le pays s'est replié dignement sur sa position de « petite puissance », telle une famille qui a eu des revers. Si attirantes que soient ses toitures de cuivre verdi, le bâti monumental de Copenhague n'est plus guère qu'une coquille vide.

Plus singulier encore, et surtout bien plus bref, l'essor brisé de l'ancienne monarchie malgache continue lui aussi à se lire dans le quartier royal de Tananarive, l'actuel Antananarivo. Comme à Tahiti et vers la même époque, les missionnaires britanniques avaient apporté aux Malgaches, d'un même élan, la Bible et l'idée d'un État unifié. Pendant tout le XIXe siècle, la dynastie protestante des Radama poussa à un développement endogène protomoderne, à la fois commercial, politique et même industriel et qui préfigure un peu le « décollage » du Japon du Meiji. Ces souverains malgaches édifièrent au centre de leur capitale d'imposants palais de pierre de taille, dans le style hellénisant à frontons et à colonnes, alors en vogue dans les pays anglo-saxons. La conquête française de 1885-1895 balaya ces ambitions originales. Restés bien visibles sur leurs collines, les palais des anciens rois et reines hovas et de leurs ministres flottent comme dans le vide, orphelins de leur temps et abandonnés par la dynamique historique dont ils étaient l'expression. Jusqu'à une date récente[12], ils rappelaient aux Malgaches l'existence, certes vieille de presque deux siècles, d'une entité souveraine qui avait été antérieure et supérieure à la domination française, si visibles eux aussi que soient les édifices et monuments implantés par celle-ci dans le Grand-Tana.

12. Les palais royaux de Tananarive furent gravement endommagés en 1995, par un incendie d'origine douteuse.

Interlude III

Les villes sédimentaires de Méditerranée

Si le passé est présent en Europe centrale sur le mode mathématique du fractal, c'est plutôt une métaphore géologique qu'il convient d'appliquer aux cités de Méditerranée. Même le plus pressé des touristes ne peut ignorer ces strates déposées par les cultures, les migrations, les dominations qui s'y sont succédé, et le voyageur armé de sa documentation savante les inventorie avec un acharnement minutieux. Plus que tout autre, la ville méditerranéenne mérite la définition de Paul Chemetov : une « formation de temps long[1] », à laquelle ont concouru Phéniciens, Grecs et Romains, Byzantins, Normands et Arabes, Turcs, Français et Anglais.

Il n'est pas de voyage en Méditerranée qui ne soit un voyage dans le temps de la Méditerranée, un voyage récapitulant les traces si diverses qu'il a laissées. On s'attarde ici sur les blocs disloqués des sites archéologiques, on parcourt là des palais historiques ou des églises où visiteurs et fidèles

---

1. Paul Chemetov, *Le territoire de l'architecte*, Paris, Julliard, 1994.

ont gardé leurs habitudes, on examine ailleurs les structures urbanistiques et notamment les enceintes fortifiées, on va jusqu'à interroger la toponomastique, écho d'un passé que seuls les noms des villes conservent encore.

Gibraltar est anglais depuis 1704, mais cette présence séculaire n'a pas effacé des empreintes plus anciennes, arabes ou espagnoles, levantines aussi. On fait vite le tour de cette minuscule enclave, rendue plus exiguë encore par l'abrupt relief du « Roc », et l'imbrication extrême de ces empreintes successives n'en est que plus visible.

Dans l'Antiquité, les Grecs, les Romains, avant eux les Phéniciens avaient déjà été attirés par ces portes stratégiques, par cette frontière terrifiante entre le connu et l'inconnu, entre les rivages familiers aux marins méditerranéens et les étendues sans limites apparentes de l'Atlantique. Rien ne subsiste de ces anciennes cités du détroit. Mais Gibraltar aime à honorer comme un mythe fondateur le nom de Calpe, la colonie-verrou qui symbolisait la maîtrise commerciale des gens de Phénicie, à l'autre extrémité de la Grande Mer.

Il perpétue aussi la mémoire du chef arabe qui chassa les Wisigoths en 711. La « montagne conquise par Tarik », c'est le *Djebel-al-Tarik* dont on sait qu'est issu notre Gibraltar. Pendant des siècles, le Roc resta une des clés fortifiées de l'Andalousie musulmane : son château maure est toujours là, plutôt dégradé. L'empreinte espagnole a pris le relais et demeure plus visible encore, avec les balcons de ferronnerie torsadée, les petits patios des maisons anciennes, les céramiques murales et surtout la piété catholique très démonstrative, très ibérique. D'immenses processions bruyantes et bariolées parcourent la ville à chaque fête de la *Virgen*.

Mais la strate britannique a pris le dessus, et plus précisément l'appareillage militaire qui a fait du Roc un des bastions éminents de feu l'Empire britannique. Il connaissait son affaire, le guide-chauffeur de *Zazie dans le métro* rappelant inlassablement à ses touristes leur départ imminent pour « Gibraltar aux antiques remparts ».

Solidement adossées aux anciennes fortifications arabes, les casemates construites au XVIIIe siècle dans la pierre du pays ont la blancheur des falaises de la vieille Albion. Les canons de cuivre sont impeccablement astiqués sur la place d'Armes où, comme à Buckingham Palace, la relève de la garde s'effectue rituellement devant la résidence du gouverneur. On sert un *breakfast* de tradition sous les lambris des anciens hôtels de style Tudor. Des pubs plus londoniens que nature s'alignent dans Main Street ; leurs vieux *gentlemen* moustachus au teint de brique affectent d'ignorer le flot des touristes, que des bus rouges à étage vont ensuite voiturer vers les contreforts inférieurs du Roc, là où les célèbres singes gambadent en liberté. Mais on ne visite pas les kilomètres de galeries et les entrepôts souterrains de ce roc-gruyère où patrouille la garnison toujours en alerte.

Massive et ostentatoire, cette présence britannique n'est-elle pas forcée sinon factice ? Le Gibraltar impérial a perdu sa rationalité géopolitique et ne peut que se survivre à lui-même, depuis que l'Angleterre a évacué Malte, Chypre et Suez, et a renoncé à contrôler une « route des Indes » dont la fonction impériale est évanouie à jamais. Gibraltar ne verrouille plus que le vide. Mais il a retrouvé une rationalité toute différente, et qui s'étale aussi insolemment que l'ancienne : celle du « Petit Hongkong », dont les services financiers font bon accueil aux capitaux les plus fluides.

Ici, c'est un tout autre substrat prébritannique qui refait surface : celui d'une « échelle du Levant », comptoir interlope où se côtoient Grecs, Arabes et Maltais, où l'on parle un *sabir* composite et précipité, où le linge pend aux fenêtres dans les ruelles, où tous les petits trafics prolifèrent à même les trottoirs, y compris la vente des billets de loterie à la sauvette. Les racines anciennes de ce Gibraltar-là n'avaient pas été rasées par la présence anglaise ; elles rejaillissent avec une force nouvelle, à la faveur du statut de port franc. Les grosses banques *off-shore* s'entassent à la verticale tant le terrain est rare, et l'audiovisuel japonais de luxe voisine avec la joaillerie détaxée. Par-delà les ambitions éteintes du Gibraltar impérial, le Gibraltar de la mondialisation fait revivre le Gibraltar levantin.

À Grenade comme à Cordoue, l'empreinte laissée par les anciens royaumes arabo-andalous reste très forte, dans leurs superbes ensembles monumentaux des Xe-XVe siècles comme dans leur art de vivre, toujours bien enraciné dans la vie quotidienne. Les seuls noms de l'Alcazar, de l'Alhambra et du Generalife, de leurs jardins en terrasses étagées, de la cour des Lions et de celle des Myrtes, de la Grande Mosquée de Cordoue et de ses vergers irrigués, évoquent des hauts lieux dont l'universelle renommée se suffit à elle-même.

Mais, si prestigieuse que demeure cette strate musulmane, le voyageur géologue ne peut rester insensible aux bouleversements tectoniques qu'ont entraînés la réhispanisation et la rechristianisation. Une nouvelle couche historique s'est brutalement mise en place avec les Rois catholiques et les monarques Habsbourg, et le visiteur reçoit de plein fouet la violence du choc, sinon du viol ainsi perpétrés.

L'effet de surimposition est déjà très net à Grenade, où les minarets du vieux quartier de l'Albayzin ont été recyclés en clochers d'églises ; où les « carmels » dispersés aujourd'hui sur les hauteurs signalent d'anciens manoirs maures rasés nets après la chute du royaume des Nasrides en 1492 ; où la lourde pâtisserie viennoise du palais de Charles Quint s'étale sans vergogne à l'entrée des splendeurs raffinées de l'Alhambra.

À Cordoue, c'est dans la chair même de la Grande Mosquée que reste inscrite la cassure, et l'effet est saisissant. Deux modes d'agencement de l'espace bâti, deux cultures religieuses, deux âges historiques s'entrechoquent avec fracas dans le même espace sacré ; ils sont comme mis en abîme. L'harmonieuse enfilade des colonnes de la mosquée a été rompue en son cœur même, pour faire place à la cathédrale qu'on y a encastrée de force au XVIe siècle. Les arcs andalous et leurs beaux lobes en polychromie rouge et blanc ont été retaillés, enrobés, coupés à mi-hauteur, sommés de s'effacer devant des lourds piliers baroques chargés de voûtes ogivales surélevées, ici parfaitement incongrues, des chapelles au décor surchargé, un chœur massif qui bouche la perspective. De l'extérieur, l'effet de subjugation est plus net encore. La nef chrétienne bien plus haute casse la ligne longue et légère des toits islamiques restés en place sur le pourtour; mais il fallait que cette prééminence de la Croix sur le Croissant soit visible de toute la ville.

Le cadre bâti de la vie quotidienne à l'andalouse a mieux résisté. Dans les vieux quartiers de Grenade, de Cordoue surtout, les cours fleuries de glycines sont rafraîchies par des jets d'eau, les façades s'égaient d'*azulejos*, les grilles aux belles volutes dessinent sans enfermer. En 1991, je m'étais longuement attardé devant un paveur restaurant à l'ancienne le sol d'une ruelle; sans hâte, il triait ses galets plats, les bloquait à la verticale sur un sable d'une finesse extrême, jouait de leurs tailles et de leurs couleurs pour réaliser des dessins géométriques que, le travail terminé, on aurait du mal à distinguer de ceux de l'Alcazar de Grenade. Le vieux substrat d'*Al-Andalous* reste bien vivant.

Mais le temps n'a pas achevé son œuvre; il continue à déposer de nouveaux sédiments sur une côte andalouse dont l'attrait reste aussi vif qu'à l'époque où les trafiquants romains se ruaient sur la province de Bétique à peine conquise. Cette fois, c'est le grand tourisme britannique et allemand qui prend pour cible la « Costa del Sol » et la défigure. Il épargne encore les grands sites tant arabes que chrétiens, à l'abri derrière les 4 000 mètres de la Sierra Nevada. Mais, d'Estrepona à Torremolinos en passant par Marbella et Fuengirola, on ne voit que restaurants aux façades agressives, macro-blocs d'appartements en terrasse, lignes de cottages pseudo-anglais aux toits pseudo-chinois, centres commerciaux bariolés. Çà et là, des tours maures en ruine, autrefois construites pour le guet, toisent de haut ces nains grotesques et criards. Elles tiennent depuis des siècles.

Tunis fait face à la Sicile, et cette position clé y a toujours attiré les conquêtes aventureuses. Les Vandales sont passés par là, les Byzantins, les Normands, les Turcs, plus récemment les Français, dont le « protectorat » a lourdement marqué la ville, et jusqu'aux nazis pour une brève équipée en 1942-1943. Mais Tunis est surtout, depuis des siècles, une grande capitale arabe dont la *medina* perpétue le plan classique des villes d'islam ; son cœur universitaire et religieux s'entoure de quartiers populaires en cercles concentriques où se pressent ateliers et échoppes. Quant à la ville ex-française, elle ne faisait pas dans la discrétion. L'urbanisme colonial était la base visible de l'ordre colonial ; il continue à exhiber ses boulevards ostentatoires, ses casernes, ses palais d'État, sa cathédrale dédiée à Notre-Dame d'Afrique, en défi aux quartiers musulmans situés en contrebas.

C'est pourtant vers la défunte Carthage que se dirige presque instinctivement le voyageur enclin à la méditation. À tâtons, il cherche ce site aussi vide qu'illustre, car l'anéantissement de la ville punique par les Romains l'a promue au rang de mythe culturel désormais à l'abri des atteintes du temps. Rien ne subsiste de cette métropole qui domina la Méditerranée, et qui faillit même briser les destinées impériales de Rome. Rien, sauf quelques soubassements du palais rasé de la reine Didon, quelques aménagements portuaires, quelques stèles et blocs épars, quelques *taphet*, ces pierres où étaient consommés les sacrifices humains à Baal. Le Parc archéologique de Carthage, auquel donne accès le billet délivré par l'Agence nationale de mise en valeur du patrimoine historique et archéologique tunisien (*sic*) ne propose en fait que des ruines romaines, d'ailleurs imposantes ; les thermes des Antonins sont considérés comme les plus vastes de toute la Méditerranée. On fait feu de tout bois, pour maintenir dans la ville moderne une présence carthaginoise symbolique. Les stations mêmes du petit train de banlieue Tunis-La Goulette-La Marsa (le « TGM ») portent les noms glorieux d'Hamilcar, d'Hasdrubal et d'Hannibal... Tunis tient à son héritage punique, si virtuel qu'il soit...

Voyager à Carthage, c'est donc voyager en creux dans l'inanité d'une Carthage engloutie ; c'est mesurer une fois de plus l'importance des « blancs » d'un voyage, c'est-à-dire des lieux-repères dont le vide, et non plus l'image directe en positif, stimule l'esprit et l'aide à regarder en arrière. À Carthage, le passé n'est absolument pas « sous-la-main », il n'existe plus qu'à l'état d'artefact mental. Et pourtant, un voyage sur les sites où Carthage fut anéantie assure, même en négatif, un contact physique avec la réalité de Carthage. C'est tout autre chose qu'une méditation à distance, fût-ce à travers la classique et superbe ouverture du *Salambô* de Flaubert : « C'était un soir à Megara, faubourg de Carthage, dans les jardins d'Hamilcar... »

Palerme, plus encore que Tunis, offre un exceptionnel panorama des dominations qui s'y sont succédé, depuis deux millénaires et davantage.

Côté antiquité, le tour de ville commence rituellement par l'imposante muraille phénicienne, toujours solide. Les ruines grecques de Ségeste ne sont pas loin, et comment ne pas y voir l'empreinte d'une fabuleuse gigantomachie dont les adversaires se seraient jeté pêle-mêle des dalles, des fûts cannelés de colonnes, des fragments de frontons après les avoir dispersés à coups de pied ? Ces débris jonchent les présents sites archéologiques. Côté modernité, on passe des palais Renaissance et des églises baroques d'époque aragonaise, Habsbourg ou *Borboni* au Teatro Massimo construit pour Verdi, aux immeubles 1900 de style *liberty*[2], aux lourds blocs fonctionnels du fascisme.

2. Un peu l'équivalent de notre art nouveau.

Mais c'est son *momento magico* qui fait la gloire de Palerme, et la strate normande, qui n'a fait qu'effleurer le reste de la Méditerranée, s'épanouit ici dans des ensembles majeurs. Débarquant au XIIe siècle de leur fruste et froid bocage, les aventuriers de la modeste maison féodale des Hauteville découvrirent avec enchantement une Sicile ensoleillée, où rivalisaient de raffinement trois siècles de pouvoir byzantin et trois siècles de domination arabe, dont leur facile victoire les faisaient héritiers. Ils n'ont pas démérité, comme l'attestent le palais de Roger II et surtout sa chapelle palatine, la cathédrale de Monreale, les églises « arabo-normandes » comme la Martorana. Les architectes et les décorateurs des rois normands ont joué avec subtilité des colonnades mauresques sous leurs arceaux trilobés, des coupoles romanes, des mosaïques éclatantes dans le grand style byzantin, des motifs géométriques abstraits imposés par la théologie musulmane. S'il fallait prolonger la métaphore géologique, la forme sédimentaire est ici sublimée en roche métamorphique tel le gneiss ; l'extrême délicatesse de leurs éléments composites assure la pérennité culturelle de ces merveilles dont le substrat politique – la royauté normande de Sicile – ne fut qu'un épisode sans lendemain.

À Palerme comme ailleurs, le temps passe, il décline, il dégrade. La cité des vice-rois magnifiques venus de Madrid est gagnée depuis longtemps par la misère. Entre les Piazzas Marina, Rivoluzione et Maggiore, les anciens palais des grands d'Espagne et des aristocrates *Borboni* ne présentent plus que des balcons écornés, des portails tailladés, des façades lépreuses où pend le pauvre linge des familles qui s'y entassent ; des gamins en haillons jouent derrière les balustrades d'où se penchaient les marquises recevant la sérénade.

Défier le flux du temps, la chute du temps, telle est peut-être la secrète ambition de la crypte des Capucins – une des célébrités de Palerme. Par centaines, les moines ont momifié, desséché plutôt les corps des fidèles qui, au XIXe siècle et encore au XXe siècle, fréquentaient pieusement leur couvent.

Ces gisants sont ici dressés, habillés, animés selon des postures et des mimiques incroyablement réalistes. Les uns baissent la tête avec une dévote résignation, d'autres semblent ébahis, ou implorants, ou parfois hautains. Des épaules sont rageusement rentrées, des mâchoires décharnées esquissent un dernier ricanement sardonique. Le curé porte sa barrette, le carabinier son tricorne, le bourgeois sa redingote. Les avocats en robe sont obséquieux, les médecins doctes et réservés ont leur mallette en main. Une famille entière en habits du dimanche est prête pour le grand voyage, la valise à ses pieds. De quelle imagination morbide ces moines issus du petit peuple sicilien n'étaient-ils pas capables ? Issus donc d'une culture de marionnettistes. Palerme reste la capitale mondiale des *puppi*, et les marionnettes funèbres du couvent des Capucins y sont à leur digne place.

Athènes, c'est d'abord l'Acropole : cette équation reste aussi impérative pour l'universitaire qui garde à l'esprit son vieux Malet & Issac de la classe de sixième, que pour les touristes qui se pressent en flots épais autour du Parthénon, de l'Erechteion, des Propylées, du temple d'Athéna Nikê : ce sublime quatuor affirme à jamais la plénitude à laquelle avait atteint la culture grecque au Ve siècle avant notre ère.

Sous les Romains comme sous les Byzantins ou les Turcs, et jusqu'au XIXe siècle d'après les vieilles gravures, l'altière silhouette de cette ville-sommet, de cette Acro-Pole se découpait parfaitement à l'horizon, qu'elle semblait dominer. Las ! Même vue du Lycabette ou d'une de ses collines sœurs, ce haut lieu de la culture mondiale semble aujourd'hui perdu dans le magma urbain qui l'englobe et l'étouffe. On le cherche du regard, et la pollution rampante n'arrange rien. Pire encore, ce roc qui semblait écraser de sa masse l'ensemble de l'agglomération athénienne ancienne est devenu dérisoirement menu. Les échelles de grandeur, les rapports de puissance ont brutalement basculé, sous le choc de l'urbanisation sauvage des années soixante et soixante-dix. Dès l'arrivée, le visiteur nourri des mythes de la Grèce classique ressent comme une souillure la vision de cette ville empâtée, enlaidie, « développée » dans un total désordre et qui englobe plus de la moitié de la population du pays ; situation de macrocéphalie qui, en outre, tourne le dos à la culture méditerranéenne des villes en archipels.

L'épreuve est non moins rude si l'on s'intéresse aux sites byzantins certes plus jeunes de quinze siècles, mais non moins illustres à leur manière. Le monastère de Daphni, dont le *katholikos*, les fresques et les mosaïques lui ont valu d'être inscrit au patrimoine mondial de l'UNESCO, est presque inaccessible, quelque part dans la zone industrielle de l'ouest. Cette même zone consacre la déchéance d'Éleusis, dont le nom se lit à grand-peine depuis l'autoroute surchargée qui relie Athènes à Corinthe. Ce lieu sacré des mystères de l'ancienne Hellade se réduit désormais à un banal panneau de signalisation couvert de boue et de poussière, et mieux vaut ne pas lever les yeux, car la flèche pointe vers de lourds réservoirs pétroliers en bord de mer. Ô Éleusis !

Il est de bon ton, parmi les intellectuels « anti-tourisme » qui visitent Athènes, de railler les tavernes trop typiques du quartier de Plaka, en contrebas de l'Acropole. Ses ruelles en escaliers, ses maisons basses, ses terrasses étagées sont effectivement surcommercialisées. Leur mérite est pourtant de nous rappeler quel cataclysme a brutalement englouti une Athènes qui, jusque dans les années soixante, n'était qu'une ville levantine parmi tant d'autres ; son tissu bâti, convivial et sans prétentions, n'a survécu qu'à Plaka.

Ville de Méditerranée, Athènes conserve elle aussi les empreintes sédimentaires laissées par l'Hellade et par Rome, et plus tard par les Byzantins, les « Francs » (ou plutôt les Vénitiens qui la contrôlèrent à la fin du Moyen Âge), les Ottomans, la royauté moderne. Et pourtant, cette stratification compte moins ici que la brutale confrontation entre la strate la plus ancienne et la strate la plus récente. Du fait même de son héritage classique exceptionnel, Athènes met en évidence avec une acuité toute particulière l'incapacité croissante de nos sociétés de modernité de tolérer leur passé, autrement qu'à l'état d'artefacts exogènes. Le Parthénon, Daphni, et avec eux tant de sites éminents de l'Athènes classique et de l'Athènes chrétienne, sont-ils désormais autre chose que des hologrammes « virtuels » comme échappés d'un CD-rom et égarés dans ce que la ville conserve de réalité précaire et disloquée ?

Jérusalem, en retrait sur ses hauteurs, ne participe pas à la vie maritime de la Méditerranée ; mais elle en concentre la longue histoire avec une densité inégalée. Lieu-source commun aux trois « cultures du Livre », elle est aussi le nœud symbolique de la crise israélo-arabe.

En une seule matinée, on passe sans peine du mur juif des Lamentations au Saint-Sépulcre des chrétiens, et aux mosquées du Roc et d'Al-Aqsa. Avec un égal recueillement, les uns y revivent la grandeur déchue du Temple d'Israël, les autres le martyre du Dieu fait homme, d'autres encore l'envol de Mahomet vers les félicités célestes. L'extrême proximité de ces trois sites illustrissimes, révérés dans le monde entier, n'en rend que plus aberrants les antagonismes qui opposent si violemment les fidèles des cultes. On continue certes à croiser tour à tour dans une ruelle un moine abyssin à l'étrange capuchon couturé d'or[3], une femme musulmane serrant peureusement son voile, un rabbin intégriste au grand chapeau plat, et leur ballet interconfessionnel est un appel à la tolérance. Mais les extrémistes sionistes plantent çà et là leur drapeau bleu et blanc, signalant des occupations-provocations, et les Israéliens modérés ont renoncé à aller manger des *falafels* dans la vieille ville, les jours de fête.

Aussi aisément que ses traditions religieuses, Jérusalem rassemble en quelques centaines de mètres les siècles

3. Dans la tradition copte, l'âme doit pouvoir s'échapper du crâne après la mort, d'où cette couture en forme de cicatrice sur le sommet du capuchon.

mouvementés de son histoire politique. Ici des constructions qui remontent aux empereurs romains ou byzantins, là des ouvrages datant du Royaume franc fondé en 1099 par les Croisés. Les fortifications de la vieille ville ont été établies par Saladin, remaniées par Soliman le Magnifique. L'hôtel où résida l'empereur François-Joseph à l'occasion de l'ouverture du canal de Suez en 1869 est tout proche de la porte par où fit son entrée en 1917 le maréchal britannique Allenby, vainqueur des Ottomans. De quartier en quartier, on récapitule l'histoire du monde autant que celle de la ville, on en revit à chaud les cent chapitres divers.

Terre d'islam depuis le VIIIe siècle, Jérusalem reste pourtant un pittoresque musée des chrétientés orientales, soucieuses d'affirmer leur diversité autour du tombeau du Sauveur. De rue en rue se succèdent les couvents, les basiliques, les sièges patriarcaux des coptes, des assyro-chaldéens, des arméniens, des maronites du Liban, des abyssins, des syriaques. Chaque culte a ses rites colorés, son clergé aux vêtements voyants, ses privilèges particularistes qu'on a toujours défendus jalousement.

Jérusalem est bien une ville sédimentaire de la Méditerranée, une ville dont les multiples strates déposées par le passé ancien – religieuses ou politiques, rituelles ou monumentales – faisaient la richesse. Faisaient... Car le passé récent a laissé des traces autrement pesantes, déchirantes, anxiogènes, et bien rares sont les visiteurs qui y restent indifférents.

Le plan de partage de la Palestine, adopté par les Nations unies après la fin du « mandat[4] » britannique, n'a jamais pu être mis en œuvre ; mais Jérusalem s'en est trouvée brisée net, depuis un demi-siècle. Si la ville arabe ne s'est pas laissée réduire, à l'intérieur des murailles de Saladin comme

4. En 1919, après la défaite de la Turquie alliée de l'Allemagne, la France et l'Angleterre s'étaient fait attribuer plusieurs provinces turques du Moyen-Orient : Liban et Syrie pour l'une, Palestine et Irak pour l'autre. Ces annexions de fait étaient censées provenir d'un « mandat » de la Société des Nations, en vue de conduire ces pays à l'indépendance.

dans les quartiers est, elle ne dispose ni de l'espace, ni des moyens matériels, ni des soutiens extérieurs dont a profité la ville israélienne en pleine expansion.

Le plan de 1948 prévoyait de doter la « Ville des villes » d'un statut international dont il est d'autres exemples dans l'histoire contemporaine, au moins comme régime transitoire : ainsi à Tanger, à Dantzig, à Trieste, à Vienne. Mais Israël a voulu faire de Jérusalem sa capitale d'État – non reconnue pourtant par la communauté internationale. Et les Palestiniens ne semblent pas prêts non plus à renoncer à ce qu'ils considèrent comme un symbole de leurs droits sinon de leur existence même.

Une ère de concorde surviendra-t-elle un jour, pour déposer sur Jérusalem une nouvelle strate historique ?

4

Moments mondiaux et lieux de mondialité : le voyage-monde

Au tournant du millénaire, l'appel à la mondialisation – on dit aussi globalisation – est devenu une invocation rituelle, bien peu originale même si on la présente à la fois comme contraignante et salvatrice. C'est désormais à l'échelle de la planète entière, considérée comme champ unifié des activités humaines, que s'organisent les programmes de production, se déploient les jeux spéculatifs de la finance, s'échangent et se connectent les réseaux techniques d'information. La terre entière semble à portée immédiate de nos visions mentales sinon de nos déplacements physiques, que ce soit sur les écrans de télévision, aux guichets des agences de tourisme ou dans les files d'attente des aéroports. Le voyage ne pouvait échapper à l'élan de la mondialisation ; il devient un voyage-monde, au sens où on a pu parler d'économie-monde, de communication-monde ou d'épidémie-monde.

Est-ce là chose si nouvelle ? Depuis des siècles, les grands voyageurs ont cheminé à l'échelle du monde, de continent en continent. Encore au XIXe siècle, c'était sous le titre *Le tour du monde* qu'avait été publiée une revue de large diffusion, spécialisée dans les récits de voyage en pays lointains. Elle était animée par des adeptes des idées saint-simoniennes, elle se voulait l'écho de leur utopisme visionnaire. « Le globe, disait Enfantin, chef de file des communautés saint-simoniennes, voilà notre fiancée, notre mère ! »

Si le monde a bien représenté, de longue date, l'horizon ultime du voyage, l'impact des processus de mondialisation à notre époque transforme profondément, semble-t-il, les conditions de ce voyage, ses perspectives, son *sens* surtout. Le voyageur se meut désormais dans un univers en état d'ubiquité pratique et généralisée. Si reculée que soit sa destination, il reste au contact permanent des soubresauts et des crises du monde. Sur son chemin, il ne peut manquer de croiser – sauf s'il prétend s'enfermer dans un *trip* narcissique aussi illusoire que suffisant – les zones sensibles de notre planète déstabilisée ; il se heurte aux lieux clés où se nouent les tensions mondiales de notre temps. Il découvre aussi la force des nouvelles connivences et des nouvelles solidarités internationales unissant des gens, des sociétés que tout semblait opposer. Les images croisées du voyage et de la mondialisation viennent ainsi se nourrir, s'enrichir mutuellement.

Première expérience de notre temps-monde, celle du voyageur à qui il arrive de vivre loin de chez lui un moment d'envergure planétaire, incident isolé ou crise majeure. Relayées « en temps réel » par les médias, ces ondes de choc soudaines atteignent de proche en proche l'humanité entière et la saisissent d'inquiétude. Sans doute, elles ne retiendront guère l'attention de ceux pour qui le voyage n'est qu'une évasion à l'horizontale, une fuite dans un espace unidimensionnel, une négation d'ailleurs vaine du temps dans son épaisseur plurielle. Au voyageur authentique, elles offrent en revanche l'occasion de voir réagir à chaud le pays où ses pas l'ont conduit, d'en saisir la réalité particulière pour y retrouver l'universel.

« Regarde, de tous tes yeux regarde ! » Ce précepte fondamental du voyage, dérobé naguère par Georges Perec à un épisode de *Michel Strogoff*[1], prend une force nouvelle à notre époque de mondialisation. La portée oculaire immédiate du regard du voyageur ne s'est pas étendue, mais son champ de perception mental est devenu planétaire. En quelque lieu que ses pas l'aient conduit, il y est témoin des affaires du monde. Il en est un témoin politique.

C'était bien l'universel qui perçait à travers le local, en cet après-midi du 29 juillet 1986 où, de passage à Wellington, je m'étais trouvé assister fortuitement à la catastrophe de la navette *Challenger*. Un dernier salut des cosmonautes en bas de leur échelle, un dernier sourire de la fringante institutrice Christa Mac Auliffe sur l'écran, et quelques dérisoires secondes avaient suffi pour que le point lumineux qui les emportait se désintègre sous nos yeux horrifiés. Dans cette banlieue néo-zélandaise, le dépaysement culturel amplifiait encore l'éloignement géographique : convivialité biblique de la famille quaker qui m'accueillait, barbecue de mouton grillé, là-bas aussi commun que la pomme de terre en Irlande, dîner que nous nous préparions à prendre à six heures selon les habitudes des « kiwis ». Mais des millions de personnes de par le monde avaient elles aussi vécu en direct la tragédie.

Reçu de si loin, le choc moral ne pouvait être plus flagrant, entre les immenses besoins « primaires » des habitants de la planète, et les hasardeuses et ruineuses priorités d'opérations de prestige comme *Challenger*, toutes étourdies de délire technologique. Ce sentiment d'aberration est resté d'autant plus durablement gravé dans mon esprit, que je me

1. Le chef tatar révolté contre le tsar condamne Michel Strogoff, dont il a percé à jour l'identité, à être aveuglé par un sabre chauffé à blanc. Il l'invite à regarder le monde une dernière fois. Épisode repris dans l'exergue de *La vie, mode d'emploi*, de G. Perec.

trouvais aux antipodes mêmes de la France, à l'autre extrémité de la Terre, disposant ainsi d'un champ de vision global au sens littéral du terme.

Avec la guerre du Golfe, en janvier 1991, s'ouvrait une crise mondiale d'une tout autre ampleur ; cette fois, c'est d'Australie que j'ai pu observer le même effet inattendu de grossissement optique. De Canberra comme de Wellington, l'éloignement rendait plus saillants, et non plus flous, les traits essentiels d'une crise et mettait en parfaite évidence son sens profond. À distance, l'universel se dégage agilement des conditions locales où se trouve placé le voyageur en pays lointain, peut-être parce que celles-ci sont déjà insolites, dépaysantes. Loin de chez soi, on observe avec d'autant plus d'acuité le déroulement d'une crise internationale, qu'on y est dégagé de la banalisante continuité quotidienne qui, si l'on était resté chez soi, aurait risqué d'estomper les arêtes vives et de rétrécir les perspectives. Tel est le paradoxe *optique* du voyage aux antipodes.

Lue au premier degré, la guerre déclenchée au Koweit à la mi-janvier 1991 agissait comme un vigoureux révélateur de la sensibilité politique australienne ; et tout particulièrement à Canberra, où je fréquentais des intellectuels de gauche nombreux et actifs dont la culture militante, éprouvée de longue date, les portait au service des « causes ». Les placards-manifestes se succédaient en pleine page des journaux. Le *Canberra Times* introduisait par un petit logo-catastrophe les très abondantes informations et réactions qu'il consacrait chaque jour à la guerre ; les formes stylisées d'un tank miniature et d'un petit avion porte-missile soulignaient graphiquement la montée des périls. Forums et débats se succédaient quotidiennement sur le campus, et la coalition « *Bring the ships home now* »[2] organisa cinq manifestations publiques en neuf jours. Dès le 14 janvier, quand

2. Dès le premier jour de la guerre, la marine de guerre australienne avait été envoyée sur le théâtre des opérations.

fut lancé l'ultimatum américain à Saddam, la première se tint sur la colline du Parlement fédéral ; le vent vif faisait vibrer les pylônes d'acier et les drisses métalliques où l'on hisse les drapeaux dans les grandes occasions, orchestrant d'un étrange fond sonore en sourdine les exhortations des orateurs.

L'Australie se sentait *concerned*, terme bien plus fort que son faux équivalent français. La tradition morale jouait certainement, à la fois socialisante et protestante ; et aussi l'amer souvenir, resté très présent, des opérations où s'était fourvoyée vingt ans plus tôt l'armée australienne au Vietnam, aux côtés des Américains. Mais l'implication de l'Australie dans la guerre du Golfe était directe, concrète. Le mouvement de protestation s'indignait du fait que les bases spatiales américaines, établies dans le désert australien depuis les années soixante et dénoncées de longue date par les pacifistes et les féministes, étaient soudain devenues opératoires ; elles assuraient un rôle technique essentiel, comme relais de guidage par satellite pour les missiles lancés contre l'Irak ; le gouvernement de Canberra, aux termes du contrat initial de location, avait renoncé à tout droit de regard sur ces bases.

Le contraste était saisissant, entre l'Armageddon[3] technologique qui s'abattait sur le Moyen-Orient, et la lumineuse sérénité de l'été australien, l'immobilité des eucalyptus accablés de soleil qui distillaient leurs essences surchauffées, le calme absolu des rues désertes à la tombée de la nuit, les apaisantes gouttelettes d'arrosage dispersées le soir dans les bosquets autour des maisons. C'était bien à l'australienne que cette crise était vécue, dans un contexte australien, en faisant place à des enjeux proprement australiens. Et pourtant, sa portée planétaire n'en ressortait que plus nettement,

---

3. Lieu de l'ultime combat entre les forces du bien et du mal, dans l'Apocalypse de saint Jean. La comparaison, dans la presse australienne, visait à tourner la guerre du Golfe en dérision.

celle dont s'alarmaient tant d'observateurs de par le monde. Si loin, si près...

Ainsi, une lettre de lecteur parue dans le *Age* de Melbourne (14 janvier) mettait en cause l'*oil gluttony*, la goinfrerie pétrolière qui poussait 5 % de la population du monde à consommer 25 % de son pétrole, et à exiger qu'il reste bon marché. Alors qu'à Timor, montrait une caricature du *Canberra Times* (18 janvier), un petit Fernando symbolique bêchait son terrain avec un acharnement naïf, à la recherche de pétrole. Dans ce cas, suggérait le dessinateur, les États-Unis, si vigilants au Koweit contre les violations – certes indiscutables – des résolutions de l'ONU par l'Irak, se seraient peut-être décidés à faire respecter à Timor d'autres résolutions de l'ONU, non moins solennelles mais restées lettre morte depuis près de vingt ans[4].

Paul Virilio est pratiquement inconnu en Australie. La convergence n'en était que plus frappante, entre ses analyses de la guerre du Golfe comme conflit hypermédiatisé, hypertechnicisé et « déréalisée »[5], et les réactions de l'opinion australienne très inquiète elle aussi de cette *video-war* en *prime time*. En six mois, commentait le *Sydney Morning Herald* (17 janvier), le désert irakien avait été équipé en studio *live*, avec décors, éclairages permanents, appareillage *high-tech* et figurants : « Et l'on a compté quatre secondes, trois, deux, boom ! »...

Culturellement autant que géographiquement, Canberra est aussi éloignée de l'Afrique noire que des pétromonarchies du Golfe. On ne s'y privait pourtant pas de remarquer que la guerre, devenue une priorité soudaine, allait engloutir des crédits infiniment supérieurs à ceux que, depuis des années, on n'arrivait pas à trouver pour l'Afrique

---

4. Depuis 1975, l'ex-colonie portugaise de Timor-Est, proche de l'Australie, est occupée par l'armée indonésienne. Lisbonne lui avait pourtant accordé l'indépendance au lendemain de la « Révolution des œillets », en 1974. L'ONU a condamné maintes fois cette occupation, mais sans aucune mesure pratique.

5. P. Virilio, *L'écran du désert*, Paris, Galilée, 1992.

sombrant dans la déréliction ; « Et hop ! voilà que file d'un coup tout le PNB annuel du Mozambique », commentait un officier américain à bord d'un navire lance-fusées, sous le crayon d'un dessinateur du *Canberra Times* (23 janvier).

Et pourtant, en Australie comme ailleurs dans le monde, les adversaires de la guerre n'étaient guère indulgents non plus pour le dictateur Saddam Hussein que « l'Occident-Frankenstein » (*Canberra Times*, 18 janvier) avait créé bien imprudemment, à grand renfort de fournitures militaires, d'équipements pétroliers et de facilités financières. Vue de Canberra, en janvier 1991, la guerre du Golfe apparaissait aussi incompréhensible et abstraite, aussi proche finalement qu'à ceux qui l'observaient de Paris.

Si loin, si près... Un quart de siècle plus tôt, il m'avait déjà été donné de vivre en pays lointain une autre crise majeure de la politique mondiale. À savoir la seconde guerre du Vietnam, contre laquelle les campus américains étaient mobilisés à fond. Expérience bien différente de celle de la guerre du Golfe vécue en Australie, et qui sera relatée un peu plus loin.

Les crises politico-militaires ne secouent que par intermittence notre société mondialisée ; en revanche, c'est en permanence que le voyageur se trouve confronté aux flux économiques et financiers qui la traversent ; il ne peut manquer de croiser leurs lignes de force, nouées autour de centres nerveux au métabolisme suractif. De la simple zone franche comme l'île franco-hollandaise de Saint-Martin, déjà évoquée ici, jusqu'aux cités « globales » comme Singapour, toute une gamme de lieux de mondialité s'offrent ainsi à son regard. Ils n'ont certes pas l'attrait, l'aura culturelle de la Vallée des Rois en Égypte ou des bouches de l'Amazone. Ils n'en méritent pas moins l'attention ; ils s'inscrivent directement dans la réalité planétaire de notre temps, ils mettent en évidence la cohésion systémique de ses nouveaux réseaux économiques transterrestres. Ils valent d'autant plus le détour, au demeurant ; ils sont aussi fascinants, aussi envoûtants en dernière analyse, que les sites naturels ou culturels les plus renommés. Ici, c'est le vertige de l'activisme économique exacerbé et du futurisme barbare qui y saisit le visiteur, non celui des siècles révolus et des lieux sans les hommes. Ainsi va le monde…

Lire le grand livre de la Terre, c'est aussi le lire comme une carte économique en grandeur nature – un apologue prémonitoire de Borgès l'avait envisagé – où font soudain surface, dans toute leur puissance, les flux financiers des capitaux mondialisés si souvent invisibles, et où se matérialisent les grands circuits à longue distance de redistribution des biens et marchandises. Quatre cas de figure se dessinent ici, quatre niveaux de mondialité qui sont tous accessibles au voyageur, mais que distingue l'envergure très inégale de leurs ambitions économiques : les simples ports francs, les bases financières *off-shore*, les grandes zones franches plurifonctionnelles, les nœuds « globaux » de l'économie-monde.

L'effet de métabolisme planétaire est encore discret dans les ports francs proprement dits, comme le mini-État d'Andorre, Vila au Vanuatu, ou l'enclave de Saint-Marin en Italie centrale. Ici, le commerce d'entrepôt est maître du terrain, il étale à profusion ses marchandises de toute nature et de toute provenance, à des prix imbattables. De rue en rue, on se croit transporté dans une immense zone *duty-free* d'aéroport, dilatée aux dimensions d'une agglomération entière sinon d'un micro-État. Ces ports francs et ces zones hors taxes obéissent simultanément à deux logiques, si éloignées l'une de l'autre que le visiteur doit faire un réel effort pour les saisir dans leur jeu réciproque. En surface, il ne s'agit que de relais ponctuels où la société de consommation déploie ses fastes en toute « franchise » – terme de rigueur… Et pourtant, l'implantation de ces entrepôts n'est pas fortuite ; elle tire parti de conditions locales favorables : l'isolement, les traditions particularistes anciennes, sinon l'inconsistance de l'État. Soit, dans les trois exemples précédents, la survivance de structures politiques archaïques dans une vallée pyrénéenne, le laisser-faire du vieux condominium franco-anglais des Nouvelles-Hébrides, et la survivance à Saint-Marin d'une souveraineté municipale, héritière tardive des cités-États du Moyen Âge italien.

La même superposition des tendances lourdes de la finance mondiale et de situations locales pittoresques sinon vieillottes peut s'observer dans les places financières *off-shore*[6], encore que ce second type de relais mondiaux pèse bien davantage dans les circuits d'affaires internationaux que les simples ports francs. Ici encore, le voyageur pourra examiner de près, ainsi à l'île de Man, à Gibraltar, à Jersey ou au Luxembourg, ces curieux musées institutionnels que les services touristiques locaux savant fort bien rendre attrayants. Il sera plutôt tenté de détourner le regard, en revanche, des flux financiers immatériels et invisibles qui y transitent et que signalent seulement des plaques de cuivre sur les immeubles d'affaires et des annonces dans les très copieuses pages *business* des journaux locaux. Tentation de dichotomie bien mal avisée, car c'est précisément leur exiguïté archaïque qui rend ces ganglions financiers parfaitement fonctionnels, pour l'accueil de capitaux interlopes aussi incolores que la lymphe.

On ne peut certes rester indifférents, quand le voyage y conduit, à la riche histoire fractale, déjà évoquée ici, de l'ancien royaume viking qu'est l'île de Man ; ni au passé impérial du Roc de Gibraltar ; ni à l'archaïsme juridique des institutions de Jersey, où survit encore l'ancien droit ducal de Normandie. Mais tous trois ont trouvé un nouveau souffle de vie en tant que places financières dérogatoires où, au fil des rues et de maison en maison, le promeneur croit feuilleter un annuaire des sociétés spéculatives dans les cinq continents.

Quant au Luxembourg, longtemps sacré « Gibraltar du

6. Litt. « à l'écart du littoral ». Terme emprunté aux forages pétroliers de haute mer, et appliqué aux bases financières délocalisées.

Nord », les escarpements rocheux de sa capitale furent naguère un enjeu stratégique majeur pour les rois de France, les Habsbourgs, la Prusse plus tard[7]. Le parallélisme avec le « Roc » du Sud reste d'actualité, mais cette fois à l'avantage du Grand-Duché, qui devance de loin Gibraltar pour la prolifération des banques et des holdings, des sociétés-« taxis », des investisseurs interlopes et autres acteurs financiers bien implantés dans cette enclave accueillante et discrète.

Le choc est autrement plus brutal quand on s'aventure dans les grandes zones franches, à la fois bases lourdes du commerce transcontinental et actifs centres industriels délocalisés. Des flottilles de camions géants s'y déploient en ordre de bataille, les alignements de hangars et de dépôts semblent s'y gonfler à vue d'œil sous la pression des marchandises qui s'y entassent, les personnels s'y affairent de nuit comme de jour, affublés de combinaisons aux couleurs criardes dignes d'extraterrestres, les périmètres défendus par des grillages barbelés et jalonnés de miradors tiennent en respect les visiteurs intempestifs. Ces « exclaves » physiquement surpuissantes et surdimensionnées infligent ainsi un très sec démenti à certains discours postmodernes sur la « dématérialisation » de l'économie.

Si le dynamisme matériel de ces zones franches a pourtant des aspects irréels, cela tient à leur localisation géopolitique. Leur environnement immédiat ne compte pratiquement pas, contrairement aux ports francs et aux places financières qu'on vient d'examiner. Elles n'existent qu'au service de relations économiques à longue distance, selon une logique abstraite et fonctionnelle qui s'accommode fort bien d'une implantation en plein désert. Seuls comptent la position générale, les facilités d'approvisionnement, le passage des axes de redistribution, comme l'illustrent le cas de la ZOFRI

---

7. Le grand-duché de Luxembourg, dans sa configuration actuelle, ne représente qu'un quart du Luxembourg historique. Trois partages successifs, du XVIIe au XIXe siècle, permirent aux puissances voisines d'en annexer la plus grande partie.

d'Iquique dans l'extrême nord du Chili ou celui des zones franches de Jordanie orientale. Équipées *ex nihilo*, elles ont prospéré dans un vide géographique et humain intégral et n'obéissent qu'aux priorités lourdes de l'économie-monde, mises en œuvre dans un large champ régional.

En bordure de l'Atacama, réputé le désert le plus aride du monde, la ZOFRI (= zone franche) d'Iquique n'est qu'une gigantesque machine à collecter la production industrielle en provenance de toute l'Asie orientale, pour la réexpédier dans le « cône Sud » de l'Amérique. Les conteneurs arrivent par bateau, ils sont répartis dans les immenses *galpones* (entrepôts) et les magasins de vente de la zone franche, les biens repartent par camion en Argentine, au Chili, en Bolivie et jusqu'au Brésil. Sur 220 hectares, 846 firmes s'y succédaient quand je m'y rendis en 1989, y compris tout le « Gotha » international de la grande consommation, l'audiovisuel de luxe étant en bonne place.

La visite de la ZOFRI est un festival visuel de faste et d'abondance, mais un supplice pour l'odorat. Le relent âcre, pénétrant, abominable des usines de farine de poisson établies dans le *barrio industrial* tout proche vous saisit et ne vous lâche plus ; le Pacifique du Sud-Est est une riche zone de pêche. Le régime de dérégulation de la ZOFRI a aussi attiré des huileries, des ateliers de confection, des usines de montage qui travaillent en situation de « hors-sol » intégral, utilisant des denrées importées et réexpédiant aussitôt leur production. Les riches villas des *empresadores* (entrepreneurs) s'alignent au bord de l'Océan, mais ceux-ci doivent se résigner à jouer au golf… sur le sable. L'herbe ne pousse pas dans cette *Netzestadt*[9], dans cette Mahagonny du désert où les pauvres gens attirés par son mirage s'entassent dans des *poblaciones*, des bidonvilles qui surplombent les hangars

9. Litt. la « ville-nasse ». Sobriquet de la ville mythique de Mahagonny dans l'opéra du même nom, de Bertolt Brecht et Kurt Weill.

rebondis de la ZOFRI, à quelques mètres seulement des grilles qui protègent la zone franche.

Par le même paradoxe, c'est sa façade désertique la plus pauvre qui a fait la fortune de la Jordanie depuis les années quatre-vingt. Desservie par le port de Lattaquié, la zone franche de Zarqa occupe une position clé en direction de l'Irak, de la Syrie intérieure, de l'Arabie Saoudite ; on y stocke le pétrole et la farine, les ateliers de montage y voisinent avec les dépôts géants de matériel et de voitures. Le voyageur a quitté Amman à la recherche des fabuleux manoirs fortifiés construits par les califes omeyyades à Qasr Amra, à Qasr Harana, à Qasr el-Hallabat, et il se trouve happé par une incessante noria de camions-citernes, de trains routiers, de porte-conteneurs qui défilent en formation serrée, le long d'autoroutes spacieuses et bien tenues. Au « T » d'Azrak, là où se séparent les convois en direction soit de l'Irak soit de l'Arabie, on devine de lourdes installations industrielles souterraines, signalées seulement par leurs cheminées d'aération et par les barbelés qui délimitent leur périmètre de surface. La Jordanie, domaine archaïque des Bédouins du désert au temps du colonel Lawrence, est devenue un nœud systémique majeur du Moyen-Orient. J'avais traversé en 1947 ses étendues totalement désertiques de noir basalte pierreux, j'ai retrouvé en 1994 un espace certes tout aussi hostile à la végétation et à l'agriculture, mais où ont poussé dru les pylônes de télécommunications et les tuyauteries industrielles, et que les lignes à haute tension et les autoroutes quadrillent tels des oueds irréels. On peine à y repérer les châteaux somptueux des anciens seigneurs du désert, perdus dans le foisonnement des dépôts de matériel, des usines, des blocs préfabriqués ; des bidonvilles aussi, qui, telles des images en abîme, déferlent autour des zones franches et des grands axes de redistribution.

Dominant de très haut les ports francs, les relais financiers *off-shore* et les zones franches, des places comme Singapour, Panama et Hongkong sont entraînées dans le mouvement ascensionnel de la mondialisation économique, au niveau le plus élevé. Leur localisation stratégique, déjà importante au XIXe siècle quand prédominait une logique de relations régionales, s'est révélée un atout majeur à l'âge de la globalisation généralisée : Singapour contrôle les relations entre l'océan Indien et la dynamique région « Asie-Pacifique ». Panama assure les communications directes entre deux espaces océaniques en pleine expansion économique. Hongkong ouvre l'accès direct à un marché chinois largement entraîné dans l'économie internationale. Ces trois places revendiquent ostentatoirement un statut « global », terme qui fait écho aux anciennes utopies planétaires du saint-simonisme.

Si importante qu'elle demeure, leur localisation géographique concrète compte pourtant moins, sinon comme avance initiale, que leur aptitude à attirer et à cristalliser la montée des forces d'intégration financière, industrielle et technique à l'échelle de la planète. À bord d'un des bateaux qui promènent les touristes dans la rade de Singapour, ou depuis la terrasse qui domine l'écluse géante de Miraflores près de Panama-« City », ou du haut du *Peak* de l'île de Victoria, noyau primitif du pouvoir anglais à Hongkong, le choc est le même : on perçoit physiquement la mondialisation en marche.

Le choc est le même, mais aussi le malaise… Le voyageur qui fait escale à Singapour, Panama, Hongkong et autres lieux de la globalité triomphante ne peut ignorer la face cachée de ces réussites trop voyantes. S'il s'en donne la peine, il découvre vite le conformisme autoritaire de la société politique singapourienne, l'insécurité criminogène d'une république panaméenne dont le succès financier n'a guère profité au lien social en décomposition, la misère sordide des faubourgs industriels de Hongkong. Et surtout, à la vue de ces trois cités globales et fières de l'être, il ne peut manquer de s'interroger sur l'avenir d'un globe dont les lieux phares ne savent émettre que des signaux d'âpreté économique et de performance technique. Si cette mondialité-là s'avère incapable de remédier aux maux de la « société duale planétaire », c'est qu'elle entend organiser les affaires de la planète à partir du seul primat de l'économie et de la technologie. Singapour assure avec maestria son ravitaillement en eau fraîche à partir de la Malaisie, et exhibe ses alignements impeccables de buildings devant lesquels ne traîne pas un papier gras, tant les amendes sont élevées. Panama vit des prouesses hydrauliques de son canal dont la maintenance est sans failles. Hongkong est emporté dans la fièvre financière et technique, au point que les horloges digitales de ses hôtels ont été jusqu'à imposer au passant les tressautements ultra-rapides d'un volet supplémentaire, indiquant les dixièmes de seconde : le message de cette innovation technique parfaitement inutile était en fait idéologique : vous êtes à Hongkong, au pays où chaque fraction de seconde doit être comptabilisée. Ces volets gadgets m'avaient plutôt ébahi en 1982, mais ils étaient abandonnés en 1998 : sursaut de bon sens ou peur du ridicule…

Voyager dans la mondialité, c'est encore affronter la *massification* banalisante et appauvrissante, à laquelle sont conduites, sont plutôt contraintes les sociétés non européennes, par les jeux combinés de la toute-puissance de la technique et du pouvoir absolu de l'argent. Sous toutes les latitudes, des populations que tout distinguait les unes des autres il y a encore un demi-siècle habitent les mêmes grands ensembles, trouvent dans les mêmes entrepôts géants les articles et denrées nécessaires à leur consommation courante, ont recours aux mêmes voitures en ruine qui s'entassent le long des mêmes tranchées routières surchargées, et, s'ils en ont les moyens, se pressent sur le sable des mêmes plages grégaires.

Le voyageur européen déjà familier avec le naufrage urbain du Grand-Milan, du Grand-Liverpool ou du Grand-

Lyon, étourdi chez lui du fracas des hypermarchés, lassé de la congestion automobile lors des « rentrées » du dimanche soir, écœuré par les sites vacanciers de grande série, découvre sans trop d'étonnement que le même modèle résidentiel, consumériste, véhiculaire ou touristique, ici dans sa version « pauvre », entraîne les mêmes effets délétères aux quatre coins du monde.

Chacun a pu faire l'expérience de cette macrocéphalie, disent les géographes, qui enfle démesurément les mégapoles d'Afrique, d'Asie et d'Amérique latine ainsi que leurs abords. Il suffira ici d'évoquer le grand tourisme de bord de mer, qui recouvre du même bourrelet gluant les rives orientales, occidentales et centrales du Pacifique, ou le pourtour de la Méditerranée.

Il semblerait – je me suis parfois plu à imaginer cette scène fantastique – qu'au gré de sa fantaisie un Titan facétieux ait dérobé dans un Olympe de modernité une mégastructure préfabriquée, figurant les aménagements d'une plage de loisirs démesurée. Il en aurait ensuite déposé un morceau vers Acapulco sur le littoral occidental du Mexique, un autre au Queensland face à la Grande Barrière de corail, un autre encore du côté de Valparaiso et de Viña del Mar au Chili, laissant par mégarde, au cours de son vol transocéanique, tomber quelques fragments à Bora-Bora, Tahiti, Pago-Pago et autres plages polynésiennes.

Quant à la Méditerranée, si les sédiments culturels successivement laissés par les Grecs et les Arabes, les Byzantins, les Turcs ou les chevaliers de Malte font la richesse si changeante de ses rives, l'empreinte qu'y dépose le tourisme de masse est terne et sale elle aussi. Presque interchangeables, les mêmes barres résidentielles de bord de mer, les mêmes complexes d'hôtellerie, les mêmes bases standardisées de loisirs, les mêmes commerces vulgairement racoleurs ont proliféré à Cattolica et à Rimini sur l'Adriatique, à Monastir en Tunisie, ou sur la Costa del Sol ici déjà évoquée comme une Andalousie de l'anticulture, indigne des anciennes splendeurs d'*Al-Andalous*.

Il n'est pas de voyage ni dans le Pacifique ni en Méditerranée, qui ne bute sur ces aménagements littoraux mornes et prétentieux, tout aussi attentatoires à la dignité humaine qu'à la beauté des paysages. Feindre d'ignorer le visage sans grâce de cette mondialisation-là serait pire encore que de s'irriter de ses prothèses hideuses. On voyage dans la réalité, et non pour s'évader de la réalité…

Mais « quelque chose » résiste. Si les hypermarchés chiliens, favorisés par le libéralisme intégral des années Pinochet, ont liquidé depuis longtemps le petit commerce de proximité, si le visiteur venu d'Europe ou d'Australie n'y est guère dépaysé, la culture des boissons chaudes à base d'herbes naturelles est restée là-bas bien vivante ; les rayons des grands magasins d'alimentation, si démesurés soient-ils, continuent à offrir un très large choix d'infusions en sachet, aux noms sonores et aux goûts étranges. Le célèbre maté y passe presque inaperçu, entre le *llanten*, le *bailahuen* et le *toronjil*, ou encore le *culen* et le *paico*.

À l'autre extrémité du Grand Océan, se serrent au nord de Nouméa des blocs d'habitation très élémentaires qui accueillent des Kanak délaissant la brousse pour les mirages de la ville. Le dimanche matin, dans les terrains vagues qui les entourent, on aime à s'assembler autour d'un « bougnat » (viandes mêlées de tubercules et de lait de coco), cuit dans la terre pendant des heures entre des pierres surchauffées préalablement. Le vivre-ensemble mélanésien continue à s'affirmer, bien loin des riches « marinas » caldoches du Nouméa-Sud qu'étourdissent les facilités oisives du modèle hawaiien-californien.

À Hongkong, où la rareté et la cherté des terrains à bâtir favorisent les immeubles « en cigare », les nouveaux émigrants venus de Chine du Sud doivent eux aussi s'entasser sur trente étages et davantage, dans cet habitat sinistrement standardisé. Et pourtant, au pied des tours sans âme et sans identité, la sociabilité traditionnelle n'a pas capitulé. On joue au mah-jong tard dans la nuit sur des appuis de fortune, on s'exerce de grand matin à la gymnastique *taiji* d'élongation-décontraction, et les rituelles danses du dragon défilent entre ces blocs répétitifs pour le Nouvel An lunaire, aussi bruyantes et joyeuses que dans les bourgades rurales où ces ex-paysans ne retourneront jamais.

Le monde dont le voyageur est à l'écoute, le monde dont il découvre les nœuds vitaux, les pôles majeurs, les figures banalisées également, est un monde divisé contre lui-même ; la modernité désormais planétaire vient le fracturer autant qu'elle l'unifie. L'écart ne cesse de se creuser entre « Nord » et « Sud », même si cette polarité sociale et culturelle, sinon idéologique, est assez indifférente aux points cardinaux de la géographie classique. Le Nord, c'est l'Europe, l'Amérique anglo-saxonne, le Japon sans doute, mais certainement aussi l'Australie et la Nouvelle-Zélande, Singapour, et encore les poches de prospérité dispersées dans le « cône Sud » de l'Amérique latine. Le Sud, c'est le reste, soit la très grande majorité de l'humanité et tout particulièrement le milliard de personnes qui, selon la Banque mondiale, restent en dessous du seuil de pauvreté absolue. Une ligne de démarcation qu'on a pu comparer à l'ancien *limes* (zone frontière) de l'Empire romain[10] sépare ces deux versants de la société mondiale ; elle fait le tour de la Terre, même si son tracé discontinu et non linéaire reflète la complexité des nouveaux déséquilibres planétaires.

Depuis la fin de la guerre froide, cette polarité Nord-Sud s'est substituée à l'ancienne polarité Est-Ouest, qui opposa pendant quarante ans les pays capitalistes développés aux pays socialistes. Un voyage dans la réalité du monde

10. Formule proposée par Jean-Christophe Rufin, *L'Empire et les nouveaux barbares*, Paris, J.-C. Lattès, 1991.

ne peut ignorer cette « diagonale Nord-Sud » ; il faut notamment – telle fut mon expérience à plusieurs reprises – se soucier des « sas de mondialité », des postes de contrôle où la planète des riches perçoit directement la pression de la planète des pauvres.

Parfois, il peut s'agir d'un aéroport sensible, comme Sydney ou Orly. Par milliers chaque semaine, des Asiatiques et des Océaniens dans un cas, des Maghrébins et des gens d'Afrique noire dans l'autre, s'alignent docilement et peureusement dans les files d'attente, sans savoir jusqu'à la dernière minute s'ils passeront le poste de police ou s'ils seront refoulés avec leurs pauvres bagages.

Mais le sentiment d'un espoir, d'une demande, derrière lesquels se dessine déjà une exigence, est bien plus intense dans les zones où le passage peut se faire par terre, du fait de la contiguïté géographique. Ce sont bien les « Checkpoint Charlie[11] » de notre temps, de notre monde ; Tijuana et le détroit de Gibraltar en sont sans doute les figures les plus rigoureuses, les plus pathétiques aussi. On peut y ajouter Cayenne.

À Tijuana, dont le *no man's land* sinistre, les plaques de fer dressées à la verticale et les slogans revendicateurs ont déjà été évoqués ici, le mythe de l'*otro lado* s'affirme à la fois comme fantasme irréel et comme élan moteur. On est ici au contact physique entre les deux Californies, on est à l'extrémité occidentale de la longue frontière continentale que suit plus loin l'emblématique Rio Grande del Norte, et qui sépare les États-Unis et le Mexique ; soit d'un côté le pays le plus riche de la terre, de l'autre un État fragile, déjà pauvre par lui-même, et qui fait figure de poste avancé de la grande armée des déshérités latino-américains.

Gagner l'*otro lado*, l'autre côté, c'est un rêve que bien

11. Dénomination familière du principal poste de contrôle terrestre établi à l'époque de la guerre froide, sur l'autoroute reliant Berlin-Ouest à l'Allemagne occidentale, et traversant l'Allemagne de l'Est.

peu de jeunes chômeurs mexicains parviendront à réaliser; c'est pourtant la perspective concrète de rejoindre ceux qui sont déjà passés et qui, en tant que *Hispanos* ou *Chicanos*, sont de moins en moins minoritaires du Texas à la Californie. C'est la possibilité d'entrer, fût-ce par le barreau le plus modeste de l'échelle sociale, dans une société d'opulence ou du moins perçue comme telle.

Depuis des millénaires, le détroit de Gibraltar s'inscrivait dans une polarité Est-Ouest, au contact entre la Méditerranée familière et l'Atlantique redouté. Le mythe des « Colonnes » érigées par Hercule en personne illustrait cette relation fondatrice. Et soudain, sous l'effet des nouveaux déséquilibres mondiaux, voici que le détroit semble avoir pivoté de 90°, au bénéfice d'une polarité Nord-Sud. Il a changé de sens, dans toute l'acception de ce terme; il est devenu un des points sensibles, par où les gens du monde des pauvres cherchent à forcer le passage en direction du monde des riches.

Par centaines, par milliers, des Marocains et aussi des Mauritaniens, des Sénégalais, des Maliens cherchent à passer dans cet autre *otro lado* qu'est pour eux l'Espagne et, au-delà, toute l'Europe. Rackettés par leur passeur, ne sachant généralement pas nager, ils risquent fort de se noyer en vue de la « Terre promise » quand ils sont surpris par une vedette de police et que le passeur choisit de couler son embarcation surchargée. « Ce sont des ombres fugitives, dit leur compatriote Tahar Ben Jelloun, qui ont réussi à fuir, tentant le tout pour le tout, n'ayant plus rien à perdre, et qui ont choisi l'anonymat absolu, réduits à leur être brut, à leur force de travail[12]. » Ils partent souvent de Tanger, et d'autres passent par l'enclave espagnole de Ceuta, laquelle est obsédée, on l'a déjà relevé, par un fantasme d'*impermeabilizacion* qui est la quadrature du cercle; de la terrasse de son *parador* (manoir-hôtel), par-delà les murailles élevées autrefois contre les

12. « Ombres africaines à Tanger », *Le Monde*, 23 septembre 1992.

Maures, je pouvais suivre à la nuit tombante, en 1992, le ballet des vieilles coquilles de noix dans la rade, toujours assez bonnes pour la cargaison pitoyable qu'elles étaient déjà en train de racoler.

Quel sortilège maléfique a ainsi jeté, au travers de cette antique et très réelle passe marine, un isthme aussi périlleux qu'irréel, que des terriens sans aucune expérience de la mer tentent de franchir pour donner corps à leurs fantasmes d'une vie meilleure ?

Il n'est guère en notre pouvoir, au moins dans l'immédiat, de combler la faille transterrestre qui oppose Nord et Sud. Mais nous pouvons au moins faire l'effort de la regarder en face, au lieu de nous détourner peureusement. Tel fut le souci qui, très délibérément, me conduisit à « regarder de tous mes yeux » Tijuana plutôt que les ruines mayas, Gibraltar, Ceuta et pas seulement les magnificences de l'Andalousie, et aussi Cayenne, dernière étape naguère de mon périple latino-américain.

La « Guyane française » n'est qu'en surface un territoire de la Vᵉ République ; c'est surtout un relais du *limes*, une interface où la planète-Sud, ici l'immense plateau brésilien, est une nouvelle fois en contact direct avec la planète-Nord via le statut de DOM de ce petit pays lointain, formellement intégré à l'Union européenne. Et personne ici ne s'illusionne sur une impossible étanchéité de ses frontières passoires.

On voyage au gré de la mondialité, on laisse l'itinéraire choisi se faufiler de son mieux entre les nœuds systémiques et les lignes de fracture de la planète, on inscrit ainsi le voyage dans le « temps du monde fini », celui dont Paul Valéry pressentait déjà que « son bornage est définitif[13] ».

13. *Regards sur le monde actuel*, Paris, 1931.

Ce monde fini est devenu un monde d'ubiquité, où le voyageur au long cours se sent happé par les étranges mouvements browniens entraînant en tout sens ceux dont il croise fortuitement la route. Les panneaux d'arrivée et de départ d'un grand aéroport international, surtout depuis qu'ils sont commandés électroniquement, expriment à la perfection ce sentiment d'irréalité multidirectionnelle. Les noms des villes les plus lointaines s'y inscrivent dans le désordre de l'instantané, ils remontent d'une ligne à l'autre, ils disparaissent soudain pour réapparaître à l'autre extrémité du tableau.

Dans ce monde-là, le nôtre, il semble que l'opposition traditionnelle entre centre et périphérie ait perdu toute pertinence spatiale, même si les inégalités y sont plus criantes que jamais. Aucun « centre » n'occupe plus une position de centralité, ni Tokyo, ni Sydney, ni Francfort, ni Panama, ni même Manhattan. Les structures altières et symboliques de ce dernier survivent à sa position de primauté, qu'il lui faut désormais partager avec les autres noyaux dominants de la finance mondiale.

Le sentiment d'une centralité abolie est plus vif encore à Londres, quand les pas du visiteur le conduisent à la fois – itinéraire obligé – vers les palais de Westminster et vers les sièges bancaires de la City. Ces deux pôles jumeaux ont effectivement dominé le monde au XIXe et encore au début du XXe siècle, à travers la double hégémonie du *British Empire* et de la livre sterling ; ce furent deux véritables « centres du monde », si proches qu'ils n'en formaient qu'un. Leur prestigieuse monumentalité à la fois politique et financière semble flotter désormais dans le vide.

Si le vieux mythe d'un centre du monde conserve quelque validité, c'est plutôt comme occasion d'une plongée au cœur même des anciennes cultures préindustrielles. Précisément parce que les échanges à longue distance étaient autrefois précaires sinon inexistants, chacune des civilisations traditionnelles pensait la Terre dans une démarche autocentrée, chacune d'elles organisait le monde – en fait son monde de proximité, son monde à sa mesure – comme un système qui affirmait sa propre centralité. Un lieu physique, remarquable aussi pour la qualité exceptionnelle de son site, cristallisait matériellement cette vision imaginaire. La base historique de ces anciennes cosmologies s'est, presque toujours, évanouie depuis longtemps, mais les « centres du monde » auxquels elles s'identifiaient continuent à nous fasciner. On s'y attarde, on médite en silence.

On parcourt le vallon sacré de Delphes, jusqu'à l'étroit orifice en abîme où, selon les Grecs de l'ancienne Hellade, se concentraient les forces terrifiantes du monde souterrain pour y communiquer avec le resplendissant monde solaire d'Apollon. À Jérusalem, où semblent se toucher des lieux saints essentiels, qui aux musulmans, qui aux juifs, qui aux chrétiens, on cherche à saisir le message universel commun à ces trois religions du Livre. Du haut des falaises de l'île de Pâques, on retrouve le sentiment mêlé d'abandon et de puissance que devaient ressentir les anciens navigateurs polynésiens établis sur ce minuscule rocher à des milliers de kilomètres de toute terre habitée, donc au centre absolu des immensités marines qui les entouraient. Quand on chemine à pied – il faut deux bonnes heures – autour du gigantesque monolithe archéen d'Uluru, au cœur même du « cœur rouge » désertique d'Australie, on en perçoit brutalement l'éminente centralité symbolique ; n'est-ce pas en ce lieu que, selon les mythes aborigènes, le monde des humains émergea autrefois du *tjukuurpa*, du « temps du rêve » ? Et quand on gravit vaillamment les milliers de degrés du Taishan au Shandong, la plus haute des montagnes sacrées de la Chine classique, on y retrouve le point nodal de l'équilibre entre le monde naturel du cosmos et le monde social. L'empereur, Fils du Ciel, y montait en personne dans les grandes occasions, en tant que médiateur suprême de cet équilibre mondial dont la Chine, Pays du Milieu, se voulait le lieu privilégié. La mondialité a aujourd'hui changé d'échelle…

Interlude IV

Aux États-Unis, dans l'onde de choc du Vietnam

La guerre menée au Vietnam par l'armée américaine entre 1965 et 1975 fut un moment mondial au plein sens du terme ; autant que le statut des États-Unis dans le monde – un Goliath –, l'ampleur internationale du mouvement de solidarité avec le David vietnamien forçait l'attention.

La plus grande machine militaire de toute l'histoire du monde se trouvait engagée en Extrême-Orient ; les yeux du monde entier, via les écrans de télévision, étaient fixés sur les rizières, les forêts, les villages du Vietnam où la guerre faisait rage dans la partie Sud du pays[1], contre lequel les redoutables B52 déversaient leurs défoliants, leur napalm, leurs bombes à fragmentation. Contre cette guerre, la même

1. Depuis les accords de Genève de 1954, le Vietnam était divisé en deux États, celui du Nord sous direction communiste, celui du Sud sous influence américaine. Très impopulaire, le gouvernement de Saigon était attaqué par les guérillas du FNL (Front national de libération), elles-mêmes soutenues par Hanoi. À partir de 1965, les États-Unis intervinrent militairement de façon de plus en plus massive, par des frappes aériennes au Nord, et sur le terrain dans le Sud.

réprobation se leva de l'Europe à l'Asie et à l'Amérique, des pacifistes chrétiens aux révolutionnaires marxistes. Le mouvement *anti-war* gagna vite les campus universitaires américains, soit les milieux mêmes dont, à maintes reprises, je me trouvais alors partager les activités tant académiques que politiques.

Je fus ainsi le témoin actif de la crise ouverte aux États-Unis, sous l'onde de choc du Vietnam, et le premier des deux protagonistes m'était aussi étranger que le second m'était familier. Avant mon arrivée en 1965, soit précisément le début de « l'escalade » militaire, je ne connaissais rien de la société américaine ; j'allais découvrir à chaud ce pays, peu à peu déstabilisé en profondeur par son conflit avec un petit peuple lointain dont, en revanche, je me sentais proche de longue date. Pendant les huit années françaises de « sale guerre » en vue d'une vaine reconquête coloniale, j'avais été de ceux qui n'avaient pas ménagé leur soutien aux Vietnamiens, dont le communisme national et paysan avait fait plier à Diên Biên Phû une IVe République de ce fait bien ébranlée.

Avril 1965, San Francisco. Dans les couloirs de l'aéroport, des crieurs de journaux scandent les titres imprimés en pleine page : bombes américaines sur le Tonkin. La guerre a commencé. Elle durera dix ans et frôlera l'abîme nucléaire. Mais ce jour-là, les gens passent, presque indifférents encore. L'onde de choc sera lente, très lente à s'ébranler.

Elle n'est guère perceptible encore, dans l'officielle *Convention* annuelle de l'Association for Asian Studies (AAS), dont je suis l'invité. Cette réunion professionnelle typiquement américaine n'est en fait qu'une immense foire aux jobs. Mais, parmi les experts en Asie orientale, on commence à repérer les *hawks* (faucons) et les *doves* (colombes) qui vont s'opposer à mesure que le pays s'enfoncera dans la guerre. On me chuchote des noms. À l'entrée de la Convention, des étudiants du FSM (*Free Speech Movement*) de Berkeley tiennent une table de signatures contre la guerre. Nous faisons vite connaissance et ils vont m'emmener le lendemain à un meeting public, le tout premier d'une longue lignée de débats et de rassemblements contre la guerre. Sous sa voûte étoilée, le temple maçonnique du vieux « Frisco » est bondé. Un rabbin ouvre avec une prière, un pasteur mormon récite l'invocation finale. Ovation pour le sénateur octogénaire de l'Alaska, Grüning, vétéran de la gauche rooseveltienne et seul parlementaire de Washington ouvertement opposé à la guerre.

Escales à Denver où je me suis fait piéger par les *hawks*, à Saint-Louis chez les *doves* encore bien isolés, à Yale et à Harvard où une gauche « radicale » commence à se différencier de la majorité « libérale », plutôt réservée vis-à-vis de la guerre et pourtant bien prudente – tel l'illustre sinologue John K. Fairbank qui parraine mes débuts dans les universités américaines. Le clivage est déjà perceptible, et ne fera que se creuser, entre ceux qui poussent à arrêter la guerre en tant que menace pour l'ordre social américain, et ceux dont l'opposition à la guerre les conduit au contraire à mettre en cause cet ordre social, tenu pour responsable du conflit.

À New York, où le *Queen Elisabeth* va me ramener en France – ô temps béni des grands paquebots ! –, je passe quelques jours chez Helen et Corliss Lamont, rejetons déviants d'une grande famille de banquiers. Avec les opposants à la guerre, ils préparent une marche sur Washington. « Quel succès, si nous sommes au moins cinq mille ! » Sans moyens et sans préparation, ils seront déjà vingt mille et ce défilé sera le tout premier d'une longue et illustre lignée ; on atteindra cinq cent mille et davantage dans les années soixante-dix.

Août 1967. Detroit et Ann Arbor. Le XXVIIe Congrès mondial des orientalistes se tient dans la paisible « Athènes du Michigan », mais j'ai voulu passer d'abord deux jours à Detroit, encore tout fumant des violentes émeutes qui ont embrasé les blocs délabrés du ghetto noir, du 23 au 27 juillet.

La conjonction n'était pas fortuite, entre cette poussée soudaine du mouvement noir et le contexte d'un pouvoir américain empêtré dans le *Vietnam quagmire*, la fondrière vietnamienne. « Les bombes jetées sur le Vietnam explosent *at home* », venait de déclarer le leader noir Martin Luther King, lui-même un des présidents de l'active coalition *Vietnam Summer*.

À deux jours de distance, la violence destructrice de l'ouragan reste très visible dans le centre-ville. Des inscriptions « *Soul brother, Soul sister, don't burn !* » ont suffi à protéger certaines maisons et boutiques. Mais d'autres ont été saccagées et incendiées, au point que les bulldozers sont déjà au travail. L'affaire avait commencé le dimanche 23 dans la nuit, avec l'arrestation de jeunes Noirs dans un tripot clandestin. La foule s'assembla et passa vite au pillage massif des boutiques, dans une atmosphère de carnaval ; les chômeurs blancs (la récession de l'industrie de l'automobile a frappé sévèrement Detroit) avaient été nombreux à profiter de l'aubaine. Les incendies apparurent le lendemain, notamment contre les boutiques privées de prêteurs sur gages et les épiceries affiliées à de grosses « chaînes ». Bientôt les *snipers* (partisans armés) tirèrent du haut des toits contre les forces de l'ordre. On dut engager cinq mille hommes de la police, huit mille de la milice supplétive (*National Guard*), quatre mille cinq cents des troupes fédérales. Une vraie mobilisation de guerre civile… Coût estimé des dégâts et des interventions : un milliard de dollars. Les zones affectées par les pillages et les incendies ont représenté près d'un tiers de la ville et de façon dispersée, c'est-à-dire bien au-delà du ghetto noir proprement dit. Ce jour-là, les ruines fumaient encore.

La police a vite tiré la leçon de cette épreuve. Le *New York Times* du 27 août, un peu plus tard, m'apprendra qu'un nouveau programme anti-émeutes vient d'être introduit dans les écoles de formation des policiers ; on les entraîne à rester calme au milieu d'une foule noire en colère, et même à recevoir sans broncher des crachats en pleine figure, jetés par des Noirs requis à cet effet (*sic*).

En visitant ce champ de bataille certes limité, mais où les affrontements ont été très violents et où les autorités ont frôlé le désastre, comment ne pas penser à cet autre champ de bataille qui ravage un pays entier à des milliers de kilomètres de Detroit ? Comment ne pas s'interroger sur les interactions entre l'un et l'autre ? Les Noirs commencent à en prendre conscience, m'expliquent mes guides du jour, deux étudiants de la Wayne University et deux jeunes activistes noirs. Ainsi, le boxeur Mohammed Ali, qui récuse désormais son nom de Cassius Clay et qui est l'idole de la jeunesse noire, vient de refuser de servir au Vietnam dans l'armée ; ce geste, qui lui a valu le retrait de ses titres professionnels, a beaucoup fait pour sensibiliser l'opinion noire, pour l'amener à prendre ses distances par rapport aux thèses officielles sur la guerre du Vietnam. L'affaire Julian Bond a joué dans le même sens : ce jeune parlementaire noir de Géorgie a été deux fois invalidé parce qu'il s'était prononcé contre la guerre au cours de sa campagne électorale, mais il fut réélu chaque fois avec des majorités accrues et la Cour suprême a fini par accepter son élection.

La radicalisation du mouvement noir aux États-Unis, dont les Blacks Panthers représentent l'aile extrême, s'inscrit manifestement, selon mes compagnons, dans la montée d'ensemble des luttes radicales du Tiers Monde, dont Cuba et le Vietnam sont alors l'épicentre symbolique. *Les damnés de la Terre* de Frantz Fanon, bible de cette vague révolutionnaire mondiale, est un best-seller chez les Noirs radicalisés. À leurs yeux, au moins sur un mode embryonnaire, c'est le même système de pouvoir contre lequel ils se dressent *at home*, et qu'affronte là-bas la résistance vietnamienne. S'y ajoutent la frustration, l'humiliation. Les revendications en vue de la « réhabilitation » des quartiers noirs (hygiène, scolarisation, formation professionnelle, soutien social) sont régulièrement refusées par un Sénat qui, sans barguigner, jette des sommes colossales dans le gouffre de la guerre du Vietnam, alors que le coût des programmes noirs serait modique. La sympathie des Noirs va instinctivement à ce petit peuple de couleur qui, de l'autre côté de l'immense Pacifique, tient tête lui aussi à la puissance des « WASP » (White Anglo-Saxon Protestants). « Aucun Vietnamien ne nous a jamais appelés *dirty nigger* », disait une pancarte dans une manifestation de rue à New York en avril 1967, à laquelle a participé un de mes interlocuteurs.

À distance, ces conversations semblent bien lointaines, irréalistes sinon irréelles. Les mouvements radicaux se sont ensuite affaissés, l'ordre américain a été restauré malgré le discrédit jeté sur lui par l'échec subi au Vietnam. Le souvenir de ces années de fièvre a été occulté, refoulé dans les zones d'ombre de la conscience sociale. « L'histoire » n'a pas suivi. Mais ce jour-là, en parcourant les ghettos noirs à peine rescapés de l'émeute, en discutant des potentialités « révolutionnaires » de celle-ci sous les lambris fatigués de la cafétéria étudiante de la Wayne, j'avais pourtant touché concrètement, physiquement une certaine réalité. Que celle-ci n'ait pas pu marquer durablement la société américaine et en modifier le cours, qu'elle soit restée de l'ordre des « espérances inaccomplies » dont parle Paul Ricœur, ne peut altérer *a posteriori* son authenticité *hic et nunc*.

Le lendemain, je rejoins mes collègues sinologues, indianistes ou arabisants du Congrès d'Ann Arbor. Changement à vue. De salle en salle, dans les vieux bâtiments de briques du campus, se succèdent les communications les plus érudites et les plus spécialisées en matière de philologie, d'archéologie, de critique littéraire asiatiques et africaines. Il semble que ni la guerre du Vietnam ni les explosions sociales des descendants des esclaves déportés autrefois d'Afrique n'aient jamais existé. Ces savants orientalistes venus du monde entier sont-ils à ce point effarouchés par l'irruption du réel ? Nous sommes plusieurs centaines à penser le contraire et à nous retrouver dans un grand meeting international de dénonciation de la guerre américaine au Vietnam.

Guerre menée par le pays « hôte », ce qui dit la force de cette transgression ; l'université, en marge des séances officielles, a accepté de mettre un hall à notre disposition. Je suis des orateurs, et retrouve sur l'estrade des figures éminentes et très respectées, tel le mongolisant américain Owen Lattimore, que le maccarthysme avait si durement agressé dans les années cinquante.

Novembre 1968, Harvard. Je m'efforce d'assurer correctement mes conférences et séminaires sur l'histoire chinoise du XXe siècle, mais mon esprit et mon cœur sont avec le mouvement antiguerre, ouvertement maître du campus. Les *teach-in*[2] s'y succèdent comme dans le reste du pays, à la fois *agit-prop* et critique active de l'enseignement universitaire officiel, de son formalisme hiérarchique, du fossé qui le sépare de la réalité sociale.

La guerre du Vietnam n'est pas seulement pour les étudiants un enjeu politique et moral, mais une menace personnelle : les garçons risquent le *draft*, l'enrôlement dans l'armée pour aller participer là-bas aux opérations destructrices qu'ils réprouvent ici. Même si on ne parle qu'à mots couverts de l'option extrême, celle des *draft resisters*, soit l'insoumission, on ne se gêne pas pour attaquer la présence visible de l'armée sur le campus. On dénonce les bureaux du ROTC, qui dispensent à Harvard même une formation militaire sous le contrôle de l'armée. On ridiculise le vénérable blason de l'université en y insérant un tank et un fusil.

Les affiches, les badges, les graffitis fleurissent avec une hardiesse imaginative et cinglante, qui aurait été impensable lors de mon premier séjour en 1965 : « *Bring the troops home now !* » « *Stop the killings, rice not rifles, vote for peace !* » « *Negotiate, don't escalate !* » « *Hey ! Hey ! L.B.J. ! How many*

2. Litt. « enseigner de façon incisive, enseigner en s'engageant ». Formule parallèle aux *sit-in*…

kids did you kill today?» «Don't think, follow! don't talk, shoot! It's the American Way!»[3] Le record d'insolence appartient à ce badge qu'on me remet cérémonieusement : «*Where are you Lee Harvey Oswald, now that we need you?*[4]» C'est à Harvard – lieu habituellement associé à des recherches plus érudites et plus austères – que le souffle de la guerre du Vietnam m'a familiarisé avec la technique de relever les graffitis, slogans et formules, bloc en main ; j'y suis souvent revenu, ainsi en Australie, au Nicaragua, en Nouvelle-Zélande ou à Nouméa.

Signe de la crise intellectuelle et sociale qu'avait ouverte sur les campus la guerre du Vietnam, les *radical caucuses* (groupes informels et militants par discipline) cherchent à la fois à sensibiliser les historiens, les anthropologues, les économistes à la guerre, et à développer une réflexion critique de fond sur ces diverses disciplines. Ces groupes contestataires me passionnent ; la collecte de leurs tracts et bulletins et les entretiens avec leurs animateurs m'absorbent bien davantage que les recherches de sinologie contemporaine auxquelles je suis censé me consacrer.

Les *radical caucuses* sont nés de la guerre, qu'ils refusent pour des motifs à la fois politiques et moraux : ils dénoncent l'impérialisme de Washington, ils sympathisent avec « David » contre « Goliath », ils prolongent en solidarité avec le Vietnam le soutien que, dans les années soixante, le mouvement des *civil rights* avait apporté aux Noirs du Sud du pays. Mais, ce faisant, ils sont amenés à mettre en cause, dans les diverses sciences humaines, les idées dominantes, les méthodes académiques d'enseignement ou de recherche, et aussi les structures universitaires de pouvoir, bref tout ce

3. « Ramenez les troupes maintenant ! » « Arrêtez les massacres, il faut du riz et non des fusils, votez pour la paix ! » « Négociez, ne lancez pas l'escalade ! » « Hé, hé, L.B.J. (= le président Lyndon Johnson), combien de gosses as-tu fait tuer aujourd'hui ? » « Ne pense pas, bonhomme, suis les ordres ! Ne discute pas, tire ! C'est ça le style américain ! »

4. « Où es-tu, Lee Harvey Oswald (= l'assassin présumé du président Kennedy), maintenant qu'on a besoin de toi ? »

qui retient leurs collègues de s'engager contre la guerre. Le mouvement est fort chez les *teaching aids*, les jeunes diplômés à qui on confie de menues tâches mal payées.

Ainsi, une crise politique ouverte – l'escalade militaire au Vietnam – a cristallisé et fait jaillir une crise intellectuelle restée diffuse sinon latente ailleurs, comme en Allemagne, au Japon ou en France. La critique « radicale » de la fausse neutralité politique des sciences sociales débouche ici sur des groupes bien organisés, des publications régulières, des débats d'idées que la guerre est venue « muscler », inscrire fortement dans la réalité du moment. Et ce, au cœur de la plus grande puissance économique et militaire du monde.

Je lis à fond le volume collectif sur la *Dissenting Academy*, texte-culte de la contestation intellectuelle dans les sciences sociales. Je mesure ainsi tout ce qui sépare ces *radical caucuses* et les « comités d'action » de notre Mai 68, encore tout frais dans mon esprit. Nous aussi, nous étions engagés à fond, mais dans la fièvre naïve de l'immédiat, et aussi dans la facilité des « Trente Glorieuses ». Ici, à Harvard, c'est une tout autre conjoncture – soit une guerre dont les enjeux sont mondiaux et les moyens immenses, qui est venu stimuler et donner corps à la quête d'une nouvelle relation au savoir et à l'étude.

Ainsi, les anthropologues radicaux refusent de se laisser coincer entre les forces sociales qui les financent et les peuples qu'ils veulent étudier ; ils viennent de mettre en échec le démentiel projet « Camelot[5] », qui espérait mobiliser des milliers d'ethnologues au service de la *counter-insurgency* en Asie. Ils sont en alerte, ils sont amers. « *In this country, you know*, me confie l'un d'eux, *we care very much for elites ; we like to know whom to buy and whom to kill*[6]. » L'année suivante, en 1969, c'est à l'occasion de la mort de

5. Camelot était le nom du château du roi Arthur, dans la tradition celtique du Graal.
6. « Dans ce pays, tu sais, on se soucie beaucoup des élites. On veut savoir qui acheter, et qui faire tuer ! »

Hô Chi Minh que naîtra le *caucus* des sociologues radicaux. Une centaine d'entre eux avaient exigé que sa mémoire soit honorée lors de la très officielle session annuelle des sociologues professionnels. Une mêlée générale éclata, une vieille dame se mit à entonner patriotiquement « *God Bless America* », et à leur grande surprise les radicaux restèrent maîtres du terrain ; il leur fallut improviser plusieurs discours en l'honneur de Hô, et construire un programme de travail dont leur bulletin *The insurgent sociologist* devait se faire l'écho.

Parmi les *radical caucuses*, le CCAS a la vedette, car il réunit des chercheurs spécialisés dans l'étude de l'Asie orientale. Ce « Committee of Concerned Asian Scholars » est directement *concerned* par la politique américaine en Chine et au Vietnam, et je fréquente quotidiennement son « chapitre » de Harvard. Le groupe est né en mai 1968 à l'assemblée annuelle de l'AAS – soit la structure très académique qui m'avait invité en 1965. Ils avaient alors exigé que celle-ci prenne position ès qualités sur la politique américaine au Vietnam ; mis en minorité, ils ont quitté la salle et fondé le CCAS. Ils critiquent le conformisme politique et le confort intellectuel de l'*establishment* universitaire ; ils mettent en cause ses liens avec le *military-industrial complex* ; ils dénoncent les contrats d'étude entre la CIA et certains centres universitaires spécialisés dans les recherches sur l'Asie contemporaine, contrats tenus secrets. Ils appellent à un nouveau type de travail intellectuel – la *radical scholarship* –, à la fois compétent scientifiquement et nourri de radicalité politique, donc non neutre, car attentif à la *relevance*, la pertinence responsable des études. Voici des termes sur lesquels les dictionnaires sont muets, et avec lesquels je me familiarise par contact direct avec le *movement*, la pratique sociale collective. Je découvre – expérience à laquelle je ferai souvent appel par la suite – que le regard du voyageur ne peut ignorer le paysage linguistique.

Avril 1969, Minneapolis. Cette fois, c'est avec le groupe indien AIM (American Indian Movement) qu'une invitation au Minnesota me met en contact. Les Amérindiens, si longtemps spoliés par les Blancs, relèvent ici la tête. Mais ces *First Americans* ne réagissent pas du tout comme les descendants des anciens esclaves, ils ne se soucient guère du Vietnam. Alors même que Minneapolis, où je me trouve les rencontrer, est le siège américain de la puissante multinationale Honeywell, qui fabrique les sinistres bombes à billes. À ce titre, cette ville est dans la ligne de mire des opposants à la guerre, de Californie en Nouvelle-Angleterre.

Une collègue m'a conduit à un *pow-wow* en ville, cérémonie mi-religieuse mi-culturelle, avec danses rituelles, invocations et méditations. Dans ce local prêté par la paroisse catholique voisine, l'AIM a réuni pour cette soirée cinq cents personnes souvent en costume traditionnel, robes de cuir à franges et bracelets de perles aux dessins géométriques. On mange du riz sauvage, légume délicat dont les Indiens ont le quasi-monopole, les gosses courent, les tambours résonnent en sourdine, les danseurs relèvent la tête, moralement autant que physiquement, et leur dignité silencieuse s'affirme en public, me dit-on, avec une force impensable quelques années plus tôt. Mais ce *pow-wow* semble se dérouler dans un univers à lui, il fait totalement abstraction de la guerre du Vietnam pourtant si présente dans toute la vie américaine.

J'en discute le lendemain avec le leader du AIM, Bellecourt, dont le nom français évoque l'ancienne familiarité établie au XVIIIe siècle entre trappeurs français et tribus indiennes. Il me décrit la situation misérable des Indiens, dont 92 % vivent dans des galetas qui ne répondent pas aux normes élémentaires de l'hygiène. Leur taux de suicide est cinq fois supérieur à celui des Blancs et, s'ils ne forment que 0,5 % de la population du Minnesota, ce chiffre monte à 27 % dans les pénitenciers de jeunes. Les Indiens sont des *forgotten Americans*, donc des *silent Americans*. Ils n'ont pas fait la jonction avec le mouvement des Noirs, qu'ils tiennent encore pour des intrus méprisables. Ils sont largement indifférents au Vietnam, même si là-bas un autre peuple non blanc tient tête aux Blancs qui ici les méprisent. Bellecourt lui-même ne réagit pas quand j'évoque Honeywell et ses bombes à billes, par lesquelles la guerre du Vietnam est pourtant présente au cœur de Minneapolis. Ces gens sont repliés sur eux-mêmes depuis si longtemps, que cette guerre menée par les USA n'est pas leur affaire. Le seul objectif du AIM, son unique horizon, c'est d'amener les Blancs à reconnaître la dignité et l'identité des nations indiennes, tant culturellement que socialement.

À quelques mois seulement de l'explosion des ghettos noirs de Detroit et du bouillonnement du campus de Harvard, cette conversation de Minneapolis est un sévère rappel à la réalité. L'Amérique de Bellecourt est aussi réelle que celle du *black power* ou du CCAS, elle n'appartient qu'en négatif au « moment-Vietnam », mais elle ne veut et ne peut rien en savoir.

Le moment-Vietnam m'a finalement permis d'entrer dans la vie américaine sur un mode très inhabituel, et que n'ont pu connaître ni les visiteurs des années cinquante ni ceux des années quatre-vingt. Au Vietnam, les États-Unis ont mené avec acharnement la seule grande guerre de leur histoire qu'ils n'ont pas réussi à gagner. Par la faille ainsi ouverte, les mouvements sociaux les plus divers, mais qui contestaient tous l'ordre établi et ses valeurs de base, se sont hissés sur le devant de la scène politique avec une vigueur qu'ils n'ont plus retrouvée par la suite : Noirs, femmes et Amérindiens, écologistes, homosexuels, intellectuels radicaux de la « contre-culture », bref toute la *New Left*. C'était avec ce versant-là de la société américaine que je m'étais senti en sympathie.

Situation qui m'avait épargné les méditations classiques de l'intellectuel venu de la vieille Europe, et qui, de Georges Duhamel à Maïakovski et de Brecht à Sartre, est à la fois horrifié et fasciné par le mythe de Chicago et son dynamisme barbare. Quant à moi, en bon militant viscéralement hostile à l'*Amerikkka*, je n'avais guère été attiré jusque-là vers ce pays dont, de toute façon, les autorités refusaient automatiquement le visa aux membres du PCF. Lorsque j'avais été invité en 1965 par les orientalistes américains, précisément du fait de mes liens avec la Chine communiste et le Vietnam révolutionnaire, «l'escalade» militaire en Indochine m'avait d'emblée introduit dans *the other America*.

J'avais partagé sur les campus la vie quotidienne des animateurs du CCAS et des autres jeunes intellectuels *movement-minded*, y compris les achats hâtifs dans les supermarchés, les rares moments de détente devant des écrans de télévision aux programmes aussi frivoles qu'innombrables, les repas réduits à une nourriture industrielle purement fonctionnelle, les panneaux codés des autoroutes et de leurs échangeurs. Bref, une modernité déjà bien banale là-bas, mais qui ne devait déferler sur la France que dans les années soixante-dix–quatre-vingt. Je n'ai réalisé que bien plus tard les menaces que pouvait entraîner ce modèle techno-consumériste auquel, sur le moment, je n'avais guère prêté attention, absorbé que j'étais par les priorités politiques immédiates du mouvement contre la guerre.

En revanche, ces voyages dans les États-Unis du moment-Vietnam m'ont durablement protégé contre le travers où tombent souvent nos intellectuels de gauche. À savoir une hostilité obsessionnelle, quasi intégriste, envers la culture politique anglo-saxonne, accusée de pauvreté théorique, de pragmatisme à courte vue, bref d'irrespect envers un héritage intellectuel français que nos fondamentalistes républicains confondent trop volontiers avec des valeurs universelles.

Si je reviens à ma trajectoire personnelle de voyageur impénitent, ces séjours américains sous le signe du Vietnam occupent une position charnière. Depuis des années, j'avais certes beaucoup voyagé autour du globe, mais toujours en restant à l'intérieur de la micro-planète universitaire, de ses colloques et séminaires, de ses invitations professorales. Rites immuables, agendas quotidiens parfaitement programmés, horizons clos des *senior common rooms*... J'avais certes à cœur que mes convictions de bon communiste orientent mes conférences et autres interventions savantes, mais c'était toujours à l'intérieur de la « bulle » académique que je jouais ce jeu de rôle – celui qu'attendaient ceux qui m'invitaient. L'idée ne me venait guère de sortir de cette bulle, d'ouvrir les yeux sur la réalité sociale du pays où je me trouvais, encore moins de participer activement et sous ma responsabilité personnelle au mouvement réel de la société.

Mes voyages aux États-Unis entre 1965 et 1969, initialement issus de ces invitations purement universitaires, m'ont brusquement confronté à un mouvement politique radical, enraciné paradoxalement sur les lieux mêmes où m'appelaient mes activités professionnelles. Je découvrais que le voyage est aussi une pratique politique, et même un mode d'intervention politique.

5

Quand le voyage entre en politique

En 1936, André Gide, dont les sympathies de gauche sont bien connues, accepte d'aller visiter l'Union soviétique avec une délégation internationale d'intellectuels. L'Occident capitaliste vient d'être ébranlé par une profonde crise économique dont il sort déconsidéré, le nazisme est déjà menaçant, et beaucoup regardent avec espoir vers la Russie soviétique et sa « grande lueur à l'Est ». C'est un enjeu politique majeur, y compris pour l'individualiste impénitent que reste Gide. Mais celui-ci regimbe vite sous les contraintes du programme rigide, des entretiens préarrangés, des interprètes écrans, alors que s'appesantit le climat des grands procès du stalinisme. Au retour de ce voyage politiquement contrôlé, il prend ses distances, d'abord discrètement, puis de front en publiant son *Retour d'URSS*.

En 1955, Ruth Fischer, ancienne secrétaire nationale du parti communiste allemand des années vingt, devenue une anticommuniste militante, décide d'aller participer à la conférence de Bandoeng, seule et de sa propre initiative. Les guerres de Corée et d'Indochine viennent de cesser, mais la scène internationale reste dominée par l'antagonisme de la « guerre froide » entre l'Est et l'Ouest. C'est alors que les Nehru, Nasser, N'Krumah, Soekarno, Nyéréré et autres leaders des pays afro-asiatiques tout nouvellement indépendants, soutenus par un Zhou Enlai qui sait rester discret, convoquent en Indonésie ex-hollandaise une conférence internationale qui est un enjeu politique majeur. De Bandoeng va sortir tout le mouvement des « non-alignés » – on commence à concevoir l'existence d'un Tiers Monde – qui entend prendre ses distances vis-à-vis à la fois de l'Est et de l'Ouest, non seulement comme orientation diplomatique mais comme projet de société. Fischer, jusque-là engagée à fond dans la guerre froide et du côté de Whashington, pressent d'emblée l'originalité novatrice de Bandoeng. Elle part.

Moscou, 1936, Bandoeng, 1955 : deux voyages également politisés mais en sens opposé. Conformisme rigide dans le premier cas, ce que Gide ne supporte pas ; initiative personnelle à contre-courant dans le second, ce qui rend Fischer également suspecte à ses nouveaux et à ses anciens amis.

À partir de ces deux expériences, l'une illustre et l'autre assez injustement oubliée, s'offre l'occasion d'examiner le voyage comme démarche politique. À la fois pour s'interroger sur les ressorts politiques, les engagements qui peuvent amener le voyageur à prendre la route, comme ce fut le cas pour Gide et pour Fischer ; et aussi pour considérer le cas de voyageurs fortuitement, et pas toujours pour leur malheur, confrontés à des situations politiques imprévues, sinon à des crises.

Voyage et politique, ces deux termes sembleraient pourtant s'exclure l'un l'autre. Comme si, consciemment ou non, on pensait que l'irruption du politique dans le voyage risquait d'entraîner celui-ci dans des compromissions qui ne peuvent qu'en ternir la qualité, sinon l'essence intime. Comme si la coloration politique d'un voyage interdisait au voyageur de porter un regard attentif sur un pays, une société, une situation, de tirer ainsi de l'autre et de l'ailleurs toutes leurs ressources, toutes leurs richesses.

Études savantes ou essais littéraires de talent, les ouvrages relatifs au voyage[1] se détournent en général prudemment de ses implications politiques. Quant aux « voyagistes » professionnels, on sait combien ils redoutent le surgissement d'une crise politique imprévue.

À y regarder de plus près, le préjugé défavorable qui frappe le voyage « entré en politique » semble concerner à la fois les « voyageants », ceux qui vont et regardent, et les « voyagés », ceux vers qui on va. Les premiers seraient prisonniers de leurs choix et idées *a priori*. Les seconds, de leur côté, se trouveraient en état d'agitation suspecte, sinon de non-authenticité, ils seraient emportés par des « troubles », terme quasi médical dont l'usage révèle une vision statique et normative des sociétés proches et lointaines.

Ne peut-on renverser la perspective, et s'interroger aussi sur ce que *gagne* le voyage à forte coloration politique, dans le cas d'un cheminement délibéré comme de circonstances fortuites ? Le risque est très réel, d'être à la merci d'interlocuteurs de parti pris, de se trouver enfermé dans leurs analyses rigides et unilatérales. On est toujours vulnérable loin de chez soi, sur un « terrain » dont on ignore les codes et les repères. En sens inverse, un voyage d'inspiration politique ne permet-il pas d'accéder à la vérité profonde d'un pays sur un mode original, en rencontrant des situations limites, où les personnes et les peuples s'affirment sans apprêts et sans retenue ? L'être-en-politique d'un pays n'est-il qu'un accident, une circonstance bien fâcheuse, ou plutôt une modalité originale et forte de sa réalité ? Le voyage poli-

1. Ainsi, le travail très érudit de Jean-Didier Urbain, *L'idiot du voyage, histoires de touristes*, Paris, Plon, 1991, n'envisage jamais le cas pourtant classique de touristes confrontés à des secousses politiques soudaines. D'où l'intérêt de la démarche de Jean Lacoste, s'interrogeant sur le regard politique que Goethe porte sur l'Italie en 1786-1788 : *Le « Voyage en Italie » de Goethe*, Paris, PUF, 1999.

tique, de ce point de vue, ne met pas seulement en cause le voyage, mais aussi *le* politique !

Quand le voyageur est confronté à une société en devenir actif, quand il y porte un regard politique, il se trouve aussi confronté à lui-même et à ses propres convictions. Il lui faut les soumettre à l'épreuve du réel, aux filtres de l'autre et de l'ailleurs. Va-t-il s'enfermer dans un cadre de pensée arrêté une fois pour toutes ? Va-t-il le réviser sinon le renier ? Va-t-il le nuancer, l'enrichir ?

Le voyage se trouve entrer en politique, selon des modalités très diverses. Certains vont chercher à vivre l'événement politique dans sa fraîcheur soudaine. D'autres sont des témoins plus solitaires, soucieux de juger par eux-mêmes et sous leur responsabilité personnelle d'une situation controversée, sans craindre de se trouver très minoritaires. D'autres encore, de façon fortuite, se trouvent entraînés dans des secousses politiques auxquelles ils n'étaient guère préparés, mais dont l'empreinte peut être profonde. Rares sont les cas où le politique ne vient pas nourrir et animer le voyage et où, en retour, le voyage n'enrichit pas du contact avec le réel les vues politiques dont on se contentait préalablement.

Cette diversité de motivations et de situations conduit à faire ici appel à des expériences elles aussi très diverses. Le parcours personnel de l'auteur, qui était jusque-là le fil conducteur de notre essai, reste pris en compte, mais il ne suffit plus ; bien d'autres doivent être convoqués comme témoins à charge et à décharge, au procès jamais clos du voyage politique. Ces voyageurs-là, dont André Gide et Ruth Fischer sont de bons exemples, n'ont pas démérités de la grande confrérie du voyage.

Quand le 17 juillet 1789 l'illustre pédagogue de Göttingen Joachim-Heinrich Campe, né en 1746 et qui semblait avoir passé l'âge des enthousiasmes irréfléchis, partit pour

Paris où grondait la Révolution, ce choix en fit sans doute un des plus anciens pionniers du voyage de ralliement politique. Sans hésiter, le maître se mit en route avec deux de ses élèves préférés, dont le futur homme d'État prussien Guillaume de Humboldt[2]. Il arriva à Paris la veille de la nuit du 4 août, date hautement symbolique et qui comblait son attente d'une monarchie constitutionnelle ouverte aux aspirations populaires. Son journal, tenu avec soin[3], témoigne de sa chaleureuse sympathie pour les petites gens de Paris, pour leur vitalité, pour leur maturité politique. Assistant dans l'église Saint-Sulpice à une cérémonie à la fois patriotique, religieuse et militaire, il s'y émerveille de la réaction de la foule, qui proteste quand les gardes françaises tentent d'expulser un pauvre hère, et qui invoque la liberté et l'égalité au bénéfice de ceux qui, dit-il, « seraient chez nous tenus pour des singes ». Il reste à Paris jusqu'à la fin d'août, marqué pour la vie[4].

Acquis par avance aux idéaux de la Révolution, il était parti pour la France afin d'observer sur place – ce que ni Schiller ni Goethe pourtant si éloquemment admiratifs envers « 89 » ne prirent la peine de faire – et surtout de participer à ce grand mouvement libérateur, pour y être, pour « en être ».

À près de deux siècles de distance, et même si sa figure tombée dans un oubli presque total n'a été exhumée qu'à l'occasion du bicentenaire de 1789, le bon Campe n'ouvre-t-il pas la voie à d'innombrables autres voyageurs, qui eux aussi prirent la route en apprenant de soudaines explosions politiques dont l'appel impérieux sonnait à leurs oreilles ? En 1919, mus par une curiosité inquiète à laquelle se mêlait une instinctive sympathie, maints visiteurs se dirigèrent vers

2. Guillaume de Humboldt (1767-1835), frère du voyageur Alexandre de Humboldt (*cf.* notre prologue, note 3) a laissé lui-même une relation de son voyage à Paris avec Campe, non traduite en français.

3. Joachim-Heinrich Campe, *Été 89, lettres d'un Allemand à Paris*, Paris, Éditions du May, 1989 (traduction de Jean Ruffet). Campe fut un des quatre Allemands faits « citoyens d'honneur » de la Révolution française.

4. Campe s'est rallié plus tard au régime napoléonien dans le « Royaume de Westphalie » et y a occupé un poste politique important. Il est mort en 1818.

un Moscou auréolé du prestige de la jeune Russie des Soviets. Plus près de nous, combien d'intellectuels français vit-on se diriger, se ruer plutôt en avril 1974 vers une Lisbonne soudain réveillée par le parfum calme et pénétrant de la « Révolution des œillets », et en novembre 1989 partir vers un Berlin ébranlé plus soudainement encore par la chute du Mur ?

Ce qui autorise ce parallèle entre ces voyageurs entraînés par un même élan, qui en 1789, qui en 1919, qui en 1974, qui en 1989, ce n'est pas seulement la force de l'événement considéré, mais tout autant leur disponibilité, leur capacité à entendre cet appel et à y répondre. Ils allaient vers ce qui bouge, ce qui avance, ils cherchaient à Paris, à Moscou, à Lisbonne, à Berlin une immersion forte et vivante dans l'histoire-qui-se-fait. Ils sentaient que l'horizon se dégageait, que la vie de la cité, de la *polis* bondissait soudain avec intensité. Bref, ils venaient vivre un *moment politique*. Et ils répondaient d'autant plus facilement à cet appel qu'ils étaient plus insatisfaits dans leur propre pays, plus lassés de son immobilisme.

Campe ne supportait plus l'atonie routinière du duché de Brunswick et de l'électorat de Brandebourg, les deux principautés dont sa carrière n'avait jamais dépassé les frontières, il n'attendait qu'un signal. En 1919, les intellectuels d'Occident écœurés de l'immense boucherie qui avait fait des millions de morts en quatre années d'une vie abjecte dans les tranchées, supportaient aussi mal, les uns le militarisme français triomphant, les autres le militarisme allemand vaincu et enfermé dans sa morgue. En 1974, après des années de pompidolisme débonnaire et terne, les vaincus de 1968 n'attendaient eux aussi qu'un signal ; c'était l'époque où Serge July, qui n'était pas encore devenu un grand patron de presse à l'américaine, remplissait des pages entières de *Libération* avec des reportages enthousiastes sur la créativité « non partidaire » du MFA[5]. Les

5. « Mouvement des forces armées », c'est-à-dire l'organisation politico-militaire qui avait eu l'initiative de la révolution de 1974.

mêmes aspirations frustrées poussèrent en 1989 bien des « déçus du mitterrandisme » à se précipiter à Berlin.

C'est un peu le même appel d'un événement politique dans son élan novateur, qui m'avait conduit à Managua en 1980. Les révolutionnaires sandinistes venaient de prendre le pouvoir au Nicaragua et j'avais voulu y être. Le glissement était déjà sensible, vers une rigidité d'appareil calquée mécaniquement sur le modèle cubain, qui a déjà été évoquée ici. Mais le joyeux désordre de la libération continuait à primer, l'ardeur à effacer les séquelles de la dictature somoziste, la force authentique d'un large mouvement populaire.

Autant que du paisible Campe, c'est peut-être sous le signe du fiévreux John Reed qu'il faut placer tous ces voyages politiques d'allégeance enthousiaste. Jeune dandy de la bonne société américaine devenu journaliste d'occasion, il avait déjà été attiré par la révolution mexicaine des années 1910, par les sagas paysannes de Zapata et de Pancho Villa. Il partit en Russie dès l'automne 1917, il y vécut les « Dix jours qui ébranlèrent le monde » – titre de son témoignage largement diffusé dans les pays anglo-saxons –, il choisit d'y rester pour se mettre au service du nouveau régime. Ce grand voyageur converti au bolchevisme mourut du typhus en 1923[6].

Aussi convaincus, mais sans doute plus réfléchis, plus graves, les voyages de témoignage-désaveu s'inspirent de motivations également très politiques, ici dans la volonté de se situer à contre-courant, de lancer sous sa responsabilité personnelle un défi souvent solitaire.

Cette solitude du voyageur soucieux d'entrer directement dans un grand débat concernant un pays étranger, en apportant de là-bas un désaveu aux opinions communément

---

6. Robert Rosenstone, *John Reed, le romantisme révolutionnaire*, Paris, François Maspero, 1977.

reçues, fut par exemple celle de Michel Foucault partant pour Téhéran en 1978 ; il espérait saisir les côtés positifs de la révolution islamiste, qui venait sous l'égide de l'ayatollah Khomeiny de rompre brusquement avec la modernité laïque et technique du régime du Shah ; Foucault voulait – il a plus tard changé d'avis – défendre la révolution iranienne contre l'accusation d'obscurantisme clérical, déjà très commune. La même volonté d'indépendance avait animé Ruth Fischer partant en 1955 pour la première conférence des pays « non alignés », à Bandoeng ; elle entendait, on l'a déjà indiqué, désavouer ainsi la logique de guerre froide entre l'Est et l'Ouest qui prévalait alors dans le monde. C'était aussi à contre-courant que, quelques années plus tôt, s'était situé Jean-Marie Domenach partant chez Tito en 1949, après la rupture entre la Yougoslavie et le bloc des États prosoviétiques d'Europe orientale ; ancien résistant, longtemps compagnon de route des communistes, il prenait ainsi ses distances vis-à-vis de ses anciens amis, sans passer dans le camp pro-américain.

Placés sous le signe de l'investigation indépendante et de la réflexion critique, ces trois voyages de désaveu étaient aussi des actes de rupture. Ils fondaient leur propre légitimité, ils créaient l'événement, ils *faisaient sens*. L'initiative ainsi prise par Foucault, Fischer et Domenach ne concernait pas seulement le pays objet du débat, mais le fait d'y voyager en personne. Ces voyageurs s'engageaient clairement, en mesurant les risques d'incompréhension et d'hostilité dans leur propre entourage, et en passant outre.

À un niveau bien plus modeste, mon voyage de 1986 dans une Nouvelle-Zélande encore sous le choc de l'attentat français contre le *Rainbow Warrior* se plaçait lui aussi sous le signe du désaveu minoritaire et de la responsabilité personnelle. Je n'avais pas supporté cette agression ouverte, soutenue ou acceptée par la très grande majorité des intellectuels français. On avait compté les rares voix de réprobation, tels Alain Touraine ou Félix Guattari, on avait entendu

Marguerite Duras entonner un péan guerrier contre Greenpeace, et un éminent historien « républicain » du Collège de France avait refusé de participer à un colloque scientifique dans ce pays qui, selon lui, « retenait des prisonniers de guerre français[7] ». Je ne supportais pas cette logique absolutiste d'État au nom de laquelle on frappait à Auckland pour tonner à Mururoa, en toute impunité dans les deux cas.

J'avais eu à cœur d'aller, par mes propres moyens et de ma seule initiative, faire entendre là-bas un témoignage dissident de solidarité. Ma tournée, parfaitement organisée par des amis du mouvement antinucléaire très vivant chez les « kiwis », me fit traverser tout le pays de Dunedin à Auckland : conférences dans les universités, entretiens de presse, déclarations publiques. Je n'ai jamais vu et ne verrai sans doute jamais autant de micros tendus devant moi, ni de journaux accorder tant de place à mes photos... Passant par Christchurch, je n'avais pas résisté à l'idée de demander un permis de visite dans la prison où était détenue « Mme Turenge[8] » ; il fut refusé courtoisement, et je laissais à l'intéressée une lettre fort argumentée, complétée par le texte d'un entretien non moins critique accordé par l'amiral Sanguinetti à un journal local. Ces deux semaines se terminèrent à Marsden Wharf dans le port d'Auckland, sur les lieux mêmes du crime ; je lus une déclaration de repentance, suivie d'une minute de silence.

Dans ce petit pays paisible et confiant, je fus accueilli presque en ami de la famille, et pas seulement en intellectuel français adversaire du militarisme nucléaire. L'attentat perpétré par nos « services », et longtemps nié par Paris, avait un peu des allures de James Bond chez M. Pickwick. D'un côté la violence technologique d'agents trop confiants dans leur matériel sophistiqué et leurs communications codées ;

7. Selon le témoignage de collègues historiens de l'université de Wellington, rencontrés en 1986 et stupéfaits de cet aveu belliciste.

8. Deux des agents militaires chargés de la préparation de l'attentat avaient pénétré en Nouvelle-Zélande en tant que « M. et Mme Turenge ».

de l'autre, les chants d'oiseaux ouvrant chaque matin le bulletin de *news* à la radio, la convivialité d'une petite société où tout le monde se connaît, l'attention portée à chaque fait et geste. L'équipée de nos nageurs de combat était aussi dérisoire qu'insolente, et ils s'étaient fait repérer très vite par des passants. Ce faisant, ils avaient fait sauter non seulement le navire des écologistes, mais une « certaine idée de la France », distinguée et cultivée. Les termes des coupures de presse relatant l'agression et réunies à mon intention disaient la force de ce discrédit : *arrogant*, *presomptuous*, *preposterous*, *farcical*, *obscene*, *insensitive*, *infantile*.

Les voyages de témoignage-désaveu – j'en fis alors l'expérience personnelle – se déroulent dans des circonstances très exceptionnelles, intensément politiques ; de ce fait, ils permettent paradoxalement de pénétrer au cœur même du pays mis en cause, de le saisir dans sa vie très ordinaire. Les portes s'ouvrent aisément…

Au fil du temps, au détour du chemin, combien de voyageurs ont pu également se trouver pris dans des situations d'immersion politique inopinée, et happés dans les tourbillons imprévisibles qui venaient bousculer soudain leur itinéraire trop sagement programmé. Ils découvrirent que le pays visité, dont on n'attendait que distractions ou observations, venait les défier, les entraîner dans son agitation, sinon leur communiquer sa fièvre. Le regard neutre devenait presque impossible, il fallait ou s'impliquer ou partir.

De fait, les voyageurs étrangers qui en mai 1968 se trouvaient « faire » Paris et pensaient n'y rester que quelques jours d'un banal circuit européen ne se sont pas tous enfermés peureusement dans leurs hôtels. Tel ne fut pas le cas de cette jeune musicienne japonaise, venue cette année-là se perfectionner à Salzbourg ; elle passait par Paris en direction de Londres, où elle devait retrouver sa correspondante anglaise de lycée, et les lettres à son *sensei*, son vieux maître de Kyoto, sont un précieux témoignage sur le « Joli Mai ». La caméra en bandoulière – nipponitude oblige –, elle put observer de près les barricades de la rue Gay-Lussac, la Bourse incendiée par l'ultra-gauche, les facultés et l'Odéon occupés, sinon le Conservatoire de musique, les cortèges massifs sur les Grands Boulevards, les charges des CRS contre les étudiants et vice versa. Dans une correspondance restée privée, elle relate tout cela avec une attention à la fois minutieuse et fascinée, très japonaise. Avec ce spectacle qui venait bousculer son sage programme, elle retrouvait comme un écho des grands combats de rue menés à Tokyo dans les années soixante par les bataillons étudiants du *Zengakuren*, le front ceint d'un bandeau à slogans et le *mucha-ku* en main : même détermination juvénile, même absence totale de perspectives. Descendant un dimanche matin le boulevard Saint-Michel dont les arbres avaient été coupés ras dans la nuit, elle avait frissonné de *kyofu*, de cette frayeur très particulière qu'on ressent au bord d'un abîme de destruction gratuite. Elle avait mis à profit cette étape imprévue, pour faire la tournée des ateliers militants de sérigraphie ; elle ramena au pays tout un jeu des célèbres affiches poétiques, qui allaient un peu plus tard atteindre des prix records à New York sur la Cinquième Avenue.

Plus d'un siècle auparavant, les explosions révolutionnaires de 1848, ce « Printemps des peuples », avaient déjà pris par surprise des voyageurs, notamment britanniques, qui se trouvaient visiter les pays du continent. Quand ils avaient préparé leur « grand tour[9] », ces touristes – le terme était déjà courant – ne pouvaient envisager qu'entre février et octobre 1848, que ce soit à Paris, Venise ou Francfort, à Palerme, Vienne ou Budapest, ils devraient renoncer aux visites prévues dans les châteaux et les musées, mais qu'ils

9. Au XVIIIe et au XIXe siècle, le « grand tour », généralement dans plusieurs pays d'Europe, était pour un jeune aristocrate anglais l'occasion de parfaire son éducation.

verraient siffler les balles, s'élever les barricades, tomber les dynasties et s'évanouir dans la dérision des gouvernements réputés inamovibles ; le comte de Metternich, père du conservatisme européen, n'avait-il pas dû quitter Vienne de nuit, déguisé en vieille femme…

C'est sans doute par mégarde que les grands écrivains anglais du XIXe siècle, un Collins, un Dickens lui-même grand voyageur devant l'Éternel, un Trollope dont la mère fut la plus illustre *globe-trotter* de son temps, semblent avoir négligé la force romanesque du choc de 1848 croisant le chemin de leurs héros voyageurs. Qui sait si ne sommeille pas dans quelque grenier le roman oublié d'un jeune *milord*, quittant Eton pour l'Italie ou l'Autriche afin de s'y cultiver, et qui s'y trouve soudain happé par le fracas quarante-huitard de la révolution romantique ? Son sage précepteur le presse de quitter Venise – ou Vienne, ou Palerme – mais l'adolescent veut rester fidèle à ses chers poètes Wordsworth et Shelley, eux-mêmes admirateurs passionnés de la Révolution française en leur temps ; il reste dans la ville insurgée, il y connaît mille aventures tant politiques que sentimentales…

En maintes circonstances, l'actualité politique fait ainsi irruption sur la route du voyageur ; elle vient opérer comme un surgissement « benjaminien » de l'inattendu, qu'il est très légitime de placer sous le signe de ce philosophe allemand tombé en juillet 1940 au terme d'un ultime voyage inachevé[10]. L'inattendu fait éclater l'horizon plat du voyage, son champ historique jusque-là neutre et inerte, sa temporalité « homogène et vide », aurait dit Benjamin.

En 1848 comme en 1968, ce surgissement a pu saisir avec violence le cœur et l'esprit du voyageur, l'enthousiasmer, l'entraîner dans son tourbillon – autre métaphore ben-

10. Walter Benjamin (1892-1940), intellectuel allemand de culture à la fois judaïsante et marxisante. Quand la police espagnole lui refusa le passage, il se suicida à Perpignan pour ne pas tomber aux mains des nazis (*Cf.* ci-dessus, chap. 2, note 13).

jaminienne[11]. Mais l'irruption du politique peut aussi, en sens inverse, le terroriser sinon le frapper à mort. La presse, tout particulièrement depuis les années quatre-vingt, s'est souvent fait l'écho du drame qu'ont vécu soudain des touristes paisiblement installés dans leur apolitisme inerte et plat, et qui se sont trouvés pris en otages par des groupes rebelles en Asie ou en Amérique du Sud ; certains d'entre eux, on le sait, sont même tombés sous les balles d'islamistes égyptiens acharnés à discréditer les autorités du Caire.

Dans tous ces cas, pour le meilleur comme pour le pire, le voyageur se trouve précipité dans la réalité politique du voyage – celle que feignent d'ignorer, du même souffle, les marchands de « paquets touristiques » pour qui le voyage n'est qu'une affaire lucrative, et les idéologues postmodernes qui le réduisent à une évasion narcissique, une « dérive ».

Les uns et les autres pourraient relire avec profit Jules Verne, dont l'appel a ouvert cet essai et qui s'y connaissait un peu en voyages ; ses héros, à maintes reprises, voient la « grande » politique croiser leur itinéraire aventureux – pas tellement d'ailleurs pour en dévier le cours que pour mieux mettre en valeur la détermination des voyageurs. La même volonté d'aller de l'avant anime l'expédition lancée à la recherche du capitaine Grant, quand elle affronte les « guerres maories » que doivent livrer les Anglais pour la maîtrise de la Nouvelle-Zélande ; ou Fogg devenant témoin des meurtrières cérémonies funéraires d'un rajah hindou ; ou surtout – intrusion majeure de la politique dans le champ romanesque – les trois astronomes russes et leurs trois collègues anglais, décidant de poursuivre en Afrique australe leurs opérations de triangulation, quand leur parvient la nouvelle de la guerre de Crimée de 1854 ; ils refusent de devenir les uns pour les autres des « ennemis ».

---

11. L'image familière du « lit du fleuve », selon Benjamin, doit faire place à celle du tourbillon, pour décrire le mouvement de l'histoire. Sur la pensée de Benjamin, *cf.* notre essai *Habiter le temps*, Paris, Bayard Éditions, 1996, p. 173-184.

Qu'on le regarde à distance sur le mode vernien, qu'on y entre avec enthousiasme, ou encore qu'on s'en trouve victime, l'événement politique vient toujours s'imposer au voyageur, ainsi sommé d'intégrer à son programme cette situation aussi dynamique que dérangeante. Accédant à une expérience d'une force et d'une intensité supérieures, il semble devenu capable de s'approprier cet événement, cette situation. On sait que la langue allemande consacre cette force propre de l'événement, désigné comme *Ereignis*, comme fondé sur l'*eigen*, soit ce qui est propre, authentique. Loin de perturber le voyage de l'extérieur, l'événement politique l'aide à trouver son sens original, sa réalité propre ; ce faisant, il marque de son poids propre et de son empreinte durable l'expérience que l'on retire d'un voyage. C'est d'une telle relation d'appropriation, de « propriation » plutôt, à la fois fortuite et fondatrice, que j'ai personnellement mesuré la force, quand l'événement politique, l'*Ereignis*, est venu en diverses circonstances croiser ma route de voyageur.

L'empreinte profonde laissée par mes contacts de 1947-1948 avec les mouvements révolutionnaires du Vietnam et de Chine a déjà été indiquée ici. Il n'y a pas lieu d'y revenir, sauf pour souligner à quel point une conjoncture imprévue peut orienter durablement un parcours de vie. Diverses autres expériences m'ont confirmé la force de cette « propriation », de cette relation féconde entre le fait politique qu'on rencontre sur son chemin, le sens profond, propre, qui se dégage ainsi de l'ensemble du voyage, et la trace que cette rencontre laisse ultérieurement dans l'esprit du voyageur, venant ainsi s'intégrer « en propre » à son être.

Devant le *Duomo* de Milan, la foule immense dans laquelle je m'étais senti englouti en juin 1946 et qui fêtait la chute de la dynastie de Savoie, fidèle alliée du fascisme, constituait certes le surgissement de l'inattendu ; c'était mon premier contact avec la rue italienne politisée, avec sa chaleur véhémente et théâtrale. Je venais d'effectuer une tournée dans une Italie du Nord où restaient forts l'influence des *partigiani* et le souvenir de leur lutte contre le nazisme et ses alliés mussoliniens. La chute de la monarchie, la lame de fond qui l'avait provoquée et saluée, étaient comme le point d'orgue, qui donnait son plein sens à mes contacts jusque-là dispersés comme au hasard. Les années ont passé, la fièvre du référendum républicain de 1946 est entrée dans les manuels d'histoire. J'en ai pourtant conservé une familiarité immédiate, élémentaire, avec la vie politique de la péninsule et particulièrement ses mouvements populaires ; je ne m'y sens jamais vraiment étranger.

Quarante années plus tard, à l'autre extrémité de la terre, je pus à nouveau mesurer à quel point des épisodes d'apparence conjoncturelle pouvaient mettre en ordre et organiser de proche en proche, bref « proprier » deux visites successives en Polynésie française : à savoir en mars 1986 la campagne électorale du leader indépendantiste Oscar Temaru, et en août 1989 la visite du premier ministre Michel Rocard sur l'île sacrée de Raïatea. Les circonstances m'avaient permis d'y assister de très près et j'avais pu, en ces deux occasions, percevoir la vitalité combative de la culture politique *maohi*[12], à l'intérieur même de situations dont la métropole semblait avoir l'entier contrôle : une élection, la visite d'un haut personnage de l'État. Interminables joutes oratoires dans la grande tradition polynésienne, les réunions publiques d'Oscar s'ouvraient et se terminaient toujours par de longues invocations à *Atua*, le Père divin révéré par le protestantisme « indigène ». Ce fut aussi en langue maohi que, trois ans plus tard, les dignitaires coutumiers de Raïatea accueillirent M. Rocard sur le *marae*[13] de Taputapuatea ; un interprète lui soufflait la traduction, mais seulement à voix basse, et la langue officielle de la République, sur ce territoire censément national, devait se faire toute petite face à une réalité culturelle supérieure, celle de l'identité tenace des Maohi.

12. Sur le terme *maohi*, *cf.* ci-dessus, chap. 2, note 12.
13. Sur les *marae*, *cf.* ci-dessus, chap. 3, note 3.

D'une réunion électorale à une cérémonie officielle dans une enceinte sacrée, ces deux intrusions de l'actualité politique dans mon voyage dont le programme initial était plutôt culturel venaient éclairer concrètement le malaise du TOM polynésien, elles faisaient sens, elles lançaient un appel. Tout naturellement, je fus amené à faire « un bout de chemin » avec les indépendantistes et leur parti le Tavini, au sens le plus littéral du terme. Le 1er mars 1986, en participant à une marche antinucléaire internationale depuis la mairie de Faa'a, tenue par le Tavini, jusqu'aux limites de la commune de Papeete : soleil de plomb, versets bibliques, foule familiale, slogans radicaux. Et en août 1989, en apportant aux indépendantistes qui bloquaient l'aéroport de Faaa le soutien d'un intellectuel français hostile aux essais de Mururoa. À trois années de distance, je m'étais retrouvé inopinément immergé, certes sur un mode très occasionnel, dans des mouvements politiques bien imprévisibles à mon départ de Paris, mais où je me sentais en accord avec mes convictions. Mon regard sur la Polynésie s'en était trouvé précisé, aiguisé.

Placés eux aussi sous le signe du politique, les voyages de rassemblement visent à réunir en un même lieu et un même temps ceux qui entendent ainsi affirmer leur solidarité avec une cause : campagnes pacifistes, soutien à un mouvement populaire, dénonciation d'une dictature. Double originalité, de tels voyages sont collectifs dans leur principe même, ils n'existent que parce que font route ensemble tous ceux qui approuvent l'objectif proposé ; seul compte en effet, tout naturellement, cet objectif même, soit le terme du voyage, et le cheminement de chaque participant n'est que chose secondaire, technique. Le choix de cet objectif se confond avec l'enjeu même de ces rassemblements ; il revêt une forte charge morale, il doit pourtant viser pratiquement le dispositif adverse, exprimer une volonté stratégique, faire sens lui aussi. Trois exemples suffisent pour illustrer cette démarche.

Le rassemblement international antifranquiste de 1975 ne pouvait se tenir qu'à Saint-Jean-de-Luz, lieu doublement symbolique. Les adversaires du vieux général avaient voulu s'avancer jusqu'aux portes mêmes de l'Espagne ; ils s'étaient réunis dans un haut lieu du patriotisme basque, ils s'affirmaient solidaires des revendications de ce peuple, adversaire déterminé du franquisme ; et ce, au moment même où, avec le procès des anarchistes de Burgos, le régime militaire agonisant voulait frapper une dernière fois ceux qui lui résistaient. De toute l'Europe, les adversaires de la dictature espagnole avaient pris la route.

Le choix de Pine Gap, au cœur du désert australien, cristallisa lui aussi dans les années soixante-dix les exigences pacifistes des mouvements de femmes australiens. En ce lieu perdu ne figurant sur aucune carte, le gouvernement de Canberra avait, à l'époque de la guerre froide, mis à la disposition de l'État-Major des États-Unis une base très sophistiquée d'observation par satellites, tenue pour « top secret ». Par milliers, des femmes venues de toute l'Australie et aussi d'autres pays avaient fait le voyage, elles avaient marché en plein désert dans des conditions très éprouvantes ; une fois atteints les barbelés du périmètre interdit, elles avaient été grossièrement insultées et malmenées par de viriles sentinelles. Mais l'écho fut considérable, le tabou était levé, et quinze ans plus tard cette marche un peu oubliée redevint d'actualité, quand fut révélé le rôle technique de Pine Gap dans le dispositif américain de la guerre du Golfe.

En juillet 1996, le rassemblement international de soutien aux zapatistes mexicains ne pouvait, lui aussi, que se tenir au Chiapas même, dans cette province méridionale pauvre et isolée où la révolte des paysans contre le gouvernement central prenait de l'ampleur. Avec ses relais logistiques confidentiels, ses agents de liaison mystérieux, ses chemins affreusement défoncés, ses véhicules cahotant au flanc de montagnes déchirées, ses contacts difficiles avec des communautés indiennes repliées sur elles-mêmes, ses entretiens-surprise avec un leader affectant de refuser la langue de bois, ce voyage aventureux vers le QG du « sous-commandant » Marcos semblait coller intimement à la réalité originale du mouvement zapatiste ; à lui seul, il dessinait de ce dernier l'image qu'en cultivait déjà l'Occident.

Dans ces trois cas, le voyage d'intervention politique se confondait avec l'objectif visé, il créait l'événement *in situ*, en un lieu lui-même fortement politisé. Telle fut aussi mon expérience personnelle en avril 1985, en tant que participant à la *Konferansa degné koloni fwansé*[14]. Les mouvements indépendantistes de Nouvelle-Calédonie, de Guyane, de Polynésie, de la Martinique s'étaient joints à l'UPLG[15] de Gwadlup pour affirmer en commun leur volonté d'émancipation, au cours de sessions tenues sur des sites qui, en eux-mêmes, étaient hautement symboliques : le quartier dit de la Petite Guinée dans la bourgade populaire du Moule, dont le nom perpétuait le souvenir de l'ancienne « traite » venue de Guinée, et pour le dernier jour le moulin de « Bonnvenn » (Bonne-Veine) où jusqu'en 1848 les esclaves peinaient à produire le sucre maudit. En une semaine, les sympathisants qui avaient fait le voyage depuis Paris n'eurent pas l'occasion de rencontrer un seul Blanc, ni « béké » ni « métro » ; ils pouvaient avoir le sentiment que l'emprise de la France commençait déjà à s'évanouir.

Sous l'influence de la mondialisation, le voyage devient le voyage-monde. Le voyageur, on l'a déjà noté, est amené à vivre loin de chez lui des moments d'envergure mondiale, il

14. Soit, en créole, la « Conférence des dernières colonies françaises ». De la même façon, la Guadeloupe devient *Gwadlup*.
15. Union populaire pour la libération de la Guadeloupe, organisation indépendantiste influente dans les années quatre-vingt, et disparue par la suite.

va devoir s'intéresser aux nouveaux nœuds de la mondialité, et de toute façon la gamme des itinéraires qui lui sont offerts couvre la terre entière. Le même effet de mondialisation touche aussi le voyage à connotation politique, dans la mesure où, très communément, l'activité des structures tant étatiques que non étatiques se déploie désormais sur l'ensemble du globe. Qu'il s'agisse de telle grande organisation comme l'Internationale socialiste, de telle grande fédération de défense de l'environnement, de tel grand mouvement de défense des droits de l'homme, leurs réunions statutaires, leurs groupes de travail, leurs conférences solennelles peuvent, par rotation, se tenir sur les cinq continents. La facilité des transports modernes joue ici, et plus encore la force symbolique de cette nomadisation transterrestre, la volonté d'affirmer un statut universel, l'ambition d'affronter ainsi les problèmes communs à l'ensemble de l'humanité.

Les participants à ces réunions politiques multiformes ont pris l'avion, le train, la route, pour les destinations les plus insolites. Sont-ils pour autant des voyageurs ? Cheminent-ils vers un ailleurs authentique, restent-ils capables d'entrer dans la réalité sociale autour d'eux ?

Pas toujours, car de tels voyages risquent souvent de déboucher vers des sortes de bulles, totalement fermées sur elles-mêmes et dont la localisation exotique, si attrayante soit-elle en apparence, ne répond qu'à la logique introvertie d'appareils politiques ou sociopolitiques autocentrés. Ces bulles ne sont-elles pas dans la même situation de « hors-sol » intégral que les séminaires professionnels, ostentatoirement vagabonds, dont sont coutumiers les milieux d'affaires, les communautés scientifiques ou les administrations interétatiques liées au Nations Unies ? On a fait une bien longue route, on se débat dans l'étau des fuseaux horaires, mais c'est pour rester entre gens de la même tribu. Aux exigences de l'agenda s'ajoute le tropisme social qui pousse les participants à rester éperdument agglutinés, sans se hasarder à quitter la bulle pour flâner dans les rues ou apprécier les paysages. Au mieux, une excursion sous-traitée à une agence commerciale permettra à la bulle de se déplacer un peu, mais sans relâcher son emprise.

En revanche, le voyage politique ne démérite pas du voyage, quand l'événement international dont il est l'objectif représente en lui-même une expérience authentique, un ailleurs qui crée sa temporalité et sa culture propres. Ce sont de tels moments que j'ai personnellement vécus à Rio en juin 1992 et à Copenhague en mars 1995, à l'occasion des conférences mondiales convoquées par l'ONU, tant sur l'environnement et le développement que sur la pauvreté, l'exclusion et le chômage. Chacune était déjà en elle-même un microcosme à l'échelle de la planète entière, dont on discutait des affaires communes à travers des forums, des textes, des conférences de presse auxquels participaient des dizaines de milliers d'hommes et de femmes venus de tous les continents – certes au risque de s'y trouver noyé dans un maelström paperassier de rapports, résolutions, tracts, programmes et autres appels au monde… À Copenhague, l'effet de dramatisation était encore accentué par deux compteurs électroniques géants qui, de seconde en seconde, indiquaient la croissance, l'un de la population du monde (en chiffre verts) et l'autre des indigents ne disposant que d'un revenu inférieur à un dollar par jour (en chiffres rouges).

La bipolarité structurelle de ces conférences en soulignait la double logique : d'un côté, la réunion des États membres de l'ONU, dotée du pouvoir décisionnel réel, de l'autre le rassemblement des associations et mouvements, accueillis comme expression de la « société civile ». Les quelque cent soixante délégations officielles se réunissaient dans de vastes et confortables buildings fonctionnels, tandis qu'à des kilomètres de là, au parc Flamengo pour Rio et dans l'ancienne base navale désaffectée de Holmen pour Copenhague, la grouillante « planète des ONG » s'affirmait comme un incontournable partenaire des gouvernements, ainsi amenés à reconnaître leur incapacité à assurer, à eux seuls, la gouvernabilité de la Terre.

Loin de s'ignorer, ces deux pôles communiquaient de façon vivante, souvent conflictuelle. Les ONG pratiquaient un actif *lobbying* dans les couloirs de la conférence des États et, l'ambiance aidant, n'hésitaient pas à faire comparaître devant des salles surchauffées les diplomates de leur propre pays, habitués à des façons plus policées ; je vis, par exemple, la délégation officielle japonaise passer à Copenhague des moments bien difficiles, face à des militants parfaitement maîtres de leurs dossiers mais pas toujours de leurs nerfs...

Ces deux voyages dans des planètes en miniature s'inscrivaient aussi, par contrecoup, à l'horizon local du Brésil ou du Danemark. La misère indicible des *favelas* de banlieue et le sauvage désarroi des enfants *sem telo* (sans toit, donc abandonnés totalement à la vie de la rue) planaient lourdement et silencieusement sur la conférence de Rio, et venaient tempérer ses ambitieux projets d'un agenda pour le XXIe siècle (« l'agenda 2000 »). Ce « Sommet de la Terre » prenait tout son sens, au cœur d'un Brésil qui semblait récapituler toutes les tensions et tous les maux qui accablent notre société mondiale. En revanche, le choix de Copenhague pour des assises de l'ONU sur la pauvreté était comme plaqué de l'extérieur ; il ne visait qu'à assurer un équilibre protocolaire entre les diverses régions du globe. Et pourtant, le confort si convenable et si propret de la seconde « Venise du Nord » n'était peut-être pas le plus mauvais cadre pour une conférence sur la misère dans le monde ; le fossé était béant et le défi perçu par tous !

Ainsi va le monde, ainsi va le voyage et même le voyage politique. Ses participants ne risquent-ils pas de se trouver piégés entre des agendas surchargés, des localisations aléatoires et des bulles itinérantes qui laissent le regard filtrer de plus en plus difficilement sur la réalité extérieure, sur les choses et les gens « vrais » ?

À l'époque de la guerre froide et de la confrontation entre les deux « supergrands », c'était à des pièges tout différents qu'était exposé le voyageur « entré en politique ». Ce qui faisait écran entre les choses, les gens vrais et lui-même, c'était les conditions d'encadrement et d'endoctrinement dans lesquelles, pendant des dizaines d'années, des milliers de délégations partirent pour les pays du « socialisme réel », pour l'Union soviétique, la Chine, Cuba et leurs associés d'alors. Ces voyages politiques-là n'ont pas laissé de bons souvenirs.

À distance, il est bien facile de railler leurs programmes rigides, la surveillance exercée conjointement par les responsables locaux et par les cadres venus avec le groupe, la quasi-impossibilité de contacts directs avec les simples gens – lesquels d'ailleurs n'étaient guère prêts à parler, les risques étant trop grands. Autant de handicaps qu'aggravait encore le climat à l'intérieur de ces groupes, dont les membres les plus militants se considéraient en service commandé, alors que tout était fait pour décourager les hésitants d'exprimer leurs réserves. Les voyages organisés par l'association France-Albanie, dans les années où l'isolement quasi autiste de ce petit bastion communiste était poussé à l'extrême, sont restés proverbiaux ; dès la frontière franchie, on imposait à tous les visiteurs, jeunes et vieux, femmes et hommes, une coupe de cheveux spartiate ; on matérialisait ainsi une rupture radicale, idéologique, avec le monde que venaient de quitter les visiteurs. Les mêmes handicaps, le même illusionnisme caractérisait – on va y revenir plus loin – les voyages en Chine maoïste, des années cinquante à la mort du Grand Timonier.

Deux démarches également doctrinales venaient se conjuguer, pour rendre ces voyages politiquement irréels. D'un côté, le Parti-État, maître de ces pays, semblait avoir besoin d'affirmer son discours d'autolégitimation à l'intention de visiteurs venus de « l'autre monde », faute sans doute de pouvoir rendre crédible ce discours utopique dans les pays mêmes d'où venaient ces derniers. Quant à ceux-ci, en tant que partenaires de ces voyages sous contrôle, beaucoup tenaient à prolonger sur place la démarche d'idéalisation et d'identification par laquelle, de l'extérieur et par avance, ils avaient érigé ces pays en modèle de la société future.

Le programme des visites et des rencontres était surpolitisé, il s'en tenait strictement aux mesures prises par les autorités de Pologne, de Bulgarie ou du Vietnam en matière agricole, sanitaire ou scolaire. Il passait délibérément à côté de tout ce qui n'était pas lié aux structures de pouvoir et aux projets de société que proposaient ces régimes. Il s'inscrivait dans une temporalité rigide, prescrite, quasi étatisée. Les visiteurs n'étaient pas censés s'intéresser à tout ce qui avait préexisté à ces régimes et allait d'ailleurs leur survivre : l'environnement naturel, les coutumes sociales, tout l'art de vivre propre aux peuples polonais, bulgare ou vietnamien. Il fallait en ce domaine se contenter d'observations furtives, de conversations dérobées au bon vouloir des interprètes.

Et pourtant… Faut-il jeter sur ces voyages sans surprise et sans initiative dans les pays du « socialisme réel » le même anathème simpliste qui frappe si souvent ces pays eux-mêmes ? Il peut être utile d'évoquer ici, en contrepoint, les voyages d'allégeance politique qu'avaient organisés de leur côté l'Allemagne nazie, plus tard l'Afrique boer étouffant dans son *apartheid*, et même les régimes militaires tortionnaires d'Amérique du Sud. Dans le grand débat en cours sur les totalitarismes du XXe siècle, certains s'en tiennent au facile amalgame entre ceux de l'Est et ceux de l'Ouest. Mais le souvenir des voyages, eux aussi très encadrés, dans les pays fascistes ou postfascistes s'est totalement évanoui avec ces régimes eux-mêmes. Alors que les voyages dans les pays du socialisme d'État donnent encore à penser.

Ces voyages étaient certes convenus à l'extrême, le regard des visiteurs glissait à la surface de ces sociétés autoritaires et bloquées, il était incapable de déceler les causes pourtant déjà bien visibles de leur piteux effondrement ultérieur. Mais tout n'était pas factice ni manipulé. Des moments d'échange authentique pouvaient survenir à l'improviste. Le plus souvent, sans doute, ces voyages ne faisaient que croiser entre eux le discours de pouvoir des hôtes et le discours d'illusion volontaire des visiteurs. Mais il pouvait aussi arriver que, entre les hôtes dont les espoirs d'un monde meilleur étaient encore vivaces, et les visiteurs en attente d'une rupture avec le monde capitaliste qu'ils réprouvaient, passe un souffle de complicité. Un souffle certes éphémère, mais dont même le plus habile des *apparatchiki* n'aurait pu distribuer à l'avance les rôles et les répliques.

Le véritable défi de ces voyages en utopie socialiste n'était-il pas de garder les yeux ouverts et la tête libre, sans idéaliser ces pays mais sans les démoniser non plus ! Juger par soi-même, c'est ce que tentèrent ceux dont le témoignage continue à compter, car ils ont été attentifs à nuancer leurs impressions contrastées : un Gide précurseur, un Étiemble au retour de son périple un peu simiesque en Chine maoïste[16], un Christ Marker transcrivant sur la pellicule une *Lettre de Sibérie* où il gardait son franc-parler.

Encadrement politique du voyage et endoctrinement politique du voyageur, ces pratiques dirigistes n'étaient pas seulement le fait de rigides appareils étatiques accueillant des étrangers dans les pays de l'ex-bloc soviétique. Deux anecdotes peuvent illustrer ici la longévité de ces mauvaises habitudes.

Visitant en 1989 un Chili qui s'engageait à peine dans la voie incertaine de la transition démocratique, j'eus l'infortune de m'en remettre, dans la ville méridionale de Puerto Montt, à un groupe de militants de gauche qui venaient eux-mêmes de rentrer de Belgique. Très coupés des réalités chiliennes, ils étaient lourdement handicapés par leur complexe

16. Étiemble, *Le nouveau singe pèlerin*, Paris, Gallimard, 1958.

de « retour d'exil ». Ils m'avaient préparé un programme à la fois pléthorique et formaliste de rencontres qui se voulaient politiques ; je fus traîné de bureau en bureau et de réunion en réunion pendant deux jours et je ne vis rien, strictement rien de Puerto Montt. J'avais souhaité voir cette ville de province renaître à la vie démocratique, donc porter un regard libre et large sur une situation éminemment politique ; le zèle « politique » à courte vue de mes hôtes me l'avait interdit.

La seconde anecdote met en lumière l'étrange aptitude des gens du « socialisme réel », à emporter à l'étranger avec eux leurs blocages politiques. Visitant en 1994 l'Acropole envahie par ses habituels flots cosmopolites et grégaires, j'avais eu la curiosité de suivre un groupe de touristes chinois. Le guide grec présentait en anglais des commentaires d'assez bonne qualité – ces fonctions sont souvent assurées par des étudiants compétents. Il ne se contentait pas de décrire avec soin ces monuments illustrissimes. En bon Grec, il insistait avec fierté sur le mandat historique d'Athènes, « patrie de la démocratie » ; un guide-interprète chinois, visiblement venu avec le groupe, retraduisait ses propos. Mais je réalisai vite que, si sa traduction était assez précise pour les données archéologiques, il éludait purement et simplement les passages sur la démocratie ; le mot même semblait lui brûler les lèvres... Piqué au vif, je l'interrompis à la stupéfaction des autres Chinois pour lancer avec une certaine véhémence le terme maudit, *minzhu zhuyi*. C'est-à-dire cette démocratie qui, si elle n'a plus que de lointains rapports avec la culture politique de l'Athènes esclavagiste d'autrefois, reste un ancrage concret pour tant de dissidents chinois dressés contre un régime qui veut moderniser la Chine, mais lui refuse la « cinquième modernisation[17] ».

---

17. C'est-à-dire la démocratie. Rompant avec le maoïsme, le régime de Deng Xiaoping avait appelé dans les années quatre-vingt à quatre modernisations : agriculture, industrie, armée, sciences et techniques.

Le voyage, le politique… deux compagnons qui se mettent mutuellement à l'épreuve, deux modes de l'être qui peuvent entrer en résonance l'un avec l'autre – au risque de perturber un peu la quiétude de ceux pour qui le voyage ne saurait être que des « vacances », une vacance plutôt, un vide. À qui refuse ce vide, à qui entend « regarder de tous ses yeux » en toute circonstance, la vie politique dans son jaillissement buissonnant vient enrichir heureusement le voyage ; en retour, le voyage impose d'affiner les convictions politiques, il leur offre mille occasions de se débattre avec la réalité, tel Jacob avec l'ange.

Loin de chez soi, on regarde autour de soi d'un œil plus aigu. L'œil stimule l'esprit en permanence, il le somme de prendre en compte les « choses vraies ». Tel est le choc du *Gegenwart*, du « présent » de la langue allemande qui ne se présente à nous que parce que nous butons contre (*gegen*) lui. Le voyage nous invite à nous heurter au présent, à y porter un regard politique. Celui par exemple de Goethe découvrant entre septembre 1786 et mai 1788 le *Gegenwart* italien, au cours d'un voyage finement analysé par Jean Lacoste. Poète déjà reconnu, ministre du duc de Saxe-Weimar, le voyageur allemand s'attache aux mœurs (*Sitten*) et pas seulement aux paysages et aux œuvres d'art comme tant de ses compatriotes italophiles. Il relève la totale impuissance du royaume Bourbon des Deux-Siciles à se réformer. Il pressent la force du phénomène national italien. Il est attentif à la fonction sociale originale des *lazzaroni* de Naples, qui sont tout sauf paresseux et font appel « à l'industrie la plus vive et la plus ingénieuse… pour vivre sans soucis ». Il est accablé par « l'administration pitoyable » et l'incurie des États pontificaux ; son regard politique s'arrête sur Rome « où tout n'est que ruines », et il se passionne pour le chaos du Carnaval romain, il y perçoit comme le sourd grondement annonciateur d'ébranlements plus amples.

Buter contre le présent, le *Gegenwart*, telle fut aussi mon expérience à Tijuana sur la frontière mexicaine, ou face au détroit de Gibraltar : comment rester désormais indifférent à la « diagonale Nord-Sud », cette fracture majeure de notre société planétaire ?

Avec la même force, mes visites successives dans les TOM et les DOM de la région caraïbe et du Pacifique ont pesé lourd, dans l'évaluation plutôt négative que j'en ai retirée ; expérience que n'aurait sans doute pas altérée une prise de contact avec les territoires français de l'océan Indien… Ce sentiment de malaise, ce constat d'une inadéquation foncière entre l'appartenance théorique de ces pays au territoire de la République, et leur condition sociale effective, doivent sans doute beaucoup au chemin qui m'y a conduit. Presque toujours, j'y suis arrivé depuis un pays voisin, le Brésil, l'Australie, la Nouvelle-Zélande, alors que la grande majorité des arrivants « nationaux » à Cayenne, Nouméa ou Tahiti débarquent tout bonnement de l'avion de Paris. Le voyage est un cheminement, avons-nous souligné dès le début de cet essai.

Le même sentiment d'irréalité m'a toujours saisi là-bas. On est à des milliers de kilomètres de la métropole, on est pris soudain par les lourdes senteurs des tropiques et la chaleur humide, on savoure l'exotisme convenu de ces paysages carte postale. Mais la gendarmerie bien de chez nous, la terrasse d'un café-tabac, les arrêtés municipaux sur le panneau d'affichage de la mairie sont tout proches, et même le monument aux morts. « On est en France, Monsieur ! », vous répète-t-on avec insistance. Mais tout est différent, tout signale qu'on est en réalité dans une île de la Caraïbe parmi tant d'autres, sur un coin du plateau brésilien, ou dans un archipel du Pacifique parmi tant d'autres. Et la vie politique de ces territoires lointains – j'eus à maintes reprises l'occasion d'y participer – n'a strictement rien de commun avec celle de notre hexagone, qui à son tour semble bien irréelle depuis là-bas. Les DOM-TOM sont en état de crise politique permanente, que celle-ci débouche ou non sur la revendication indépendantiste.

Le dialogue entre voyage et politique, peut-on noter de façon plus générale, n'est guère favorisé par des situations ordinaires, celles précisément qu'apprécie le touriste conventionnel et qui le rassurent. Ce dialogue préfère les tensions et les crises, qu'on les rencontre fortuitement ou au terme d'un cheminement volontariste. C'est sur le mode du « tourbillon » benjaminien que le voyageur pénètre en général dans la vie politique d'un pays. Situation tonique, stimulante, il voit jaillir au grand jour des traits qui seraient restés profondément enfouis dans des circonstances « normales ».

Le voyage entré en politique est assuré de patronages aussi variés qu'illustres. À ceux qu'on vient d'évoquer, qu'il soit permis d'ajouter encore celui du marquis Astolphe de Custine, dont le tableau de la Russie en 1839 est resté classique[18]. Son regard critique se nourrissait à la fois de ses convictions (à Paris, il était lié aux milieux de l'immigration catholique polonaise) et de ses observations tant à Saint-Pétersbourg que dans les provinces. Il est accablant pour le régime despotique du tsar Nicolas Ier : « Tout le monde se méfie de tout… le gouvernement domine tout et ne vivifie rien… dire la vérité, c'est bouleverser l'État. » Custine cultive avec bonheur le style acéré de l'essayiste, il a aussi l'œil du voyageur et cette conjonction le rend très proche de nous. Il relève la tristesse des fleuves russes sur lesquels planent l'hiver et la mort, il goûte infiniment les nuits blanches de la Neva, ses descriptions de la foire de Nijni-Novgorod sont des pages d'anthologie. A-t-il vraiment détesté cet « empire du profond silence, des grands espaces vides, des campagnes nues, des villes solitaires[19] » ?

---

18. *La Russie en 1839*, nouvelle édition, Paris, Solin, 1990.
19. *Ibid.*, Lettre trente-sixième.

Interlude V

Dans les archipels de Mélanésie

Papouasie-Nouvelle-Guinée, îles Salomon, Vanuatu (ex-Nouvelles-Hébrides), Nouvelle-Calédonie, ces archipels qui se succèdent le long de « l'arc mélanésien » sont bien, a-t-on dit, les tard-venus de la décolonisation ; les trois premiers n'ont retrouvé l'indépendance qu'en 1975, 1978 et 1979, et l'avenir politique du quatrième reste âprement disputé, depuis la récente irruption du mouvement indépendantiste kanak. En Mélanésie, dit fortement Alban Bensa, l'anthropologie a été « rattrapée par son objet[1] » ; simple visiteur en 1981, ne me suis-je pas trouvé moi aussi rattrapé par la réalité politique du « Caillou », plus lourde à chacun de mes passages ultérieurs.

Nouvelle-Calédonie et Vanuatu, mai 1981. Les élections présidentielles – le calendrier me favorise – ne sont pas une mauvaise initiation à la politique calédonienne. L'élec-

1. *Chroniques kanak, l'ethnologie en marche*, Paris, Ethnies, 1995.

torat kanak s'est mobilisé à fond pour le candidat Mitterrand, qui n'a pourtant donné que des assurances assez vagues. Les panneaux routiers sont surchargés de flèches menant à l'indépendance, les graffitis et bombages foisonnent : « *Ataï vivra, Ataï vaincra*[2] *!* », « *Grands-chefs, petits-chefs, ras-le-bol ! Votez Mitterrand*[3] *!* », « *Bob Marley, la voix revendicateur n'est plus*[4] », « *Mitterrand président, indépendance canaque*[5] ».

Le soir de l'élection, au risque de mettre mal à l'aise mes hôtes plutôt « loyalistes » de l'Association historique de Nouméa, je me joins à un grand défilé spontané et triomphal sur le port, dockers mélanésiens en tête. Le lendemain, à la terrasse du *Saint-Hubert*, le parfait café colonial de la place des Cocotiers, les mines tant des Caldoches que des « Métros[6] » sont déconfites, accablées. Ces gens seraient quasiment résignés à faire leur valise. « Nous attendions ce jour depuis cent vingt-huit ans », me dit un cadre indépendantiste. Quelle déception, quand le nouveau ministre des DOM-TOM, Emmanuelli, annonce que rien ne sera changé entre la métropole et « nos compatriotes d'outre-mer » ! Paris a laissé passer un moment historique, qui ne reviendra jamais...

Mais l'occasion est favorable pour avancer l'enquête dont m'a chargé Claude Julien pour le *Diplo*. C'est à Poindimié, dans le Nord-Est, que je rencontre Jean-Marie Tjibaou, un des leaders de l'Union calédonienne, le grand parti populaire qui s'est rallié depuis 1977 à l'indépendance. Très majoritairement kanak, l'UC n'a jamais perdu le contact avec une

---

2. Le grand-chef Ataï dirigea en 1878 la principale insurrection des tribus mélanésiennes contre la domination coloniale française.

3. C'était l'administration française qui sanctionnait l'accès aux fonctions de grand-chef et petit-chef, dans les tribus.

4. Transcription littérale !

5. L'administration française avait imposé l'orthographe « canaque », acceptée alors par tous y compris les indépendantistes. Plus récemment, le FLNKS a préféré l'orthographe « kanak » (invariable), ratifiée en 1998 par les accords de Nouméa.

6. Les Caldoches sont des Blancs établis en Nouvelle-Calédonie depuis plusieurs générations ; les « Métros » sont des fonctionnaires et des cadres venus de métropole pour une période déterminée.

minorité blanche de gauche. Jean-Marie remonte de Nouméa vers Hienghène dont il est maire, il est disponible, il est à l'aise dans la famille caldoche qui nous accueille et qui soutient l'UC de longue date. Six heures passionnantes. Tjibaou explique la force de la revendication mélanésienne, insiste sur les défaillances répétées de la métropole, commente largement le cours des affaires du monde. « On va au casse-cou mondial… leur machine est devenue folle, ils en sont réduits à freiner avec les pieds. » Il appelle à retrouver un art de vivre kanak sans regarder seulement vers Nouméa, « où les gens deviennent sauvages, où la nature est sale et morte ». Il a déjà la maturité du dirigeant qui a beaucoup réfléchi, il garde le franc-parler du paysan mélanésien rond et musclé. Je n'ai mesuré que bien plus tard la qualité exceptionnelle de ces échanges[7], qui d'emblée me familiarisaient avec le meilleur de la culture politique kanak. L'élan était donné, qui allait m'amener à soutenir activement et durablement le mouvement indépendantiste.

Les Kanak revendiquent Ataï et la grande révolte de 1878, images qui restent honnies de presque tous les Blancs ; une excursion à l'île des Pins me rappelle combien le fossé est ancien. Même les communards déportés là-bas en 1871, et dont je vais saluer avec piété le cimetière, se sont associés à la répression de l'insurrection, pourtant si menaçante pour ceux qui les avaient envoyés mourir à l'autre bout du monde. Rares furent les exceptions, telle Louise Michel ; la « Vierge rouge de la Commune » se passionna pour les Mélanésiens et pour leur culture orale.

De Nouméa à Vila, le petit avion ne met qu'une heure. On passe dans l'archipel jumeau, où le bizarre régime du « condominium » franco-anglais des Nouvelles-Hébrides[8] vient de laisser place au Vanuatu indépendant. Sur l'autre

---

7. Cet entretien figure dans le recueil de textes de Jean-Marie Tjibaou, *Le réveil kanak*, Paris, Odile Jacob, 1996.

8. Sur le condominium des Nouvelles-Hébrides, *cf.* ci-dessus, chap. 1, note 3.

versant de la politique mélanésienne, c'est l'occasion d'observer, presque en situation de laboratoire, la genèse d'un nouvel appareil d'État – d'un mini-État plutôt, de 120 000 habitants.

Ainsi, la jeune république *ni-vanuatu* vient d'adopter son drapeau, qui juxtapose symboliquement le noir de la terre, le vert de la forêt, le rouge de l'ardeur au combat, le jaune de la lumière religieuse, séparés par un Y qui rappelle la forme générale de l'archipel. Quelques pas suffisent, au bord de la rade de Vila, pour passer d'un ministère-miniature à un autre. Et les plus hautes personnalités sont aisément accessibles, tel Barak Sopé, un « dur » du parti nationaliste anglophone devenu ministre de l'orientation, ou Grace Melissa, « la » femme de l'équipe, ou encore le R. P. Leymang, leader catholique de l'opposition francophone. Les cicatrices de la crise d'où est issu en 1979 le Vanuatu, m'explique-t-on, sont toujours présentes. Londres avait encouragé les anglophones dans la voie de l'émancipation. Mais les francophones étaient restés à l'écart, forts de l'appui de Paris, de Nouméa et du haut-commissaire français de l'époque, ils ne s'en sont toujours pas relevés et la France se tient en profil bas. Quant à moi, j'échappe à cette vindicte : mes hôtes ne sont-ils pas des militants de la gauche australienne, venus soutenir les premiers pas du Vanuatu et aussi idéalistes que l'étaient les « pieds rouges » à Alger vers 1962-1965 ?

Le nouvel appareil d'État se met en place, mais sans guère s'attaquer aux pesanteurs sociales. Mme Melissa convient que les femmes restent totalement à l'écart de la vie publique alors que la nouvelle Constitution consacre l'autorité des chefs coutumiers, tous mâles mais non élus. Le Vanuatu va-t-il connaître à son tour les déboires des pays d'Afrique noire, où un système politique à l'occidentale a été trop vite plaqué sur des réalités sociales traditionnelles qui gardent leur primauté ?

À Nouméa comme à Vila, mon passage s'est trouvé coïncider avec deux temps forts de la vie politique : une élection présidentielle comme expression des aspirations kanak, et la mise en place d'un appareil étatique tout neuf. Ils sont bien l'avers et l'envers de la même question clé, celles des indépendances nationales dans le Sud-Pacifique, et il valait la peine de glisser dans mon programme calédonien cette semaine à Vila.

En pays FLNKS, février 1986. Entre un hommage rendu sur le quai d'Auckland au *Rainbow Warrior* et une marche antinucléaire à Tahiti, je ne disposais que d'une dizaine de jours en Calédonie/Kanaky et mon choix fut sitôt fait : quitter très vite Nouméa, et monter dans les régions dont le FLNKS avait gagné le contrôle aux élections de décembre 1985. En 1981, j'avais surtout fréquenté des Caldoches et des « Métros ». Cette fois, je changeais de versant. J'espérais ainsi, sur le terrain, y voir un peu plus clair dans les deux grands débats politiques qui dominaient l'actualité calédonienne. Quelles avancées effectives ce pouvoir régional permettait-il aux Kanak – qui, pour un certain « intégrisme prokanak » de métropole, étaient tombés dans le piège réformiste du PS… ? Et parallèlement, quel développement « alternatif » pouvait s'amorcer dans les provinces kanak du « Caillou », qui puisse contrebalancer le modèle extraverti de consommation-exportation qui déferle dans l'ensemble des archipels du Pacifique ?

À La Foa, entretien avec le staff politique de la région du Centre : cinq Kanak et un secrétaire-général « métro ». Pour assurer « l'autosuffisance élargie », on envisage de petits élevages de volailles, l'amélioration du maïs et des taros, l'introduction du riz, le développement du « café-soleil » plus rémunérateur que le « café-ombrage ». Mais on ouvre aussi le dossier des grandes filières : comment reconquérir le secteur des bovins-viande resté monopole des colons, comment dégager des surplus exportables pour réduire la dépendance vis-à-vis des importations ? Vaches laitières parce que le lait est entré dans les mœurs, recyclage des déchets pour réduire les besoins en engrais, blé adapté au climat du pays : les cadres de la région supputent, discutent, analysent…

La « transversale » pleine de nids de poules a franchi la chaîne centrale ; elle débouche sur un nouveau paysage littoral, un nouveau paysage politique aussi. Le climat plus humide nourrit fougères arborescentes, palétuviers, épiphytes, mousses géantes. On oublie la colonisation blanche maîtresse de la côte ouest ; les Mélanésiens contrôlent toutes les municipalités de la côte est, de Yaté à Pouébo. À Ponerihouen, des micro-coopératives d'achat, des GIE d'élevage et de pêche cherchent à avoir leurs propres congélateurs, leurs propres véhicules, ils cherchent à briser le monopole des camionneurs blancs.

À Touho, le lendemain, trente cadres municipaux kanak se réunissent autour de Jean-Marie Tjibaou, président de la région Nord. Pendant *sept* heures, on parle à voix basse, on s'écoute, on prend son temps ; ce style de débat « à la mélanésienne » serait totalement impensable en France… Les militants de brousse se familiarisent avec tout un vocabulaire intimidant : passer une convention de gestion, épuiser les crédits, prêts du territoire rétrocédés à la région, GDPL (groupements de droit particulier local) et SAEM (sociétés anonymes d'économie mixte). On discute des choix sportifs, entre le volley plus convivial et le tennis plus prestigieux. Devant un immense tableau noir, le professeur Tjibaou explique et illustre : un, définir les priorités ; deux, choisir les projets ; trois, évaluer les coûts ; quatre, étudier le montage financier. Mais il garde son sens du concret, avec une superbe improvisation sur les soins dentaires. Le militant disert et compétent avec lequel je m'étais entretenu librement en 1981 a maintenant la stature d'un homme d'État, il le révélera à Matignon en 1988. Il le paiera trop vite de sa vie.

En fin de journée, il me ramène à Hienghène, dont il est maire depuis 1977. Il y suit de très près l'effort de diversification des productions, impressionnant : cochons nourris aux noix de coco, agrumes, essence de niaouli, scieries, ateliers de couture. Aux bovins limousins et charolais de la colonisation, il préfère les *drogmasters* du Queensland, mieux adaptés au marché japonais qui aime la viande persillée. Le jour s'avance et nous nous enfonçons dans la vallée de Tiendanite où dix membres de cette tribu, dont deux jeunes frères de Jean-Marie, ont été assassinés en décembre 1984 par les tirs de colons fanatiques. Entre lianes et bananiers, les deux voitures victimes du guet-apens sont restées sur place, couvertes d'une épaisse rouille tropicale. Une plaque très simple :

> Fils de Kanaky, souviens-toi
> Que la conquête de Kanaky
> En lettres de sang est écrite à jamais.

Un peu plus loin dans la vallée, les dix tombes alignées. Les premiers morts de la lutte de libération sont tombés au lieu même où, en 1917, s'était tenu le dernier grand *pilou*, préparant le soulèvement armé du grand-chef Noël[9].

À Poindimié, le lendemain, hébergement chez des enseignants français liés à l'UC. Ils ont la confiance des Kanak, ils goûtent leur humour discret. Lors d'un stage de jeunes formateurs, un sketch mettait en scène un Français qui sait tout faire, dit Moi-Je, parle beaucoup, n'écoute personne. L'œil du paysan kanak voit juste… Ma tournée en pays FLNKS s'achève, et je classe mes coupures de presse du « Journal bleu[10] ». La mairie indépendantiste de Gomen gère une CUMA (coopérative d'utilisation de matériel agricole) à la disposition des tribus voisines. Coopérative avicole à Tibaramama. Le maire UC de Touho, « Dynamite Raymond », expose ses projets de zone industrielle, de base de pêche et de tourisme nautique, de centre d'accueil pour enfants, d'abattoir de poulets. Partout, le pouvoir régional a libéré un foisonnement d'initiatives, même si le prix en est

9. Un *pilou* est une danse de guerre.
10. Ce *Journal de Nouvelle-Calédonie*, favorable à une ouverture politique, fut publié quotidiennement en 1986 pendant une courte période.

lourd en réunions, en trajets, en obligations fastidieuses de toutes sortes. Ces femmes et ces hommes qui m'ont fait bon accueil apprennent à connaître les besoins concrets de leur pays, ils retrouvent confiance en leur capacité de prendre en mains son avenir. Un demi-siècle plus tôt, les anthropologues de la colonisation donnaient comme imminente la disparition du même peuple kanak, rongé, disait-on, par la dépopulation, l'alcoolisme et la perte de tout vouloir-vivre.

Nouméa et Maré, septembre 1989. Commencé au Chili de l'après-Pinochet, ce voyage transpacifique s'achève sur une note tout aussi politique : voici la Calédonie de l'après-Matignon, mais aussi de l'après-Tjibaou[11]. Face à l'État central et à la droite calédonienne, le FLNKS reste reconnu comme un partenaire majeur. Les Mélanésiens ont pignon sur rue dans Nouméa-la-Blanche, avec leur agence kanak de presse, Radio-Djiido (= le lien), l'éditeur Édipop, et surtout leurs services politiques installés dans la prestigieuse tour d'affaires « Indo-Suez ». De porte en porte, je suis reçu en vieil ami qui est actif dans l'association Kanaky-Solidarité. Chacun fait de son mieux, mais ni « Jean-Marie » ni son *alter ego* Yéweiné Yéweiné ne sont plus là, et les indépendantistes ont du mal à garder l'équilibre qu'impliquait le pari de Matignon : être activement présents dans les institutions, sans pourtant relâcher la dynamique de base. Les provinces tenues par les Kanak attirent beaucoup de cadres, mais elles se remettent mal de l'échec des micro-projets qui foisonnaient dans l'enthousiasme en février 1986.

Je tiens beaucoup à aller à Maré dans les Loyauté. « Tu viendras dans mon île », m'avait dit « Yéyé » quand je l'avais vu pour la dernière fois chez nos amis les paysans du Larzac, peu avant les assassinats de mai 1989. Ancien postier, ce protestant exubérant et bon organisateur complétait admira-

11. Jean-Marie Tjibaou et Yéweiné Yéweiné furent assassinés au printemps 1989 par un extrémiste kanak, hostile aux accords de Matignon.

blement les larges visions, la dignité, le sens négociateur de l'ancien prêtre catholique J.-M. Tjibaou. C'est hélas pour saluer sa tombe que je vais découvrir Maré. Les fleurs déposées quelques semaines plus tôt par Michel Rocard sont toujours là, non loin du rocher où le défunt aimait tant venir se ressourcer, échappant aux tensions de Nouméa. J'ai préparé un petit texte de salut poétique, que je remets à son frère aîné. Comment oublier la première visite de Yéyé au Larzac, quand cet homme qui aimait tant méditer face aux immensités marines du Pacifique avait quitté en silence notre groupe, pour rester solitaire face aux immensités rocheuses du causse, pour lui si étranges.

À l'occasion d'un mariage coutumier, bonne conversation avec Richard Kaloi, le successeur de Yéweiné à la tête de la province des îles. Long et coûteux rituel tribal, trois jours de bombance pour des centaines d'invités, tous ces frais inquiètent le pragmatique Kaloi. Il mesure parfaitement ce que représente l'après-Matignon, efficacité technique, rigueur budgétaire, participation au développement notamment hôtelier, comme menaces pour l'art de vivre kanak que tous ses amis souhaitent préserver. Des « gîtes en tribu » pourront-ils contrebalancer l'attrait des grands hôtels à la japonaise ? Je l'amuse avec l'épisode du ministre des DOM-TOM Le Pensec « faisant la coutume » à Michel Rocard pour ses cinquante-huit ans, dans l'avion qui les emmenait à Tahiti. Avec *manu* (étoffe) et billets rituels. Ces Blancs qui jouent aux Mélanésiens et se jouent d'eux sont cocasses.

Nouméa, janvier 1991. Brève escale calédonienne, pour garder le contact. Je repars dans quatre jours pour l'université de Canberra, où se tient une conférence internationale sur la France dans le Pacifique.

C'est l'occasion de mesurer en compagnie de mes hôtes, de vieux amis caldoches, l'énorme impact des crédits-Matignon sur Nouméa désormais lourdement dissymétrique. Au Nord, les quartiers pauvres, les logements sociaux où s'entassent les Kanak des tribus attirés par le mirage urbain, à la limite du bidonville. Au Sud, la Nouméa des riches, entraînée dans la spirale ascendante du boom post-Matignon : aménagements californiens des plages, hypermarchés fastueux (un Rallye vient de s'ouvrir près de la maison où je suis accueilli), villas de prestige et marinas avec garage nautique incorporé. La polarité sociale est une polarité ethnique. Mais les jolis sentiers du jardin botanique du mont Ouen-Toro sont aussi vides que bien tenus. Métros et Caldoches les ignorent, et les Mélanésiens ne se sentent pas chez eux dans Nouméa.

L'Agence culturelle kanak, encore en projet lors de mon passage en 1989, est dans ses meubles à l'île Nou, ancien centre du bagne. Salons d'honneur style Napoléon III, beaux bâtiments de pierre et brique, galeries couvertes, tout est désormais au service de la culture mélanésienne. Je retrouve le directeur de l'Agence, Octave Togna dit « Tatanne », que j'avais connu en France, et nous devisons sur la place originale de charnière qu'occupe la Calédonie dans l'espace pacifique, de double charnière plutôt. Au contact entre le monde blanc (français et surtout anglo-saxon) et les archipels océaniens, au contact aussi entre sociétés mélanésiennes et polynésiennes. Les Polynésiens, navigateurs venus de Fiji et de Samoa, sont arrivés très tôt en vue de la « Grande Terre » tenue par les paysans mélanésiens ; ils se sont installés dans des bases insulaires toutes proches, les Loyauté, les Belep, l'île des Pins. Analyse géopolitique stimulante, dont ont été bien incapables ces Blancs dont la métropole si lointaine occupait tout l'horizon mental.

Guadalcanal et Port-Moresby, juillet-août 1993. Autant la Nouvelle-Calédonie et dans une certaine mesure le Vanuatu sont traversés de tensions politiques aiguës, autant les îles Salomon – troisième archipel mélanésien dont je fais la connaissance – offrent une image de ruralité paisible. 92 % de leurs 300 000 habitants vivent à la campagne et dans

Mendana Street[12], l'unique rue du chef-lieu Honiara, la foule des piétons reste une foule paysanne.

Dans le drapeau des Salomon, choisi à la hâte quand Londres se retira en 1978, des bandes parallèles alternent le jaune du soleil, le vert des forêts, le bleu de l'océan sur fond blanc, le tout frappé de l'emblématique Croix du Sud. Ce fond blanc ne serait-il pas – symbolisme involontaire – celui même de ce pays non développé, à la recherche de son avenir, et qui devra arriver à maîtriser les ressources de ses eaux bordières et de ses riches forêts. Mais les grosses sociétés coréennes et malaises pratiquent ici un *logging* (abattage) forcené, incompatible avec le renouvellement naturel du patrimoine forestier. Le gouvernement à tendance travailliste qui vient de prendre le pouvoir (mais avec une seule voix de majorité au Parlement) pourra-t-il obtenir la révision de ces contrats trop inégaux[13] ?

Le protectorat anglais avait été établi à la fin du XIXe siècle, mais les *masta* (*masters*, en pidgin) ne s'étaient guère souciés du pays ; partis piteusement en 1941 devant l'avance japonaise, ils n'ont pas fait grand-chose après leur retour en 1945, sauf à donner au pays une indépendance tardive. C'est ce que m'expliquent les animateurs mélanésiens et aussi anglo-saxons du SIDT (Solomon Islands Development Trust). Cette grosse ONG qui m'accueille fait partie du réseau PIANGO (Pacific Islands Non-Governmental Organisation), qui coordonne le travail des ONG du monde océanien et avec lequel j'ai noué de bonnes relations à Tahiti. L'idée maîtresse du SIDT, c'est que la vie au village doit conserver son sens, sa validité. Ses soixante-quinze équipes mobiles assurent des formations de base pour la prévention

12. Mendana, amiral espagnol qui « découvrit » en 1568 les îles Salomon. Il choisit pour l'archipel ce nom à résonance biblique, en signe d'une opulence qu'il s'était beaucoup exagérée.

13. Ce gouvernement de coalition fut renversé un an plus tard, et le pouvoir revint aux factions politiciennes plus conservatrices.

des cyclones, l'hygiène, la lutte contre le sida et la malaria, l'équilibre économique des villages.

À la BBC locale, le présentateur engage volontiers le dialogue avec son hôte, le *Paris Profesor blong Istori blong Pasifik*. Mais le lendemain, flop total pour la causerie que l'ex-jésuite John R., un des animateurs du SIDT, m'a invité à donner à son College of Higher Education, sur « la France dans le Pacifique ». Personne ne s'est dérangé malgré affichettes et invitations. John n'a pas pris garde que le jour choisi était celui de la paye mensuelle ; chacun est allé toucher son chèque et fait bombance, à la mélanésienne ! Nous nous consolons avec un grand tour d'Honiara en auto. À la périphérie, pas l'ombre d'un faubourg sordide, mais des jardins familiaux prospères, à l'arrière de la dernière rangée de maisons. Ces gens sont pauvres, ces gens sont à l'aise avec eux-mêmes. Je sais très bien que la situation des Salomon est marginale et sans doute éphémère. On y mesure pourtant la force du fonds authentique de résistance que conservent les sociétés océaniennes, leur capacité à *être*.

Changement de vue, à l'arrivée à Port-Moresby. Deux petites heures ont suffi à l'avion d'Air-Niugini[14], la compagnie nationale de la Papouasie-Nouvelle-Guinée, pour plonger dans un monde de déréliction. La note d'insécurité est donnée dès mon arrivée à la *lodge* universitaire australienne, où des amis de Canberra m'ont obtenu de résider ; de la rue à ma chambre, il me faut manipuler pas moins de cinq cadenas, serrures et verrous successifs. Pour éviter les agressions, les bus publics s'arrêtent dès cinq heures du soir. La lune relaie le soleil, pour faire étinceler l'acier tout neuf des rouleaux de barbelés déployés autour des villas de notre quartier, celui des « expats » étrangers. Un peu à la façon de Mexico, la ville s'est désagrégée, elle a éclaté en microgranulats repliés sur eux-mêmes et qui se défendent agressi-

---

14. Forme pidgin, donc transcrite phonétiquement, du nom anglais du pays : New-Guinea.

vement contre les *raskals*, les bandes de jeunes délinquants désocialisés. Quatre gros gaillards, bâton en main, surveillent l'entrée du restaurant pourtant modeste où j'ai invité le catéchiste Willy, correspondant local du réseau PIANGO. La Nouvelle-Guinée, Eldorado des anthropologues, terre d'élection des grandes carrières ambitieuses à la Margaret Mead ou à la Maurice Godelier, est devenue un paradigme impeccable des pièges régressifs où basculent notre modernité-monde et ses métropoles à la dérive[15].

Une figure m'a marquée pour longtemps, celle du brocanteur-clochard Francis Moroi. Des amis australiens lui ont conseillé de venir me voir ; il a marché toute la nuit depuis le monceau d'immondices où il vit, et où il anime une équipe de collecteurs de ferraille. Une odeur nauséabonde, indicible, l'imprègne en profondeur. Il a 26 ans, il a toujours vécu sur la décharge, il n'est revenu qu'une fois au village pour y enterrer ses parents. Il l'avait quitté tout enfant, il veut y retourner pour monter un projet agricole avec des *street kids* du quartier, il espère l'aide d'une fondation néo-zélandaise. Cet OVNI anthropologique n'oublie pas son passé, il pense à son avenir.

La Nouvelle-Guinée, comme la Sierra Leone, la Birmanie ou la Somalie, est un de ces pays où la société s'est « défaite », où l'État s'est décomposé avant même d'exister effectivement ; constat qui n'entraîne pourtant aucune nostalgie, aucune réhabilitation posthume du régime des *bwanas*, des *mastas* et des *sahibs*. On y mesure plutôt la détresse de sociétés déjà sévèrement frappées par le choc colonial et par ses effets destructeurs, et qui subissent de plein fouet, dans des conditions de totale impréparation, une nouvelle onde de choc, un *tsunami* planétaire : croissance urbaine incontrôlée, chômage massif des jeunes, naufrage agricole, modèle

15. Sur la crise sociale en Papouasie-Nouvelle-Guinée, *cf.* notre article « Port-Moresby et ses temporalités éclatées », publié dans le cahier de la revue *Terrains* consacré aux problèmes du temps (n° 29, septembre 1997).

de consommation frustrant et banalisant, et les déchets que tout cela vient excréter. Ces pays subissent le choc, mais en interface directe, sans disposer du « jeu » temporel, du temps nécessaire de maturation. Ma tournée des archipels mélanésiens, au départ, privilégiait les situations immédiatement politiques et notamment le retour à la souveraineté étatique, autour de laquelle Calédonie et Vanuatu balançaient en sens inverse. Avec les deux figures « en abîme » des Salomon et de la Nouvelle-Guinée, dont l'indépendance n'avait quant à elle posé aucun problème, il s'agit d'un enjeu non moins politique, mais d'une tout autre envergure : le modèle général de développement que l'Occident propose – sinon impose – aux pays du Sud, et dont ceux-ci sont devenus prisonniers pour le pire plutôt que pour le meilleur.

6
Le voyageur philosophant

« À quelles conditions, se demande le préfacier des essais itinérants du professeur américain Al Lingis[1], le voyage peut-il retrouver une portée philosophique, à notre époque de tourisme mondialisé ? » La réponse n'est pas fournie, explique-t-il, par une quelconque théorie générale du voyage dans la grande tradition lévi-straussienne, mais plutôt par des « pérégrinations rapides et polymorphes », riches à ce titre de *curiosités vers l'autre*, de perplexités surtout, d'inquiétudes exigeantes.

Al Lingis, lui-même philosophe excentrique qui préfère affiner ses concepts dans les vallées perdues de Nouvelle-Guinée ou sur les pentes du mont Kenya, loin des colloques académiques, nous invite ainsi à philosopher en voyageant. Répondre à son injonction conduit à préciser les relations entre les itinérances du voyage et un certain nombre de *topoi*, dit-on, de « lieux » philosophiques à partir desquels notre époque tente de s'interroger sur elle-même. Six d'entre eux

1. Alphonse Lingis, *L'ivresse des profondeurs et autres excès*, Paris, Belin, 1997. Préface de Dominique Janicaud, professeur de philosophie à l'université de Nice.

semblent se prêter assez bien à ce dialogue entre voyage et philosophie.

Le voyage est un déplacement dans l'espace, il va vers un « ailleurs » : constat bien banal, qui nous conduit pourtant à nous interroger – premier *topos* – sur la nouvelle relation à l'espace qu'institue notre époque de délocalisation économique, d'ubiquité communicationnelle, de « lignes de fuite » qu'analysaient Gilles Deleuze et Félix Guattari en invoquant les « mille plateaux » sur lesquels chacun se pose au gré de ses pulsions. Le voyage, lui aussi, va-t-il se décomposer en épisodes, en escales où l'on se contente de se poser – l'avion devenu si commun y invite tout naturellement. Le voyageur va-t-il pouvoir, va-t-il vouloir résister à toutes ces formes de déqualification de l'espace, va-t-il garder le sens de l'ailleurs ? Dans cette perspective de résistance, l'idée du voyage comme *cheminement*, proposée dès le premier chapitre de notre essai, prend une force nouvelle.

L'ailleurs conduit à l'*autre*, lui aussi terme clé du voyage. La réflexion sur l'altérité est au cœur de notre crise de société ; souvent indécise, elle balance entre le droit à la différence et la quête d'une solidarité qui unisse les humains de toute condition. Toute l'œuvre d'Emmanuel Lévinas – dont le voyageur-philosophe Lingis est précisément l'introducteur aux États-Unis – tourne autour de la question de « l'autre », elle lance un grand appel humaniste au respect d'autrui dans le respect de soi.

Ce n'est pourtant pas la tête vide que le voyageur va vers l'ailleurs et l'autre. Bien avant son départ, il a réuni sinon construit des images, des informations préalables, des préconceptions, bref des représentations *a priori* – terme commode, même si on le prend ici dans un sens moins rigoureux que celui de la tradition kantienne. À des titres divers, les itinéraires préfabriqués des agences touristiques, les certitudes dogmatiques du militant politique en mission, la culture historique dont dispose par avance l'amateur de sites anciens sont autant d'expressions de cet apriorisme. Au cours du voyage, quel équilibre, quelles interactions peuvent intervenir – troisième *topos* – entre ces représentations mentales préalables, et l'expérience cognitive qu'acquiert sur place le voyageur, soit tout ce qu'il ne pouvait saisir et comprendre qu'une fois arrivé loin de chez lui ?

On est ainsi conduit à réfléchir sur la cohérence que le voyage peut acquérir peu à peu dans l'esprit du voyageur, au fil des étapes. Le voyage postmoderne, tel l'architecte Bofill « bricolant » des façades où cohabitent dans le désordre les frontons grecs, les torsades Renaissance et de plates surfaces fonctionnalistes, s'en tient volontiers à la juxtaposition aléatoire des ailleurs successifs qu'il rencontre sur sa route. Faut-il s'abandonner ainsi aux séductions de la « déconstruction » doctrinale – autre enjeu philosophique majeur, que notre époque inquiète et désorientée tend à privilégier ? Ne faut-il pas réfléchir plutôt au *sens*, notion dont les postmodernes célèbrent la déchéance, qui se dégagera du voyage au terme de celui-ci ?

S'il s'en tient à l'individualisme narcissique et hédoniste – encore un *topos* –, le voyageur ne risque guère non plus de se poser la question du sens. Tout pousse pourtant au culte de soi, dans le discours dominant du consumérisme. Le voyage, devenu matériau culturel de large consommation marchande, peut-il se défendre contre un tel enfermement quasi autiste, que symbolisent assez bien les enclaves déréalisées du « Club Méd » ? Peut-il encore accéder au Nous, en dépassant l'opposition entre le Moi tant célébré et le Eux dont on se soucie de moins en moins ?

Emporté lui aussi dans le grand mouvement de globalisation technique et financière, bénéficiant de ses facilités pratiques comme de son imaginaire attrayant, le voyage se déploie sans effort à la surface de la Terre. Est-il capable pour autant d'atteindre à l'*universel* ? Ce sixième *topos* récapitule et accomplit les cinq autres. « Quelle communauté peut s'instituer entre des gens qui n'ont rien en commun ? », pour reprendre littéralement le titre[2] d'un ouvrage de notre cicérone philosophant.

C'est un autre philosophe pérégrinant, Stanislas Breton, théologien par surcroît mais non moins « ex »-centrique, qui nous invite à interroger comme « révélateurs de l'être » les relations du même et de l'autre, de l'ici et de l'ailleurs. Entraîné par le vertige ontologique du désert australien, traumatisé par l'extrême violence des chutes géantes de l'Iguazu sur les confins argentino-brésiliens, happé par le vide si dense des rives du Gange sous la première lumière du matin, Breton s'efforce sur ces trois sites illustres – et sur maints autres – de réaliser le « transit » – terme de spiritualité religieuse – de l'*ad* vers l'*in*, de l'aller-vers à l'être-dans, en tant que deux manières distinctes et pourtant indissociables d'*être-dans-le-monde*[3].

Entre les fresques de Danse des Morts, les désastres de la Grande Peste et l'invention du sablier, ce merveilleux artefact philosophique qui matérialise le flux irréversible du passé vers le futur à travers l'étroit goulot du présent, le XIVe siècle avait voulu débattre des « universaux », en tant que référents généraux qui structurent la pensée humaine. À notre tour, ne sommes-nous pas à la recherche de nouveaux universaux, qui soient à la mesure de notre planète en crise et de ses deux exigences contradictoires ? C'est-à-dire qui respectent les cultures particulières encore bien vivantes dans leur riche diversité, et qui soient pourtant porteurs de *sens* pour l'ensemble des peuples de la planète. Droits des femmes, respect de l'environnement naturel, libertés civiles, intégrité du corps humain, refus des violences guerrières, tous ces objectifs d'intérêt universel ne peuvent être reconnus par tous que s'ils s'enracinent dans la réalité propre de chaque société.

---

2. Al Lingis, *The community of those who have nothing in common*, Indiana University Press, 1994.
3. Stanislas Breton, *L'autre et l'ailleurs*, Paris, Descartes et Cie, 1995.

Dans son principe même, le voyage est un exercice philosophique qui réalise le transit entre l'infinie diversité des pays du globe et leur commune appartenance à l'humaine condition. À ce titre, il a toute sa place dans la quête obstinée de ces nouveaux universaux.

L'ailleurs se pare bien souvent des charmes de l'exotisme, dont le compagnonnage avec le voyage apparaît dès la plus ancienne mention attestée dans notre langue. La même phrase du *Pantagruel* de Rabelais est reproduite, et par le *Grand Littré* et par le *Grand Robert*, pour évoquer les flâneries facétieuses de Panurge et de sa bande, sur un quai où se pressent maintes «*marchandises exoticques et pérégrines*».

Des marchandises et friandises, l'exotisme a peu à peu gagné le champ des sensations, sinon de la sensualité. Nos poètes symbolistes de la fin du XIXe siècle ont consacré les séductions de cet exotisme, qui couronne la flamme du voyageur et en assouvit la passion. En pays lointain, on cultive le dépaysement et l'émotion esthétisante, on s'étourdit du spectacle de coutumes étranges, on s'abandonne, tel Segalen se grisant des enchantements de Tahiti :

> Je t'ai dit avoir été heureux sous les tropiques, écrivait-il à un de ses amis. C'est violemment vrai. Pendant deux ans, j'ai mal dormi de joie. J'ai eu des réveils à pleurer d'ivresse du jour qui montait… Toute l'île venait à moi comme une femme[4]…

L'exotisme se veut d'abord un *exo*, un départ loin du pays qu'on quitte, une rupture avec les siens. D'emblée, l'exotisme renonce à un des ressorts majeurs du voyage : le dialogue permanent entre la société dont le voyageur est issu et à laquelle tant de liens continuent à le rattacher, et l'ailleurs, le pays que celui-ci découvre dans toute son alté-

4. Lettre à Henri Manceron, 1904.

rité. Du même mouvement, on passe du familier à l'exotique et du Nous au Je. Exotisme-égotisme, une seule petite lettre suffit et la différence est bien mince, entre ces deux termes à l'assonance un peu suspecte. Seul le moi serait capable d'aller vers l'étrange, l'insolite et l'enivrant. Les « adeptes » de l'exotisme (au sens qu'avait ce terme au XVIIIe siècle, c'est-à-dire les détenteurs d'un savoir secret) se veulent indifférents à ce qui est peut-être le meilleur du voyage, son principe même : le passage du Je au Nous à travers l'Autre.

S'il est laissé à ses seules ressources, remarque d'ailleurs Gilles Lapouge avec sa coutumière perspicacité démystifiante, l'exotisme est bien incapable de déployer les facultés d'envoûtement qu'on lui prête trop complaisamment. Il peut rarement se passer de repères mentaux préalables. Sans les timbres-poste studieusement collectionnés dans son enfance, Lapouge n'aurait jamais rêvé aux pays dont la découverte devait ensuite enchanter son âge adulte[5]. Un peu comme Emma Bovary qui, rappelle-t-il, avait besoin de se remémorer ses lectures pour goûter pleinement les caresses de ses amants.

Madame Bovary n'était pas la seule à avoir besoin de lectures pour stimuler ses sensations. Souvent investis d'un éminent magistère ès exotismes, les écrivains-voyageurs du Sud-Pacifique illustrent assez bien cet état de non-spontanéité, cette dépendance vis-à-vis des écrits de leurs devanciers. Ils ont parcouru le Grand Océan livre en mains, ils se sont passé le relais au fil d'une interminable « navigation bibliothécaire », selon l'heureuse expression de Jean Scemla[6]. Jack London mettait le cap sur Samoa, en hommage à son auteur favori Stevenson dont il voulait saluer la tombe, et Stevenson avant lui avait cherché aux îles Marquises l'écho

5. Gilles Lapouge, « Les timbres-poste de l'exotisme », texte paru dans le volume collectif *Pour une littérature voyageuse*, Bruxelles, Éditions Complexe, 1992.
6. Jean Scemla, « Une navigation bibliothécaire océanienne », *Bulletin de la société d'études océaniennes*, septembre 1984.

lointain des romans polynésiens de Melville. De son côté, Alain Gerbault, le navigateur solitaire des années vingt, était nourri des écrits de Segalen, lequel, à peine arrivé à Tahiti, était reparti aux Marquises comme à l'appel de Gauguin qui venait d'y mourir. Tous trois, Gerbault, Segalen et Gauguin, connaissaient à fond leur Bougainville, seul navigateur-écrivain du Pacifique dont aucun devancier n'avait pu influencer le regard; son voyage, placé sous l'égide des Lumières et de la Raison, était resté étranger à l'exotisme passionnel qui allait plus tard embraser les membres de la confrérie littéraire du Pacifique.

Il n'est pas non plus surprenant que l'exotisme, nourri au départ de maints stimulants factices, ait besoin au retour de se réifier, de se chosifier. Nos voyageurs de la Belle Époque, à l'exemple d'un Loti ou d'un Segalen, tenaient beaucoup à perpétuer les sensations exotiques ramenées de leurs voyages, grâce aux tentures, aux trophées et ustensiles, aux mille objets étranges qui envahissaient leur salon ou leur cabinet de travail, à la limite de la saturation. Ce qui était alors un luxe de dandy est devenu un marché culturel de large consommation, un de plus, et rares sont les voyageurs qui ne succombent pas à la tentation.

Forme extrême de cet exotisme commercialisé, c'est désormais sur place que des sociétés entières se trouvent « exotisées », transformées en artefacts collectifs. On les encourage – ainsi les Amérindiens des États-Unis – à troquer l'être pour le paraître, à ne plus exhiber leurs rituels, leurs costumes « authentiques », leurs créations artisanales, qu'à l'intention des visiteurs et de leurs dollars. La même évolution menace les Aborigènes australiens, dont l'art très original abandonne pour l'acrylique les pigments naturels, la cendre, le charbon de bois, les ocres du désert, et dont la thématique évolue au gré des commandes passées par les grandes galeries de Sydney et de New York.

Pour s'interroger sur l'ici et l'ailleurs – thème philosophique majeur du voyage –, le *régime d'historicité* est sans doute une meilleure « entrée » que l'exotisme. Si les sociétés que le voyageur rencontre sur sa route représentent un ailleurs, si elles peuvent ainsi répondre à l'attente de différence et d'altérité qui est inhérente à tout voyage, c'est qu'elles procèdent d'une histoire différente, d'un passé différent. La diversité qualitative des sociétés du monde se lit à la verticale du temps.

L'attrait particulier que, de longue date et encore de nos jours, les voyageurs éprouvent pour des lieux privilégiés, coupés en apparence de toutes les autres sociétés de la terre, tient précisément à leur état d'extrême dissociation temporelle. Petra en Jordanie, l'île de Pâques, Bluefields au Nicaragua, Herāt en Afghanistan sont tous quatre des isolats qui semblent épargnés, comme dans une faille du temps ; tous quatre invitent à des échappées oniriques vers un ailleurs absolu. Cette singularité faisait tout récemment, fait peut-être encore la force des ruines nabatéennes de Petra. Ou des *moai* géants dressés par les anciens Pascuans sur le rivage de leur île perdue, comme pour défier des immensités océanes totalement vides de toute présence humaine, sur des milliers de kilomètres. Ou encore du petit Harlem tropical qu'était en 1980 la ville de Bluefields sur la côte atlantique du Nicaragua, assoupie en permanence dans sa chaleur pluvieuse, et qu'effleurait à peine le projet révolutionnaire sandiniste.

Entre tant de lieux coupés du monde, l'auteur de cet essai peut aussi rappeler Herāt, où il passa quelques jours au printemps 1947, sur la route qui relie Téhéran à Kaboul. Cette capitale historique de l'Afghanistan occidental semblait intacte, intouchée par l'érosion du temps. D'immenses buissons de roses embaumaient dans les rues dont voitures et camions étaient totalement absents. De très vieux artisans taillaient à la main de délicates rosaces de céramique vernissée, destinées à la décoration murale. Un extraordinaire dignitaire religieux, dont le lourd turban de soie, la barbe vénérable et le sourire prévenant semblaient flotter dans un Orient de légende, recevait ses visiteurs français avec une lente dignité sereine, nullement embarrassé par sa totale ignorance d'aucune langue étrangère.

Petra, Pâques, Bluefields, Herāt, ces quatre images d'un ailleurs sans défaut, ces quatre isolats, à y regarder de plus près, ne sont-ils pas plutôt des reliquats ? Le charme insaisissable et ténu qui s'en dégage, le sentiment de paix intense qui étreint d'emblée le visiteur, l'attrait de leur vie insolite et là-bas si ordinaire, ne tiennent-ils pas au contact paradoxal et direct avec des âges très anciens. L'un fait revivre une somptueuse capitale engloutie depuis des siècles dans les sables du désert, l'autre les migrations légendaires des anciens Pascuans, rameau perdu de la civilisation inca selon les théories visionnaires de Thor Heyerdahl, le troisième le trafic des esclaves et les raids de piraterie sur la côte caraïbe au XVIIIe siècle, le dernier les émirats-oasis du Moyen-Orient musulman classique.

Ces isolats-reliquats, au demeurant de plus en plus rares et précaires, ne représentent que la forme limite d'une situation bien plus générale : qu'ils soient proches ou lointains selon l'espace, les ailleurs du voyage n'existent comme tels que dans leur altérité temporelle. Le voyageur philosophant est ici invité à cheminer en compagnie du voyageur historien, dont on a déjà analysé plus haut le dialogue permanent entre l'ailleurs du présent et l'ailleurs du passé ; les villes « sédimentaires » et récapitulatives de Méditerranée en ont offert un exemple éminent.

Pour mieux inscrire le voyage dans la dimension du temps, on peut aussi « convoquer » – terme à la mode – les écrivains-voyageurs et entendre leur témoignage. C'est ainsi que, familier de longue date avec l'œuvre littéraire d'Heinrich Böll, j'avais tenu en 1995 à emporter avec moi son journal irlandais[7], lors d'un voyage dans la verte Érin. Sévère

7. Heinrich Böll, *Journal d'Irlande*, Paris, Le Seuil, 1956.

confrontation ! De l'Irlande que Böll avait connue et aimée près de quarante ans plus tôt ne subsistaient que les dernières lueurs d'une planète presque éteinte. La tourbe, combustible national, était encore utilisée dans les centrales électriques ; mais on en cherche vainement les piles naguère entassées à la porte des maisons individuelles de Dublin, et seuls les villages reculés de l'Ouest en usaient encore quotidiennement. En revanche, c'est en tourbe pressée, aussi brillante que du plastique, qu'on offre aux touristes des statues de saint Colomban et autres figures tutélaires du catholicisme irlandais. Évanouis aussi, les nonnes et les prêtres à la robe de bure, « tirant leur chapelet de leurs poches profondes ou déployant leur soutane en ailes noires » ; le concile de Vatican II est passé par là. Les routes d'Irlande, totalement libres au temps de Böll, ont cessé d'être « le royaume des vaches », elles sont tombées au pouvoir de chauffards aussi imprévisibles qu'irresponsables.

Mais les *pubs* sont toujours là, aussi accueillants, désinvoltes et désordonnés. Et les « églises sans encens » qui avaient tant intrigué le visiteur allemand. Dans la cathédrale Saint-Patrick, les mêmes plaques de cuivre toujours étincelantes signalent les tombes de Swift le « doyen désespéré », et de sa Stella. Entre 1956 et 1995, le fleuve du temps a emporté une Irlande, il nous propose une autre Irlande, nouvelle et pourtant si semblable.

Voyager, jusqu'au milieu du XXe siècle et même plus près de nous, c'était voyager dans la pluralité foncière des sociétés humaines. La même soif du différent mit en mouvement tant de voyageurs illustres, aiguisa leur regard, et continue à animer les récits qu'ils nous ont laissés : Ibn-Battuta et Marco Polo, Bougainville et Cook, Alexandre de Humboldt, Chateaubriand et à sa suite les grands poètes randonneurs du romantisme, ou plus récemment les globe-trotters professionnels à la Mark Twain. Le monde qu'ils parcouraient en tous sens était un monde dont chaque peuple et chaque culture, sinon chaque île et chaque canton présentaient au voyageur des traits toujours renouvelés, au fil des étapes et des escales. Des traits qui, il n'y a pas à y revenir, étaient profondément ancrés dans le passé et qui, au terme d'histoires toujours différentes, surgissaient à la verticale du temps autant qu'à l'horizon du voyage.

C'est en revanche sur les lignes horizontales et plates de notre espace terrestre désormais mondialisé que se perd de plus en plus le regard du voyageur. Celui-ci n'a pas renoncé à ses rêves d'exotisme, il s'obstine à chercher l'ailleurs, mais de plus en plus souvent, il bute sur des situations de conformité paradigmatique et des figures d'intégration systémique, issues du mouvement général de globalisation.

De continent en continent, on voyage désormais dans la mondialité, dont on a déjà analysé ici les effets de massification banalisante et appauvrissante. De Panama à Pékin et d'Abidjan à Athènes, on est ballotté entre les mêmes grands ensembles de résidence grégaire, les mêmes hypermarchés de consommation non moins massifiants, les mêmes échangeurs autoroutiers anxiogènes et frustrants. On arrive dans ces pays l'esprit parfaitement disponible, ouvert à une relation riche et stimulante avec l'autre, et on se trouve rejeté vers les figures répétitives d'un même dont, chez soi, on a déjà subi la médiocrité.

Face à ces lieux de mondialité, à la monotonie inerte d'un Denver étiré sur quatre-vingts kilomètres en contrebas du magnifique panorama des Rocheuses; à la chair flasque du Grand-Sydney, étalée à plat autour de sa baie splendide telle une jambe atteinte d'éléphantiasis; au magma jaunâtre et délétère où s'englue un Mexico privé à jamais de l'altière ceinture montagneuse qui avait jadis ébloui Fernand Cortez; à un Monastir envahi sur le rivage tunisien par de massives et prétentieuses structures hôtelières où vient se déverser la grande transhumance vacancière germano-scandinave; à la thrombose véhiculaire aiguë qui oblige à des heures d'attente, sur les routes de Tahiti, quiconque veut le matin gagner son lieu de travail à Papeete, la capitale de l'île; face à tant d'images agressives de cette « modernité-merdonité » naguère dénoncée par Michel Leiris[8], face à ce que l'anthropologue-poète appelait « des lieux chargés d'horreur », vaut-il la peine de leur accorder la même attention qu'à une pyramide aztèque retournée à la forêt, à un village chinois encore intact dans sa paix bucolique, à une forteresse vénitienne sur le littoral grec ?

S'imposer cet effort, accepter d'être un voyageur du monde-tel-qu'il-est, c'est sans doute le prix à payer, pour pouvoir légitimement s'interroger sur le devenir à la fois pluriel et unifié des sociétés contemporaines. D'un côté, l'uniformisation et l'homogénéisation croissante des espaces urbains, des aménagements côtiers, des systèmes de circulation et de transport, donc à la fois des paysages et des modes de vie sinon de pensée. De l'autre, la diversité obstinée des cultures historisées.

Cette diversité reste un fait majeur de notre société mondiale. Elle est loin de se limiter aux signes épars, qui se glissent furtivement dans les interstices de l'inerte massivité mondialisée : on a déjà noté qu'un peu partout, de tours résidentielles en hypermarchés, « quelque chose résiste », au Chili comme à Hongkong. Mais le problème est bien plus général et c'est sur des sociétés entières qu'on s'interroge dans toute leur épaisseur : la Chine avec ses baguettes des repas et ses idéogrammes, le Brésil avec son bariolage ethnique et sa joie de vivre, l'Australie qui, du haut en bas de l'échelle sociale, préserve un peu de sa simplicité broussarde. Voyager dans le monde, c'est philosopher sur le monde, c'est s'interroger sur l'équilibre toujours instable qui s'éta-

8. Michel Leiris, « Modernité-merdonité », *Nouvelle revue française*, octobre 1981.

blira peut-être entre les pesanteurs de l'uniformité et les forces restées bien vivantes de la diversité.

Plus encore que la pluralité culturelle héritée du passé, *l'autre* se maintient et s'amplifie dans les pays du « Sud », et les figures en sont intolérables, insoutenables. Le même processus de mondialisation, qui semble unifier et homogénéiser les diverses sociétés de la Terre, joue ici dans le sens de la polarisation, de la fracture, de la « société duale planétaire ». Ainsi se dessine une antiplanète, dont les masses les plus dures sont constituées par le milliard d'être humains tombés – chiffre qu'on ne doit pas se lasser de citer – au-dessous du seuil de pauvreté absolue.

Que l'occasion se présente de passer dans l'*otro lado*, l'autre côté, et de rencontrer si brièvement et superficiellement que ce soit les déshérités de l'antiplanète, et le voyageur se trouve placé devant un choix moral très lourd. Il a beau être préparé par les appels au secours des ONG ou les images diffusées par les médias, le choc est rude. Voici que se présente *in vivo*, et à des centaines de millions d'exemplaires, l'Autre-en-soi, l'Exclu-en-soi. Un Autre, un Exclu dont, chez lui, le voyageur a déjà cherché à détourner le regard quand il est confronté à sa misère indicible.

Que faire ? Comment, à l'autre bout du monde, prétendre que ces gens n'existent pas – ce qui revient à prendre son parti des processus de rejet et d'exclusion ? Et comment, si on fait le choix inverse, éviter de se trouver placé même de bonne foi dans la situation d'un voyageur-voyeur, avec les risques mérités, de l'insulte à l'agression, que peut entraîner une telle intrusion ? Le problème est réel, voire tragique – le mot n'est pas forcé ; il se pose à tous les voyageurs qui, dès qu'ils sortent des enclaves touristiques de rêve et des itinéraires bien balisés des voyagistes, seront instantanément assaillis par des nuées d'enfants faméliques et des vagues déferlantes de mendiants. Plus sévères, plus insupportables encore, sont les regards de ceux qui, réfugiés dans le silence et s'abstenant de tout geste démonstratif, ne laissent filtrer que la détresse, la dignité à laquelle on s'accroche, le blâme qu'on ne peut retenir en face du visiteur nanti et bien nourri. Eux aussi nous regardent de tous leurs yeux...

Disons tout net qu'il n'existe aucune solution, strictement aucune. Et plus précisément, que des pans entiers de la société mondiale, voire des pays entiers d'Asie, d'Afrique ou d'Amérique latine, sont aujourd'hui *devenus* inaccessibles non seulement au voyageur de bonne compagnie, mais aussi au modeste routard sans exigences et sans ressources. Tel est le corollaire, dans le champ particulier des voyages lointains, des effrayants progrès de la grande précarité et aussi de l'insécurité de par le monde.

Dans les années soixante, une jeune étudiante française, si inexpérimentée fût-elle, pouvait descendre seule la « Transaméricaine » de Colombie britannique à la Terre de Feu, sans être jamais inquiétée ni molestée. À la même époque, il était habituel pour des universitaires australiens même âgés de prendre à Munich un Pullman en direction de Delhi, pour rejoindre ensuite Canberra en avion, bateau et rail. Ce qui, dans les deux cas, passait il y a trente ou quarante ans pour des expéditions « sans problèmes », mais non sans attraits, est devenu parfaitement impensable.

Pour le voyageur occidental conscient de la misère du monde, il n'y a finalement que deux attitudes possibles, qui, si différentes soient-elles, ne font l'une et l'autre que contourner le problème. Ou bien restreindre désormais ses libres errances aux pays, au moins aux régions dont le niveau de vie et les conditions de sécurité ne sont pas trop différentes de ceux de l'Occident ; on est assuré ainsi d'éviter la situation malsaine, ou de voyeur, ou de proie fort tentante. Ou bien, ne passer effectivement de l'autre côté du miroir qu'en compagnie d'amis « locaux », déjà familiers avec ceux qu'on va rencontrer ; et se trouver ainsi prémuni contre les réflexes, ou de dignité blessée ou d'agressivité hostile.

Telle fut à plusieurs reprises mon expérience très individuelle, dans les quartiers les plus sordides de Tijuana dans le Nord du Mexique, ou dans les *favelas* de la banlieue de Rio, terme devenu générique, ou dans un *settlement* aborigène de Nouvelle-Galles du Sud, où le désœuvrement le plus avilissant le disputait à l'état d'extrême négligence des lieux et des gens. En ces trois occasions, la présence d'un travailleur social connu et respecté des intéressés m'avait épargné silences et avanies. Je n'étais plus tout à fait un intrus.

Le fait demeure, il s'impose à nous : le voyage, comme rapport à l'autre, comme contact avec d'autres sociétés plus encore que d'autres personnes, paie au prix fort le caractère contradictoire et les retombées négatives de la mondialisation. Les techniques ont fait des progrès « fantastiques », terme de rigueur, et l'information, les images, les personnes, les prestations pratiques circulent d'une extrémité à l'autre de la planète dans des délais incroyablement courts ; le voyage ne va-t-il pas entrer drapeau en tête dans une ère de liberté planétaire, d'ubiquité planétaire sans limites ? Mais cette même mondialisation opère aussi, et du même pas, comme un processus de polarisation quasi schizophrène, elle creuse l'écart entre la planète des riches et celle des pauvres ; et voilà que, du même coup, le voyageur se trouve *de facto* interdit de séjour dans de vastes zones soit rurales, soit surtout urbaines de la planète, celles où tentent de survivre la majeure partie des six milliards d'humains.

« Ouvrons le livre des livres, disait du monde Lamartine ; vivons, voyons, voyageons : *le monde est un livre* dont chaque pas nous tourne une page[9]... » Mais ce vieux rêve de lire dans le livre du monde, loin de profiter du progrès de nos technologies de communication, tend plutôt à s'éloigner et à s'évanouir. Si le monde reste un livre, il devient d'autant

9. Lamartine, *Souvenirs... pendant un voyage en Orient*, Paris, 1875.

plus difficile à parcourir qu'il se trouve maculé, disloqué, rongé par la « nouvelle pauvreté » planétaire ; maintes pages, sinon des liasses entières s'en détachent en désordre. Qui peut ambitionner de le lire dans son intégralité ?

Le voyage est un transit, a-t-on dit, mais dont le sujet en mouvement demeure le moi du voyageur, dans son indépassable individualité toujours en éveil. De l'ici à l'ailleurs, du même à l'autre, c'est bien lui et lui seul qui accueille et assume la rencontre du nouveau.

Ne voyagerait-on finalement que dans la compagnie immuable et inchangée de son ego ? La lignée est longue, des voyageurs du narcissisme sinon du solipsisme ; leur moi hypertrophié occupe en permanence les horizons du voyage. Le nom de « Jean-Jacques » suffit ici, enfermé dans l'orgueil rêveur de ses promenades solitaires. Plus marginal, car poussé par l'ambition plutôt que par l'affectivité du moi, on peut évoquer aussi les *ego-trips* du jeune Australien George Morrison (1862-1920), qui à la fin du XIXe siècle traversa à pied du sud au nord son pays-continent, puis la Chine entière, dans le seul but de se faire un nom. Il voulait « arriver » à la renommée, plus encore qu'au terme de ses randonnées… Ses exploits lui valurent effectivement de se voir proposer le poste envié de correspondant permanent à Pékin du *Times* de Londres.

L'autre et l'ailleurs, dans ces cas de figure, ne seraient qu'un faire-valoir du moi itinérant. On part du soi, on se plaît dans la seule compagnie de soi, et le voyage n'est qu'un perpétuel pour-soi, une permanente autocélébration du voyageur.

À cette démarche de complaisance introvertie, donc bien pauvre et bien réductrice, on peut sans doute opposer la réalité du voyage comme échange continu entre le moi et le monde, entre le moi et le nous. Non certes que la personnalité profonde du voyageur soit en rien tenue de s'effacer, de s'esquiver. Elle est comme fouettée, sommée de jouer à fond, au contact de l'ailleurs et de l'autre.

Il faut improviser, jauger les situations, trouver le bon interlocuteur, évaluer d'instinct les divers itinéraires, inspirer confiance, ne pas se laisser rebuter par des difficultés imprévues. Les ressorts cachés et les ressources insoupçonnées du caractère de chacun se révèlent soudain et s'affinent. On est loin de son pays, on est donc sans inhibitions, on ne risque pas que se projette soudain en travers de la route l'image moins favorable qu'on a pu naguère offrir de soi dans d'autres circonstances. *On donne le meilleur de soi-même*. Le voyage est bien un révélateur du moi, du fait même que – récusant les errances solipsistes à la Rousseau – ce moi doit compter en permanence avec le monde et avec le nous.

Au contact de tant de coutumes inconnues et de situations nouvelles, l'horizon du voyageur s'élargit, il embrasse toute la complexité du monde. On quitte, dit le voyageur théologien Stanislas Breton, le « corset de zinc » de son milieu, de sa tribu[10], et c'est en faisant l'expérience des autres qu'on avance vers un autre soi. Pour désigner l'expérience, un des termes dont dispose la langue allemande est *Erfahrung* ; c'est-à-dire un processus d'acquisition (*Er*), en tant que fruit d'une locomotion (*fahren*). Cette unité de l'itinérance et de l'expérience est inhérente au principe même du voyage.

Du même pas, le voyageur progresse autour de lui-même et autour du monde. Il accomplit ainsi une double révolution, à la fois au sens politique et au sens astronomique de ce terme. Engagé dans cette démarche de circularité, de cheminement mutant, avons-nous déjà indiqué, le voyage est tout autre chose qu'un simple aller et retour.

Si le voyage, il faut y insister, approfondit le rapport au moi, c'est qu'il permet d'accéder au nous à travers le eux :

10. Stanislas Breton, *L'autre et l'ailleurs*.

ceux vers qui l'on va, ceux dont on porte témoignage, ceux aussi dont s'ouvrent les portes. L'accueil, suggérait déjà Jules Verne, représente au fil du voyage un moment-médiation très fort entre le moi, le eux, le nous ; il assure une sorte de fonction fusionnelle dont maints voyageurs ont fait l'expérience heureuse, entre le moi du visiteur, et le eux des hôtes. Le nous qui s'instaure ainsi, tout éphémère soit-il, prépare et préfigure le nous plus général et plus durable, auquel accède le voyageur au terme de sa route. Le voyage digne de ce nom se situe ainsi à l'opposé même de la dérive d'exotisme-égotisme, obstinée à ignorer le nous et enfermée dans le moi.

Les grands voyageurs romantiques, loin d'être asservis à leur moi comme le suggère la tradition commune, étaient très sensibles aux rencontres fortuites avec l'autre. Sur les routes du Moyen-Orient et sur les rives de la Méditerranée orientale – une de leurs destinations favorites –, Chateaubriand, Lamartine, Nerval ou Dumas pouvaient observer le caractère, les postures, les habitudes d'un consul hospitalier, d'un marin bougon mais serviable, d'un patient meneur d'ânes, d'un vieil érudit toujours disponible. Derrière le eux, derrière la diversité des personnalités particulières et le comportement facilement identifiable des taciturnes et des cordiaux, des colériques et des obstinés, derrière aussi la force de ce qu'on n'appelait pas encore le lien social, villages, familles, communautés religieuses ou ethniques, ils se plaisaient à chercher le nous, soit les *universaux* de l'humaine condition.

Inscrite elle aussi dans cette lignée romantique, Flora Tristan, l'aristocrate péruvienne rejetée par les siens, avait poussé la quête du nous jusque chez les humiliés et les déshérités ; elle a retracé cette recherche dans ses *Pérégrinations d'une paria*. Son petit-fils Gauguin, fuyant la France, quittant même Tahiti encore trop policé pour les Marquises plus frustes et plus secrètes, parvenu ainsi au terme ultime de ses errances individualistes, y retrouve paradoxalement le nous et l'inscrit à l'angle d'une de ses plus fortes toiles : « Qui sommes-*nous*, d'où venons-*nous*, où allons-*nous* ? » Telle grand-mère, tel petit-fils...

Affirmer la force philosophique du voyage comme *transit* mental entre l'ici et l'ailleurs, le même et l'autre, le eux, le moi et le nous, c'est prendre délibérément ses distances, vis-à-vis des adeptes (toujours au sens du XVIIIe siècle) du voyage postmoderne. Si présente dans le film, le design, l'essai littéraire, la philosophie surtout, la vogue médiatico-conceptuelle de la « déconstruction » aléatoire et du flou postmoderne ne pouvait épargner le voyage, ce lieu par excellence des errances, des dérives et des évasions tant spatiales qu'intellectuelles. Avec verve, avec componction parfois aussi, les écrivains itinérants de la postmodernité se sont acharnés contre le classique « récit de voyage », et derrière lui contre le regard voyageur comme acte social. Ne manquant pas de talent, d'entregent souvent aussi, volontiers diserts et inventifs, leur voyage proprement dit et la relation qu'ils en présentent semblent se dissoudre dans leur moi-en-voyage[11].

Mis sur le marché avec savoir-faire, le voyage postmoderne se dégrade en *trip* et s'y trouve à l'aise. Ce terme bien banal du « franglais » populaire désigne, on le sait, toute espèce de fuite dans l'introverti, le désocialisé, l'irrationnel, le détemporalisé, toute espèce de rejet du sens et du projet. L'itinérance, reconnaît sans embarras Nicolas Bouvier – peut-être le plus sensible et le plus sincère auteur de la postmodernité voyageuse – agit comme un « sésame de déracinement », exactement sur le même mode que l'alcool, l'opium ou la méditation immobile[12].

11. Le volume *Pour une littérature voyageuse* (ci-dessus, note 5) offre une bonne vue générale de ce courant d'idées. Le Festival annuel de Saint-Malo, « Étonnants voyageurs », est pour ces auteurs l'occasion de rencontrer leurs fidèles.
12. Nicolas Bouvier, « La clé des champs » (texte paru dans le recueil *Pour une littérature voyageuse*).

Désormais sans but, sans fil conducteur, ces voyages-fuites s'épanouissent en voyages-fugues, au sens musical du terme ; ils cultivent le contraste et la rupture de ton, ils se plaisent dans le furtif et le non-dicible. Ils aiment à s'étonner d'eux-mêmes autant que des pays où leurs pas les conduisent, et ne dédaignent pas d'étonner leur public de lecteurs et d'auditeurs…

La relation fondatrice entre l'ici et l'ailleurs perd toute pertinence, pour ces disciples trop zélés de la théorie de la déconstruction philosophique. « Je ne suis pas d'ici », répète volontiers Michel Lebris, un très actif porte-parole de cette tribu ; il dit s'abandonner au cri du monde du fond de son grenier breton, « en s'inventant des univers superbes, tandis que le taraude l'inguérissable blessure d'un univers perdu[13] ». Mais l'ailleurs est frappé de déréalisation, autant que l'ici ; il se dérobe et se dissout dans les « lignes de fuite » de l'horizon – figure optique et surtout démission de l'esprit. Se dérobant à mesure qu'avance le voyageur, l'ailleurs culmine et se sublime en mirage ultime…

« Seule compte la puissance d'être en chemin, sans autre but », disait déjà Hermann Hesse cité par Kenneth White, l'initiateur du voyage postmoderne comme « géopoétique[14] ». Le voyage de dérive aléatoire n'a d'autre but, selon Jacques Lacarrière, que de « perdre son temps[15] ».

Le *nous* est un autre grand absent, une victime plutôt de ces ivresses de déracinement. Le voyageur aventurier, chaussé de ses « semelles de vent », ne connaît guère plus que son moi-je. Simplement, il va le transporter avec lui d'océans en continents, s'accommodant avec bonne humeur des « êtres » qu'il rencontre successivement, comme cadre matériel, comme climat culturel, comme personnes s'il le faut. La relation stimulante entre le même et l'autre s'efface devant

13. Michel Lebris, « Fragments du royaume » (*ibid.*).
14. Kenneth White, « Petit album nomade » (*ibid.*).
15. Jacques Lacarrière, « Le bernard-l'hermite ou le treizième voyage » (*ibid.*).

les expédients ingénieux du « bernard-l'hermite planétaire », dit Jacques Lacarrière pour qui le voyageur n'est plus qu'un « crustacé sans carapace identitaire qui se sent chez soi dans la coquille des autres[16] » (*sic*).

Ce voyageur du je-moi, qui n'est pas d'ici et dont l'ailleurs se disperse en insaisissables ondes virtuelles, s'installe ainsi dans la désappartenance, dans le négationnisme de l'être humain comme être social. Sceptique et dédaigneux, il se tient à bonne distance des affaires de la cité, celle dont il est issu, celle qui va l'accueillir si brièvement que ce soit. Le « social » est lui aussi un grand absent du voyage postmoderne, on s'en débarrasse en évoquant les défuntes tyrannies de l'« idéologie » et des « grands récits » – deux effrois majeurs de la démonologie cultivée par ce groupe.

Le voyage selon les postmodernes ne serait-il qu'une « structure dissipative », autre métaphore scientifique fort à la mode, un « exercice de disparition » selon Bouvier[17], bref l'appel même du vide, sinon du néant ?

Un abîme semble séparer les prouesses itinérantes et littéraires des Chatwin, des Bouvier, des Kenneth White, et les migrations touristiques surorganisées et surcommercialisées. Les sarcasmes et les insultes que s'est attirés ce grand tourisme de masse sont devenus des poncifs si communs qu'il n'y a guère lieu de les récapituler ici. Enfermé dans ses programmes rigides et ses hébergements factices, ballotté entre les discours stéréotypés des guides et les étalages vulgaires de « souvenirs », incapable de cheminer à sa guise et d'entrer dans la réalité locale, ne regardant plus autour de lui qu'à travers le « troisième œil » de sa caméra, le touriste

16. *Ibid.*
17. *Ibid.*

représenterait le degré zéro du voyage philosophant. La méditation sur l'ici et l'ailleurs, le même et l'autre, le eux et le nous lui serait parfaitement inaccessible. Ou plutôt, son « nous » se réduit au « tribalisme[18] » qui unit les membres de ces petites communautés éphémères, nomadisant au gré des voyagistes, de leurs tarifs, de leurs brochures publicitaires attrayantes. Telle est la force des représentations mentales préagencées, seul *topos* théorique que pourrait à la rigueur illustrer le grand tourisme. Ce type de voyage n'est plus qu'un hologramme irréel dont on ne sait même plus si le lieu de sa réalisation effective est le guichet où l'on feuillette à l'avance les dépliants et choisit un « paquet », les hôtels-enclaves coupés du pays visité, ou la séance de projection des diapositives infligées aux parents et amis au retour.

Renommé pour sa critique acide des microsociétés universitaires, le romancier David Lodge n'a pas épargné les tribus touristiques et leurs rituels grégaires ; il suffit de lui laisser la parole :

> Quand je me suis fiancé, dit son héros Sheldrake, ma fiancée a insisté pour qu'on parte faire le tour des hauts lieux touristiques d'Europe : Paris, Venise, Florence, le tour habituel, quoi ! Ça m'a complètement barbé, jusqu'au jour où, assis sur un gros rocher près du Parthénon, et regardant des touristes tourner en rond, mitrailler avec leurs appareils photo, baragouiner entre eux dans une multitude de langues différentes, j'ai eu une brusque révélation : le tourisme est la nouvelle religion de la planète : catholiques, hindous, musulmans, bouddhistes, athées, ont tous une chose en commun : ils pensent tous qu'il est indispensable de voir le Parthénon une fois dans la vie. Ou la chapelle Sixtine, ou la tour Eiffel. J'ai tout de suite décidé de faire ma thèse sur ce sujet… Je fais pour le tourisme ce que Marx a fait pour le capitalisme ou Freud pour la vie familiale, je le déconstruis. Je ne crois pas que les gens tiennent tant que ça à aller en vacances, pas plus qu'ils ne tiennent à aller à l'église. Ils ont subi un tel conditionnement, qu'ils sont persuadés que ça leur fera du bien, ou que ça les rendra heureux[19].

---

18. Jean-Didier Urbain, ouvrage cité au chap. 5, note 1.
19. David Lodge, *Nouvelles du Paradis*, Paris, Rivages-poche, 1994.

Dans la même veine, une savante étude universitaire a proposé un portrait de touriste en « idiot du voyage[20] », en agent inconvenant d'une profanation universelle. Le tourisme ne serait qu'un méprisable anti-voyage, et le voyageur digne de ce nom ne peut qu'accabler de sa vindicte le touriste, ce rejeton grégaire et dégénéré d'une ancienne élite vagabonde à laquelle Stendhal et ses *Mémoires d'un touriste* donnèrent jadis leurs titres de noblesse.

Si indéfendable que soit devenu effectivement le grand tourisme commercialisé, on peut lui opposer pourtant deux types de critique tout à fait différents. Les uns trouvent insupportable l'arrivée des touristes, en tant qu'intrusion dans *leur* espace, celui dont ils souhaitaient se réserver les agréments en *happy few* – formule stendhalienne. Typique est la réaction du navigateur Alain Gerbault, faisant escale à Sainte-Hélène en 1929 :

> Dès mon débarquement, on voulut me vendre des cartes postales et des souvenirs... Je ne songeai pas une minute à visiter la demeure de Longwood. Ma sensibilité ne peut supporter les endroits fréquentés par des touristes. Je me contentai de parcourir en solitaire les sentiers qu'affectionnait le grand empereur prisonnier, et je regagnai mon bord[21].

Ces réactions d'élitisme offensé se sont faites de plus en plus fréquentes, à mesure que s'est élargie au XXe siècle l'amplitude des grands circuits touristiques. Ne faut-il pas préférer à cette subjectivité individualiste un peu myope une critique plus objective ? Les flots vacanciers en pays lointain sont un fait de société, ils disent les exigences et les insatisfactions de notre temps, ils ne sont ni plus ni moins déplaisants que les grands ensembles résidentiels, les hypermarchés ou les programmes de télévision... Une réflexion d'ensemble doit s'engager sur ces thèmes, qu'on ne peut ici qu'effleurer : demande des nouvelles classes moyennes urbaines en éva-

---

20. Jean-Didier Urbain, ouvrage cité, chap. 4, note 1.
21. Alain Gerbault, *Sur la route du retour*, Paris, 1929.

sion et en oubli ; capacité de la société de consommation à intégrer le voyage, comme matériau marchand de masse ; bon marché des transports aériens ; sans négliger l'aspect « postcolonial » du tourisme en provenance des pays riches, et la perpétuation subreptice des anciens rapports de supériorité sociale et de maîtrise culturelle qui continuent à peser sur les pays pauvres. Après tout, quand des pays du « Sud » économiquement sinistrés tentent de survivre grâce aux rentrées en devises qu'assure le tourisme, est-ce bien aux privilégiés du « Nord » de s'en offusquer ?

Le touriste grégaire n'est guère porté lui-même à philosopher, il nous rappelle pourtant la nécessité – hommage du vice à la vertu… – de penser notre temps. Il est bien plus symptomatique que dérisoire…

Très loin des enclaves de loisir surprotégées et des itinéraires conventionnels, les grands espaces « sans-les-hommes » offrent au voyageur une meilleure occasion de philosopher sur la nature et la société, l'être et le temps, le moi intime et la technologie. Forêts, volcans et déserts, chaînes de montagnes et immensités océanes se sont prêtés de très longue date à cet exercice de plongée, dans lequel ont excellé Chateaubriand s'aventurant dans les forêts inconnues du Nouveau Monde, et plus près de nous Théodore Monod poursuivant de dune en dune sa mythique météorite saharienne, Frison-Roche laissant son regard se perdre face aux horizons alpins, Jean Malaurie affrontant la solitude glacée de la banquise, et tant d'autres avec eux.

Face à la puissance de ces sites naturels, le voyageur est saisi tout entier, ou happé, ou étourdi, ou transporté, ou envoûté – autant de mots devenus si banals. Le rousseauiste qui sommeillait secrètement en lui s'éveille soudain, et exulte. Voici enfin le retour à l'état de nature, l'évasion loin de la société des hommes, loin de son agitation bruyante et de ses artefacts fragiles et envahissants !

Quittant en 1988 Santiago où se dissipait à peine la terreur des années Pinochet, je n'avais été que plus sensible à l'appel des hautes vallées andines et à la légèreté de leur silence absolu. La voiture avait continué jusqu'à la limite d'une piste à peine carrossable, sans aucun signe visible d'activité humaine à l'horizon, sans aucun bruit, sans que rien ne détourne l'attention de la courbure ample et sereine des versants enneigés, séparés les uns des autres par des crêtes suraiguës. Pinochet avait-il jamais existé ? Depuis ce monde lunaire, le pandémonium urbain de Santiago semblait dérisoire autant qu'intolérable.

Immobiles et muets à jamais, les paysages naturels vivent pourtant de leur vie propre, à travers les mille détails de leur modelé minéral, végétal ou aqueux en perpétuel renouvellement selon les heures du jour, la qualité de la lumière ou l'angle de vision. Ils offrent à nouveau une situation de foisonnement *fractal*, dont cette fois les jeux de la nature, et non plus les aléas de l'histoire, ont eu l'initiative. Cette richesse plurielle et toujours changeante des falaises, des eaux, des forêts ne met-elle pas en accusation les structures répétitives et standardisées de la modernité-monde, ses banlieues interminables, ses autoroutes monotones, ou le parasitage immobilier de ses lignes littorales !

Même le plus endurci, le plus performant des ingénieurs électroniciens reste rarement insensible aux jeux de coloris d'une paroi rocheuse dans un désert d'Asie ou d'Afrique, que quelques pas suffisent à faire passer du violet presque noir au jaune irréel, au rouge vif ou au brun chatoyant. Ou aux configurations rocheuses fantastiques de la baie d'Along, au Nord-Vietnam, à la fois bestiaire géant, musée archéologique imaginaire et galerie de puissantes formes abstraites que l'érosion marine a portées aux sommets de l'art dit brut. Ou encore aux remous vifs et instables de l'immense Amazone, tantôt striés par le vent, tantôt veinés d'une matière turbide qui remonte pesamment, pour soudain s'immobiliser en surface parfaitement étales.

Devant d'autres sites, c'est plutôt sur les échelles de temporalité que le voyageur est enclin à philosopher. La mesure humaine des siècles et des millénaires, même distendue jusqu'aux origines anthropoïdes de notre espèce, semble si exiguë, si « pincée » en regard des âges infiniment lointains, dont gardent le témoignage les lourdes courbes inertes des paysages australiens – réputés les plus anciennement émergés de la planète. D. H. Lawrence l'a parfaitement senti :

> Sentiment de vétusté... formes usées, basses, aplaties, vieux rocs sombres, brousse impénétrée et perdue... beauté étrange et pour ainsi dire invisible de l'Australie... lueur antique si incompréhensible à travers des gouffres de siècles infranchis[22].

Au cœur de ce continent presque vide, l'immense monolithe rouge d'Uluru cristallise ce choc entre la temporalité naturelle et la temporalité humaine, avec une rigueur consacrée de longue date par les croyances des Aborigènes australiens. En présence de ces âges incommensurablement plus anciens que le temps « machinique » des hommes, on résiste difficilement à l'appel du primaire, de l'originel, du primitif, du primordial, de tout ce que fait remonter en nous le préfixe germanique *Ur*...

Nos sociétés à lourde valeur technique ajoutée restent très sensibles au défi ainsi lancé par la nature-sans-les-hommes, même si d'autres générations l'ont perçu avant nous et tout particulièrement les grands romantiques européens. Face à ces océans, à ces sommets, à ces forêts, à ces abîmes, les humains de la fin du XXe siècle sont comme sommés de s'interroger sur les limites de leur agir technologique. Les forces de la nature continueront-elles à s'imposer, ou finiront-elles par s'incliner devant les ressources de la *technè* humaine ?

---

22. D. H. Lawrence, *Kangourou*, Paris, Gallimard, 1933.

Tantôt en effet, on s'en tient à la déférence impuissante devant ces espaces intacts, sans doute à jamais. En Tasmanie occidentale, les eaux sombres de la Gordon River glissent superbement entre d'abruptes falaises sans couleur et sans âge, qui alternent avec des versants forestiers d'un noir absolu. Le site est hors de portée des sociétés forestières comme des promoteurs immobiliers, un projet de station hydro-électrique a été abandonné et l'ensemble de la région est inscrit au patrimoine mondial de l'UNESCO. Vides elles aussi, intouchées et pour longtemps, les Southern Alps de Nouvelle-Zélande sont si irréelles dans leur pérennité silencieuse, que l'excentrique victorien Samuel Butler – qui les avait traversées à pied – y a exilé les pionniers utopistes de son roman « de nulle part » *Erehwon*[23].

Tantôt aussi, c'est un signal de surpuissance énergétique qu'émettent ces lieux d'absolu. Tous les explorateurs polaires ont ressenti face aux icebergs et à la banquise cette impotence, celle même dont nous saisit le volcan Momotombo au Nicaragua. On monte sans peine par un sentier bien aménagé, on suit la balustrade rassurante établie sur le pourtour intérieur du cratère, et soudain l'oreille est saisie d'angoisse, plus encore que la vue. Les moignons incandescents de lave, brassés en permanence au fond du volcan, s'entrechoquent bruyamment telle une mixture d'enfer qui se refuse à reposer. Dès leur arrivée au XVIe siècle, les dominicains espagnols, descendus par de frêles échelles selon les gravures de l'époque, avaient tenu à exorciser cet œil flamboyant de Satan en personne.

Il arrive encore que, portant à son terme extrême la logique rousseauiste de « retour » à la nature, les forces des règnes végétal et minéral aient déjà réintégré, réingurgité les traces éphémères de l'action humaine. La nature semble avoir eu raison des hommes, ainsi à Tamdao dans les montagnes du

23. Samuel Butler, *Erehwon*, Paris, Gallimard, 1920 (traduction de Valery Larbaud). Ce titre est le palindrome du mot *nowhere*, nulle part.

Nord-Vietnam ; un somptueux Versailles tropical avait été construit à la belle époque de l'« Indochine », pour épargner aux services du gouvernement général de Hanoi les rigueurs étouffantes de la mousson. Taillés dans le beau calcaire de la région, à la française, les pilastres, les terrasses, les balustres, les escaliers monumentaux ont survécu au naufrage de l'appareil colonial. Quand j'y séjournai en 1960, la brousse luxuriante n'en laissait plus apparaître que des débris épars, rongés par l'humidité.

Le même réinvestissement souverain, le même retour à la temporalité longue de la nature est à l'œuvre dans maints sites déchus de par le monde. On a déjà évoqué ici le cas des mines de salpêtre abandonnées du désert d'Atacama, dans l'Extrême-Nord du Chili ou, sur un mode plus insolite, celui des estrades de béton du Stadion de Nuremberg, gagnées par les herbes folles.

Il suffit d'une simple promenade dans les campagnes abandonnées de la Nouvelle-Angleterre, pour y retrouver la même sensation aiguë de re-naturation. Des paysans venus de l'« ancienne » Angleterre les avaient colonisées très tôt, et s'étaient bornés à y reproduire les petites exploitations besogneuses de leur terre natale. Mais cette agriculture très active jusqu'au milieu du XIXe siècle fut ruinée par l'essor du Middle West. Quelques chemins creux y sont encore visibles, quelques murets, des pommiers totalement dégénérés, et les débris des cottages et des granges bâtis en bonne pierre, à l'ancienne. C'est une région où les professeurs de Harvard passent volontiers leurs week-ends, mais ils ont préféré construire à la moderne que de restaurer ces ruines. On n'est pas en Ardèche…

La nature n'a pas toujours le dernier mot. L'activité humaine n'épargne pas les sites en apparence les mieux préservés ni la vie naturelle la plus élémentaire, elle peut leur infliger des dégâts irréversibles. En 1947, sur la plage de Madras, face à la houle puissante et lente du golfe du Bengale, je pouvais rester des heures entières à contempler, une fois la nuit tombée, le jeu phosphorescent des micro-organismes qui, par millions, égayaient de leur lueur minuscule la vague qui retombait, reculait, retombait à nouveau dans un éblouissant fourmillement lumineux ; j'ai plus tard réalisé que le même spectacle avait fasciné les passagers du *Nautilus* – page superbe de Jules Verne. Las ! La pollution de haute mer est passée par là et plus personne, de longtemps, ne contemplera plus ces brillantes escarboucles naturelles – image vernienne – se divisant à l'infini.

Retrouvant l'Afrique méridionale après des dizaines d'années, Doris Lessing a éprouvé dans les années quatre-vingt, une déception analogue :

> Nous habitions l'Éden, mais nous ne le savions pas… Du fait de la pollution, on oublie comment le ciel et les étoiles étaient jadis… je m'attendais à toute sorte de changements, mais il y en avait un auquel je n'avais pas songé : *la brousse était devenue silencieuse*, tant s'y est raréfiée la vie animale. Alors qu'autrefois on ne pouvait faire un pas sans effaroucher quelque créature[24].

On parcourt le monde, et l'on rentre chez soi…

La terre est ronde et l'*universel*, ce terme ultime de nos méditations sur le prisme diversifiant des sociétés humaines, est sans doute l'expression théorique la plus achevée de cette réalité pratique toute simple : c'est en tournant autour (*vertere*) de notre globe, qu'on en saisit le mieux l'*unité*, et seul le retour du voyageur au pays consacre la plénitude du voyage autour du macrocosme terrestre. Tout comme, à un niveau bien plus modeste, la tournée autour de l'île-microcosme n'en établit l'identité circulaire qu'en revenant à son point de départ. Et tout comme – réplique miniature de ces deux circularités itinérantes – l'auteur du *Voyage autour de ma chambre*[25] ne s'était retrouvé pleinement lui-même qu'en parcourant dans ses moindres recoins l'espace exigu où il

---

24. Doris Lessing, *Rires d'Afrique, voyage en Zimbabwe*, Paris, Fayard, 1994.
25. Xavier de Maistre, *Voyage autour de ma chambre*, 1795. Ayant émigré pendant la Révolution, de Maistre voyageait alors en Russie et dans le Caucase, où il fut retenu prisonnier.

était confiné. Quelle qu'en soit l'échelle, ce sont ces mouvements de gravitation le long d'une orbite nouée sur elle-même qui sanctionnent la réalité du voyage, qui assurent l'adéquation du voyageur et des pays « voyagés ».

On parcourt le monde, et l'on rentre chez soi…

Encore que le retour du voyageur n'a guère, et de très loin, le même statut prestigieux et la même *aura* que son départ, dont Jules Verne saluait la force « philosophique » dans une page célèbre du *Hatteras*. On n'y voit généralement qu'une renonciation résignée, un retour à la banalité de la vie et au poids des choses. Le voyage « fait une fin », et le voyageur le supporte souvent assez mal.

En fait, les exigences et les tensions du retour ne le cèdent guère à celles du départ, si différentes soient-elles ; elles seraient plutôt plus sévères. Le départ s'opérait dans une relation simple et quasi binaire de rupture entre l'avant et l'après. On tournait le dos aux habitudes et aux amis, on était dégagé des mille contraintes de la vie quotidienne, on devenait disponible pour le non-encore-advenu et le non-programmé. Le temps semblait s'ouvrir…

Avec le retour, le cône s'inverse et l'après (le départ) est sommé de se réemboîter dans l'avant. Il va falloir comprimer dans le champ étroit mais complexe d'une existence ordinaire les rythmes amples et les larges horizons du voyage. Où sont désormais, *qui* sont plus exactement l'ici et l'ailleurs, les mêmes et les autres, le eux et le nous ? Les repères se brouillent, entre les gens dont on réintègre tant bien que mal la société, et ceux dont, certes en passant, on goûtait la compagnie en perpétuel renouvellement ? On est mal à l'aise, en retrouvant à longueur de jour et de semaine le même cadre de vie et les mêmes figures familières. Va-t-on seulement fermer la parenthèse, garder par-devers soi les moments forts et les images insolites, enfermer le voyage dans un « jardin secret » dont les fleurs sont pourtant à jamais fanées ? Va-t-on, en sens inverse, céder aux facilités du moi-qui-ai-voyagé, distribuer comme des distinctions le bric-à-brac collecté, infliger à son entourage la vue des fournées de photos et la lecture des carnets de route, sinon rentabiliser dans l'édition et les médias un matériau dont on attend contrats et notoriété ?

Peut-être ni l'un ni l'autre... Le voyage ne peut-il pas se survivre à lui-même, tout simplement ? Le voyage comme capacité à saisir le singulier et l'universel, à vivre chaque moment dans sa force propre, à regarder autour de soi pour lire le paysage comme pour affronter la réalité sociale, à garder l'esprit en alerte, à *aller au bout* des lieux et des situations. Le voyageur rentré au pays poursuit sa route au pays des humains, il continue à y porter un regard « plutôt politique »...

Interlude VI

Quête d'altérité en Chine maoïste

Aux voyageurs qui s'y rendirent pendant le troisième quart du XXe siècle, le pays des Han présentait assurément les mêmes images d'ultime exotisme, déjà rapportées par tant de missionnaires, de négociants et d'explorateurs dans le sillage du légendaire Marco Polo : les échoppes actives en permanence au long des ruelles, la courbe majestueuse des toits rehaussés de tuiles vernissées, les files de paysans sur les diguettes des rizières, le graphisme agile et savant des idéogrammes, et toujours les foules si denses, si fluides du pays le plus peuplé de la Terre.

Pourtant, comme intimidée, la « Chine de toujours » semblait s'effacer devant la Chine des années Mao et ses rigueurs passionnées. Tous les visiteurs étaient fascinés et beaucoup furent conquis – ce fut mon cas en 1957, en 1960, et plus encore en 1974 et 1975[1]. Dans son altérité radicale,

1. En 1957, avec une délégation de sinologues, séjour prolongé à titre individuel pour des recherches d'histoire contemporaine. En 1960, lors d'une longue escale en direction de Hanoi. En 1974 et 1975, avec des groupes touristiques soit des Amis de l'Orient, soit d'enseignants des universités Paris-VII et Paris-VIII.

cette Chine en casquette et bleu de chauffe s'affirmait comme la figure éminente du non-Occident ; ses ruptures politiques sinon ses outrances nous impressionnaient bien davantage que les singularités millénaires de sa culture. Mais la société maoïste ne laissait guère ses amis vagabonder à leur aise. Elle leur imposait un endoctrinement consentant qui n'a pas laissé de bons souvenirs, on l'a déjà noté à propos des voyages « entrés en politique ».

Il vaut pourtant la peine d'y revenir à distance et de s'interroger. N'avons-nous cheminé en Chine qu'à la recherche d'un *ailleurs* parfaitement irréel et mythique ? N'y avons-nous pas rencontré aussi, dans des conditions certes insolites et paradoxales, un *autre* bien réel, authentique à sa façon, et qui n'a rien de dérisoire même s'il a sombré corps et biens ?

En la personne de nos **accompagnateurs**, l'irréel et l'authentique se côtoyaient déjà. À la fois guides-interprètes et cadres politiques en service commandé, ils étaient finalement les seuls Chinois que nous pouvions interroger et observer de près en permanence. En tant que rouages efficaces du « système », ils relayaient avec adresse et tact le discours officiel du moment. Le même Confucius célébré en 1957 comme « grand éducateur du peuple chinois » était dénoncé en 1975 comme exécrable précurseur des forces hostiles à la Révolution culturelle. Nos compagnons savaient fort bien trier les questions, couper court aux rumeurs dans le groupe, apaiser les tensions, présenter comme une faveur un itinéraire arrêté en haut lieu. Mais ils n'étaient pas que des rouages. Chacun d'eux, face aux mille aléas quotidiens du voyage, se révélait dans sa sécheresse ou sa générosité, son humour ou sa raideur.

Accosté par des mendiants à l'entrée d'une gare – fait rare à l'époque, devenu si commun dans les années quatre-vingt et quatre-vingt-dix –, un de nos hôtes n'avait pu retenir l'éclair de haine qui avait soudain sali son regard, tordu et vieilli sa face, fait craquer le vernis de son discours si chaleureux quelques minutes plus tôt quant à la force morale et politique de la « ligne de masse » ; il avait perdu le contrôle de lui-même. Mais c'était avec une fougue juvénile et un enthousiasme non moins révélateurs qu'en 1974, face au Huang He, à l'immense et terrible fleuve Jaune, la jeune Zhou – dix-huit ans à peine – m'avait brusquement contredit, oubliant tout devoir de courtoisie. J'évoquais les innombrables victimes des catastrophiques inondations, récurrentes à travers toute l'histoire chinoise, bref les méfaits de ce « fléau du peuple chinois » – formule classique. « Non, avait-elle riposté avec une flamme patriotique, sans pouvoir non plus se contrôler ; c'est le berceau du peuple chinois » – ce qui était tout aussi exact.

Avec la même sincérité véhémente, trop spontanée pour être feinte, le chauffeur de la voiture me conduisant en 1960 aux tombeaux des Ming, au nord de Pékin, avait voulu me communiquer un peu de l'enthousiasme soulevé par le Bond en Avant. Il ne savait pas un mot d'aucune langue étrangère, il mimait dans l'élan démonstratif et joyeux de ses bras, de ses jambes, de tout son corps le travail des foules immenses qui, bêche et corbeille en mains, s'étaient mobilisées pour construire en un temps record un barrage géant de terre et de pierres sur ce site illustre. « Il y croyait », manifestement. Mais un autre chauffeur, en 1975, n'avait pas daigné ralentir quand notre minibus avait croisé le trajet d'une lourde charrette poussée à bras par deux paysans. Ceux-ci n'avaient pu bloquer leur charge qu'au prix d'un effort intense qui se lut sur leurs visages angoissés. Le chauffeur, lui, n'aurait eu qu'à appuyer sur une pédale… Indigné, notre groupe l'avait admonesté avec véhémence, l'avait appelé à mieux respecter les travailleurs. C'était l'époque où le slogan « Servir le peuple » s'affichait partout, mais l'arrogance technologique était autrement forte. Nos guides avaient tourné la tête.

Visites guidées, entretiens et témoignages formaient l'essentiel de ces voyages rigidement structurés, ils en étaient plus précisément la raison d'être. Le grand principe maoïste plaçant la politique « au poste de commandement » régissait souverainement nos itinéraires, et nous le savions dès le départ.

Ces voyages semblaient construits comme un discours politique dont les périodes, s'enchaînant sur deux, trois ou quatre semaines, ne visaient qu'à mettre en valeur les réalisations du régime, les structures du pouvoir, les thèmes des campagnes du moment. Un discours, sinon un scénario bien agencé dont les protagonistes, les décors, les répliques étaient assurés par les personnels et les locaux des usines, des communes populaires rurales, des divers comités et associations successivement rencontrés. Ces visites s'ouvraient généralement dans le cadre solennel et ritualisé du salon de réception des hôtes étrangers, toujours en présence des mêmes portraits géants de soie tissée figurant Marx, Engels, Lénine, Staline et Mao. Le directeur ou le président décrivaient l'usine, la commune aux visiteurs enfoncés dans d'énormes fauteuils aux intimidantes housses de grosse toile ; le thé circulait, mais guère la parole.

Les cadres chargés de recevoir nos groupes étaient parfaitement à l'aise dans leur rôle, *leurs* rôles parfois. Ainsi, à Zhengzhou, gros centre ferroviaire de Chine centrale, j'eus la surprise en 1974 de retrouver, dans le personnage du président du Comité révolutionnaire (issu de la toute récente Révolution culturelle), un vieux cheminot qui, en 1957, m'avait relaté en termes très vivants ses souvenirs de la grève historique des réseaux ferrés de la région et la répression sanglante qui l'avait brisée, le 7 février 1923. Mais il avait changé de statut à dix-sept années de distance. La Chine, encore fidèle en 1957 au principe du « rôle dirigeant de la classe ouvrière » selon le marxisme classique, était devenue une Chine de la « révolution dans la révolution ». Simplement, c'était aux anciens cadres que, bien souvent, était dévolu le nouveau « pouvoir révolutionnaire ».

Il arrivait aussi aux visiteurs d'entrer eux-mêmes dans le *cast*, la fonction de figurants qui leur était attribuée ne favorisant guère la réflexion critique. En 1975, très impressionnés, notre groupe d'universitaires favorables au maoïsme s'étaient vu coiffer d'un lourd casque de mineur avant de descendre au fond des charbonnages de Tangshan, à l'est de Pékin. Le grincement effrayant des haveuses vétustes, travaillant au fond de sinistres galeries à peine éclairées, ajoutait à la dramatisation de la scène, sans guère faciliter la demande d'information et les libres échanges de vues.

Mais tout n'était pas que décor et jeux de rôle, dans ces visites très organisées. Au fil des jours, au détour du chemin, pouvaient aussi surgir des moments vrais, des paroles de sincérité, des attitudes et des situations sans équivoque et sans apprêt. Ainsi, le voyage des Amis de l'Orient m'avait en 1974 conduit à Yan'an, « lieu de mémoire » par excellence, même si cette expression devenue si banale était alors inconnue. C'était là, au cœur des plateaux semi-désertiques du Nord-Ouest, que les communistes chinois traqués par le Guomindang s'étaient repliés en 1935, au terme d'une « Longue Marche » de quatre mille kilomètres. C'était de Yan'an qu'ils avaient dirigé la lutte des guérillas paysannes contre l'envahisseur japonais, avant de lancer les contre-offensives qui, de 1947 à 1949, les avaient menés à Pékin et au pouvoir. Austère et désolé, le paysage était déjà saisissant, avec ses longues pentes stériles où serpentait notre route précaire et que seuls venaient animer d'immenses idéogrammes de pierres alignées : *Zili geng sheng*, « compter sur ses propres forces ». Message à la fois irréel et chargé de réalité : sa fragilité présomptueuse, face aux immenses besoins de la Chine de 1974, n'allait pas tarder à éclater dès la mort de Mao deux ans plus tard ; et pourtant, la formule avait pesé lourd, elle avait été le ressort puissant et audacieux qui avait mené les communistes chinois à prendre naguère le pouvoir.

Arrivé à Yan'an, on se heurtait à la même ambiguïté. On visitait dans la vénération les grottes plus que spartiates où, trente ans plus tôt, les rescapés de la Longue Marche avaient logé, travaillé, stocké leurs armes, élaboré leur stratégie. Aucune mise en scène n'était nécessaire. Mais le pèlerinage dans le Yan'an du passé, si fort en soit le message, ne pouvait ignorer le Yan'an du présent, lui aussi dévoilé sans fard ni apprêt – comment faire autrement ? Un abîme séparait cette bourgade rurale restée pauvre, poussiéreuse, délabrée, comme oubliée par vingt-cinq années de socialisme, et les pimpantes communes populaires que notre groupe venait de visiter dans des zones agricoles plus prospères. À Yan'an – j'y ai souvent réfléchi depuis –, on mesurait le décalage entre un patrimoine politique exceptionnel et la fortune très inégale des mesures sociales qui auraient dû s'en inspirer. On était devant le réel, le « poids des choses », aurait dit le Général…

Placé sous le signe de la mémoire populaire, ce voyage de 1974 faisait large place aux rencontres-témoignages qui, même arrangées à l'avance, étaient des rencontres de vérité. Ainsi, à Canton, de vieilles batelières n'avaient manifestement eu besoin d'aucun expert en *agit-prop* pour relater le sort des familles disloquées, les fillettes vendues aux trafiquants de chair fraîche, le racket des policiers du Guomindang et des gangsters liés aux sociétés secrètes, l'insécurité quotidienne, l'insalubrité, la pénurie. Elles n'avaient quitté que tout récemment leurs sampans sordides et venaient d'être relogées dans des blocs décents, au bord de la rivière des Perles. Renvoyées à ces noires visions restées si proches, leurs voix se brisaient, leur corps tout entier tremblait d'émotion mal contenue.

Rencontrés en 1975, des jeunes ouvriers d'une grosse usine métallurgique de Shanghai et des jeunes enseignants d'histoire de l'université Beida, à Pékin, n'avaient pas eu besoin non plus qu'on leur prépare par avance leur texte et qu'on contrôle leur posture. Leur ardeur, leur force de conviction, leur véhémence ne pouvaient être feintes. Les premiers nous avaient laissés assister à un groupe de discussion sur les « droits bourgeois », sur la présence alors très controversée de catégories juridiques anciennes à l'intérieur de la société socialiste. Les seconds avaient dit leur lassitude d'une vie académique nouée sur elle-même, coupée de la société et de ses forces vives; ignorant la discrète désapprobation des vieux professeurs présents dans la salle, ils déclaraient se rallier à la formule radicale alors si vivement débattue parmi les historiens : «*hou jin bo gu*», «donner toute son épaisseur au présent et n'aller au passé que par touches légères». Avec ces deux brèves rencontres, quelques heures, une vingtaine de personnes, n'étions-nous pas au cœur du paradoxe maoïste ? Des problèmes *vrais* étaient posés, sur les limites de la rupture socialiste ou sur la relation passé-présent, problèmes dont les intellectuels français de gauche débattaient eux aussi à cette époque, y compris nous-mêmes. Et ces thèmes du projet maoïste rencontraient, au moins dans la jeunesse radicalisée des centres industriels et universitaires, un écho réel, authentique et non dicté d'en haut. Mais leur base sociale – ainsi nos interlocuteurs – était si étroite, que le régime maoïste d'ensemble n'en était que plus irréel, sinon onirique ; il s'effondra à ce titre dès la mort de Mao Zedong.

Tourisme culturel et sites naturels n'apparaissaient que très occasionnellement dans nos programmes, et ils étaient presque toujours traités «en profil bas». Le *Gugong* de Pékin (l'ex-Ville interdite) et la Grande Muraille, jamais oubliées, n'étaient pourtant que des sortes de formalités rituelles, que les guides expédiaient avec indulgence alors que les visiteurs s'émerveillaient. Sous cet angle, le programme proposé en 1957 aux sinologues français constituait une exception notable. Par égard pour l'intérêt professionnel des visiteurs, on leur avait proposé Luoyang et Kaifeng, anciennes capitales de la dynastie Song, les sites bouddhiques de Longmen, les légendaires cités-jardins de Suzhou et de Hangzhou («*Shang you Tiantang, xia you Su Hang*», dit le proverbe : «Là-haut se trouve le paradis, ici-bas nous avons Suzhou et Hangzhou»), et nous avions même poussé jusqu'aux illustres grottes de Dunhuang au cœur du Gobi. Mais d'ordinaire, les groupes devaient se contenter d'une pagode ou d'un palais effleurés à la hâte, entre une commune populaire et une usine.

Les sites naturels n'étaient guère à l'honneur non plus. Il avait fallu l'insistance des organisateurs français pour qu'en 1974 l'incontournable visite d'une commune populaire, près de Canton, soit l'occasion d'une charmante croisière fluviale de trois heures au fil de la rivière des Perles. Paysages bucoliques, hameaux de pêcheurs, ballets de sampans sont restés des souvenirs d'autant plus charmants qu'en 1998 j'ai retrouvé un fleuve souillé, dégradé, pollué par l'urbanisation sauvage et l'industrialisation brouillonne. Nul bateau de plaisance ne propose plus d'en remonter les rives…

Mais l'année suivante, une tentative semblable échoua, cette fois en direction des montagnes du Shandong intérieur. À Paris, nos interlocuteurs de l'ambassade avaient semblé favorables à notre projet d'une visite dans les anciennes bases de guérillas de cette région, bastions de la lutte antijaponaise et plus tard du mouvement paysan révolutionnaire. Mais à l'arrivée à Jinan, capitale de la province, quelle déception ! Nous avions dû nous contenter d'un mauvais film chromo projeté dans le salon de l'hôtel, soi-disant à notre demande. Incurie ? Méfiance ? Ou peut-être difficultés d'une préparation politique appropriée, pour une visite qui sortait des circuits classiques.

Coupés sévèrement de la réalité chinoise d'ensemble : c'est ainsi qu'à distance peuvent nous apparaître ces voyages des années Mao. Le filtre mis en place par l'agence Lüxingshe, aussi vigilante politiquement que compétente techniquement, fonctionnait fort bien. Ni les cadres qui nous accompagnaient ni les responsables des « unités » sélectionnées pour notre visite, à la ville comme à la campagne, ne trahissaient rien des crises et des épreuves par lesquelles passait alors la Chine.

Dans l'été 1960, quand notre chauffeur mimait avec

allégresse les remblais du barrage des Ming, les dégâts provoqués par la politique volontariste du Bond en Avant étaient certainement déjà perceptibles, même si on n'en a pris la pleine mesure que bien plus tard : pénurie, privations, famines, et vite les morts par millions. Tout aussi inconscient, notre groupe de 1974 avait visité une de ces « écoles du 7 mai », où les cadres administratifs et intellectuels étaient « rééduqués » sans ménagement, en fait maltraités et humiliés ; ils n'ont parlé que bien plus tard.

Nous avions accepté de la parcourir sous contrôle strict, ne posant que des questions inoffensives et nous abstenant de tout écart. L'idée du « travail manuel des cadres », formule officielle, ne nous paraissait pas du tout choquante en elle-même ; elle répondait assez bien à notre quête d'altérité, nous dont la propre société ne met guère ses élites dirigeantes en contact avec la dure réalité du labeur physique. Nous nous en tenions là, indifférents à l'immense machine répressive dont une formule sensée en soi avait été le point de départ, sinon le paravent. Pas plus que le Bond en Avant, la Révolution culturelle, qui lançait alors son chant du cygne, ne nous était apparue sous les aspects désastreux et sanglants auxquels on l'a identifiée par la suite en Chine comme en Occident, sinon démonisée. La réalité était sans doute bien plus complexe…

Des failles et des échappées pouvaient aussi se présenter à l'improviste, et nous faire toucher une réalité quotidienne dont, en principe, nous devions rester strictement à l'écart.

Admirant en 1957 les immenses bouddhas taillés à même la falaise du fleuve Jaune dans le défilé de Long Men, nous n'avions pas supporté la vue d'une lourde charrette embourbée, que le coolie peinait à dégager. Notre président Étiemble s'était précipité avec sa fougue habituelle, et nous à sa suite. À cinq, ce renfort fut bien suffisant. Mais nos accompagnateurs n'avaient pas caché leur embarras, leur désapprobation devant cette incartade incompatible pour eux avec notre statut social. Nous avions sali nos vêtements, eux pas, mais pendant quelques brèves minutes nous étions passés de l'autre côté du miroir.

Au Hunan, en 1974, la faille s'ouvrit un peu davantage. Notre bus était tombé en panne sèche, et les renforts allaient mettre plusieurs heures à arriver. En plein soleil, en pleine campagne, nos guides renoncèrent vite à nous maintenir sur nos sièges. D'abord dispersés, nous nous retrouvâmes assez vite à l'ombre incertaine d'un village voisin, parfaitement anodin dans sa pauvreté endormie, et donc dédaigné des circuits touristiques sous contrôle. Nous ne communiquions avec les villageois que par gestes, nos guides pékinois ne parlant pas un mot du dialecte local. Chez ces braves gens d'abord très intimidés, la curiosité et le sens de l'hospitalité reprirent vite le dessus. La France était bien floue pour eux, mais le nom du général de Gaulle (reconnu difficilement du fait de leur parler guttural) leur était familier.

Ils mirent à bouillir quelques arachides arrachées sans façons, et un poulet allait les suivre quand vint le signal du retour. On se quitta, et nous étions ravis de l'escapade. Pendant quelques heures cette fois, nous étions sortis du programme pour entrer dans la réalité ; une avarie très ordinaire nous avait permis de côtoyer des Chinois non moins ordinaires. Ceux-ci ne semblaient guère perturbés par l'odieuse terreur maoïste qui, selon certains Occidentaux, aurait alors sévi dans tout le pays ; mais on n'y relevait aucun impact non plus du discours surpolitisé qu'on avait jusque-là assené à notre groupe, de commune populaire de pointe en usine modèle.

Nos guides officiels n'étaient jamais à l'aise face à ces surgissements de l'inattendu. Tout était fait pour nous maintenir à notre place, et nous en fîmes l'expérience à Jinan, en 1975, quand notre groupe d'universitaires croisa soudain une immense armée silencieuse de plusieurs milliers de bambins, sinon davantage, sagement alignés. Leurs frimousses de six ans, huit ans au plus, étaient inhabituellement graves, leurs regards précocement tendus. L'énigme était d'autant plus saisissante qu'aucun adulte ne semblait les encadrer. Ils arrivaient sans doute d'un meeting de « conscientisation de masse », si fréquents cette année-là ; mais il fut impossible d'obtenir la moindre information de nos guides-interprètes, qui pourtant connaissaient fort bien nos sympathies pour le régime. Cet épisode des luttes politiques alors si vives ne pouvait concerner des « amis étrangers », formule dont le second terme comptait tellement plus que le premier ; il s'agissait d'une affaire interne (*neibu*), et donc nous n'y avions tout simplement pas assisté. L'intensité de ce silence, de ces regards précocement responsabilisés, de cette marée enfantine aussi décidée que détendue, reste pour moi un souvenir ineffaçable, et comme la figure même de la *masse* chinoise – des silences chinois aussi...

Les failles qui s'ouvraient ainsi n'étaient le plus souvent que minuscules, anecdotiques ; elles devenaient parfois béantes quand la « grande histoire » venait croiser la route des voyageurs.

Ces moments passionnés, ces tourbillons soudains n'étaient évidemment pas prévus, dans des itinéraires politico-touristiques si méticuleusement établis des mois à l'avance. Ils surgissaient « à chaud », au gré des secousses soudaines et imprévisibles de la machine politique chinoise.

Les voyageurs que le hasard des calendriers d'inscription avaient amenés à Pékin en juillet 1965 eurent la primeur de la Révolution culturelle, lourde déferlante déclenchée dans la joie et vite basculée dans la confusion sanglante. Mao venait de placarder sur la porte du Comité central du PCC son *dazibao*[2] « Feu sur le quartier général », ouvrant ainsi au sommet du Parti-État une crise sans précédent. Aussi éber-

2. Litt. « affiche en gros caractères ». C'est-à-dire des slogans, des proclamations et des libres propos, écrits au gros pinceau et apposés librement dans des lieux publics.

lués que ravis, indifférents aux avis de leurs guides eux-mêmes totalement désemparés, ces touristes partis pour une banale tournée des réalisations du communisme chinois furent soudain confrontés aux rassemblements houleux, aux démonstrations de rue avec gongs et lanternes, aux *dazibao*, aux orateurs improvisés des carrefours, bref à tout ce que le témoin Jean Daubier a appelé « la fête joyeuse dans les rues de Pékin[3] » – fleur vite fanée.

Certes à une échelle plus modeste, j'ai moi-même pu vivre deux de ces soubresauts qui bousculaient irrévérencieusement des programmes de voyage initialement bien conventionnels. Quand notre groupe de sinologues arriva à Pékin en mai 1957, date fixée depuis longtemps, le tout récent mouvement des « Cent Fleurs[4] » était à son apogée. Sur le campus de Beida où nous nous étions fait conduire, on s'apostrophait à tue-tête, on rédigeait à même le sol sur du papier de fortune, en gros caractères, des déclarations philosophiques et des attaques *ad hominem*, on débattait, par petits groupes acharnés, des mérites et démérites du marxisme, du libéralisme et de l'anarchisme. La parole vivait, la pensée vivait, dans le même fiévreux désordre que, m'a-t-on dit, dans la Hongrie des cercles Petöfi avant l'intervention soviétique de 1956, ou que plus tard sur les campus américains levés contre la guerre du Vietnam – j'ai pu faire la comparaison. Ces Cent Fleurs s'étaient vite fanées, elles aussi.

En août 1960, de passage à Pékin en direction de Hanoi, c'est un orage venu de l'extérieur que je pus voir éclater avec une violence soudaine. En une seule nuit, Khrouchtchev lassé de « l'aventurisme chinois » venait de rappeler la totalité des dix mille experts affectés aux usines, aux barrages, aux gros chantiers, aux services techniques de l'immense Chine.

3. Jean Daubier, *Histoire de la Révolution culturelle*, Paris, François Maspero, 1969.
4. Reprenant un axiome de la Chine ancienne (« Que cent fleurs s'épanouissent, que cent écoles rivalisent »), Mao Zedong et le parti communiste chinois avaient appelé à un libre exposé des doléances et des analyses, au sujet du régime au pouvoir depuis 1949.

Confusion indescriptible dans les bureaux de transport, climat de désolation à l'*Hôtel de l'Amitié* où logeaient beaucoup de familles russes, titres patriotiques en première page des journaux, ambiance grave dans la rue… La Chine populaire était désormais coupée du bloc des pays communistes ; elle s'enfermait dans une « voie chinoise » qui allait survivre à Mao et même au mur de Berlin, certes après bien des virages.

De cette quête d'altérité, qu'a retenu le filtre du temps ? Guère sans doute l'ambitieux projet d'une société égalitaire et hardiment novatrice, projet dont la rigueur doctrinaire et la mise en œuvre impitoyable se sont évanouis avec ses promoteurs. Mais plutôt des notations discrètes et fugitives, que la distance souligne au lieu de les effacer : le ton de voix d'une interprète, l'air léger d'un village au soleil, la chaleur d'un entretien avec un groupe d'activistes, la majesté fragile d'une marche enfantine.

Dans le silence du petit matin, deux heures sinon trois avant le départ du programme officiel, il nous arrivait souvent de quitter l'hôtel pour de longues promenades paisibles à travers les rues qui s'éveillaient à peine. Au gré de son humeur, sans doute observé avec vigilance mais jamais importuné, chacun pouvait respirer une Chine tout simple et quotidienne, une Chine retranchée en elle-même et où les étrangers étaient alors rarissimes. Cette Chine-là n'était ni « avancée » comme le proclamaient les discours maximalistes de ses dirigeants d'alors, ni « arriérée » comme se plaisent à le dire ses dirigeants actuels, dans leur acharnement précipité à reproduire les pièges attrayants du mode de développement à l'occidentale. Elle était authentiquement *ailleurs*, et c'est peut-être de cette altérité qu'elle communiquait l'essentiel à ses visiteurs de bonne volonté.

Post-scriptum : le voyage, mode d'emploi

(Petit abécédaire à l'usage des voyageuses et voyageurs de bonne volonté*)

Accueil. Simple conversation qui aide à s'orienter, ou hospitalité complète, on a vu qu'il introduit d'emblée dans la vie quotidienne du pays visité. Seul le voyageur enfermé dans son « egotrip » dédaignera les connivences, les raccourcis, les informations insolites que procurent des relations personnelles *in situ*, tantôt négociées bien avant le départ et tantôt nées de sympathies fortuites ; l'appel à ces « passeurs » est notamment indispensable pour s'aventurer dans des lieux de misère, sans passer pour un voyeur aux yeux des humiliés et des défavorisés.

---

* Autant qu'aux expériences voyageuses relatées dans cet essai, nos suggestions pratiques s'inspirent aussi de récents voyages en Chine. Ceux-ci, effectués en 1988, 1995 et 1998, sont présentés dans les *Carnets de Chine* édités au printemps 1999 par « La Quinzaine littéraire-Louis Vuitton », dans la série *Voyager avec...* Parus simultanément, élaborés parallèlement, mûris au terme du même parcours de vie, *L'art du voyage* et *Carnets de Chine* s'interrogent et se répondent.

L'accueil, c'est aussi la pause, le non-voyage à l'intérieur du voyage (voir ci-dessus, p. 13, 23 et 234). Dans des micro-sociétés amies, tantôt découvertes et tantôt retrouvées, on prend le temps de faire le point. La tension permanente née des aléas et des contraintes du voyage se relâche avec bonheur.

Achats et souvenirs. Voyager est de l'ordre de l'*être* (être-avec...) et non de l'ordre de l'avoir ; il serait dérisoire de prétendre avoir-pour-soi un peu du pays visité, pour le remporter à la maison. Attention à ne pas bourrer bêtement sa valise...

Fuyant résolument les magasins pour touristes, on attendra de rencontrer un objet tantôt très ordinaire et tantôt très étrange, mais en qui s'exprime et devient réalité un temps fort du voyage. On attendra peut-être longtemps, mais on se décidera vite. L'objet « qui fait sens » ne se présentera sans doute pas une nouvelle fois...

Bagages. Conseiller de voyager « léger » est une banalité. Encore faut-il être impitoyable envers les habitudes et manies personnelles, donc renoncer à maints appareillages abusivement considérés comme indispensables à notre confort quotidien.

L'essentiel, c'est l'autonomie personnelle de manipulation. On doit pouvoir transporter soi-même son bagage, y compris sur plusieurs kilomètres ; ce dernier étant de préférence dédoublé en deux sacs ou valises de taille très modique. Cas limite, mes amis A. n'emportent que de simples bagages de cabine !

Une précaution préalable : ne jamais remplir à ras bord la ou les valises au départ, garder de la place.

Une pratique utile : ne pas hésiter à réexpédier en bagage non accompagné, à mi-chemin, ce dont on n'a plus besoin. Notamment quand le parcours prévu traverse des régions de climat très différent, ainsi la Tasmanie de l'hiver austral (juillet) et l'Australie du Nord, quasi tropicale à la même période.

Un contrôle de légitimité : de retour chez soi, passer au crible fin le contenu de la valise. Examiner chaque objet, chaque article et s'interroger sur leur droit à y prendre place. À l'avenir, tous ces occupants sans titre seront éliminés sans appel.

Bibliothèque universelle des voyages et des voyageurs. C'est le mythe absolu, et comme le nombre « infini » des mathématiques. Nul logiciel si agile soit-il ne réunira jamais les millions de récits, études, romans ou guides qui composent cette bibliothèque idéale. On n'a pas cherché à en présenter ici fût-ce qu'un bref aperçu, laissant le lecteur glaner à sa guise au fil des notes de bas de page. Il pourra retenir les récits de Chateaubriand, Custine, Mark Twain, Bruce Chatwin. Ou les études de Didier Urbain, Chantal Montalbetti, Jean Lacoste. Ou la biographie de John Reed. Ou encore les méditations philosophantes de Stanislas Breton, Al Lingis et Jacques Derrida (dont *La contre-allée*, Paris, La Quinzaine littéraire-Louis Vuitton, élaborée en collaboration avec Catherine Malabou, propose une analyse conceptuelle du voyage de dérive-arrivée ; sa date de parution – 1999 – ne nous en autorise que cette brève mention). Sans oublier Jules Verne, ancêtre totémique de tous les écrivains-voyageurs.

Carnet de route. Il est un compagnon quotidien et le lieu d'un dialogue permanent entre la succession discontinue des moments singuliers et la continuité buissonnante de l'expérience itinérante. Il offre un indispensable antidote contre les griseries de l'éphémère et les étourdissements de l'immédiat. Un journal de voyage régulièrement tenu, ont expliqué des adeptes du voyage anti-exotique, c'est « une confrontation quotidienne entre le monde qui se déroulait devant nos yeux et celui qui se déroulait dans nos têtes[1]. »

1. Charles Reeve, *Exotisme s'abstenir; journal d'Amérique latine,* Mauléon, édition Acratie, 1985.

La technique est simple et exigeante à la fois. Au fil de *chaque* journée, relever sans délai sur un petit bloc de poche les « choses vues », les impressions et anecdotes ; au sortir d'un temple prestigieux comme au cœur de la banlieue résidentielle la plus banale. Le soir ou au plus tard le lendemain, reprendre sous une forme rédactionnelle « semi-ouvrée » ces éléments ; quant à moi, j'affectionne le cahier traditionnel de carton à dos toilé. On trie dans les feuilles griffonnées du bloc, on regroupe, on complète au besoin car certaines notations et images ne « remontent » à l'esprit qu'avec retard ; vingt-quatre heures sont une bonne moyenne, ni trop ni trop peu.

Personnellement, selon une pratique empruntée au *Journal* que Bertold Brecht tenait à Hollywood[2], j'ai l'habitude de compléter ces notes rédigées avec des « collages » qui agrémentent le cahier : coupures de presse, dépliants touristiques, billets de train ou de musées, tracts politiques, feuillets publicitaires…

Français de l'étranger. À éviter absolument.

Les touristes français en groupe sont trop souvent bruyants et revendicatifs ; ils se renvoient à plaisir les plaisanteries les plus grossières sur les gens et les choses qui ont l'infortune de se trouver sur leur chemin.

Les compatriotes établis à l'étranger, sauf rares exceptions, semblent s'être auto-investis d'un mandat sacré : Représenter-la-France et défendre son image contre toute attaque et incompréhension. Chacun d'eux est une sorte de forteresse assiégée, en état d'alerte permanente.

Quant aux restaurants français hors hexagone, ils sont chers, prétentieux, ostensiblement soucieux de donner de « la France » une image aussi irréelle qu'apprêtée, à travers une ambiance « à la française ».

2. Bertold Brecht, *Journal de travail 1938-1955*, Paris, L'Arche, 1973.

Graffitis. À recueillir précieusement, comme d'autres collectent les peintures naïves ou les cuillers rustiques de bois. Ils représentent une parole directe, libre de par son anonymat, et leur message « semi-durable » est inscrit dans des lieux eux-mêmes fortement symboliques, par leur majesté ou par leur déréliction. Cet essai leur a fait large place en plusieurs occasions.

Mon graffiti préféré, c'est « *Nos creian muertos, pero solo dormimos !* (Ils nous croyaient morts, nous n'étions qu'endormis) », recueilli en 1980 à Matagalpa dans le Nord du Nicaragua, sur le mur d'une maison à demi écroulée. En ce lieu qui témoignait de la violence de la toute récente guerre civile, l'auteur inconnu disait son attente, sa volonté de renouveau. Les années ont passé, elles l'ont sans doute déçu car l'échec du sandinisme fut rapide et patent. Quel nouvel élan viendra réveiller le Nicaragua d'un nouveau sommeil ?

Guides touristiques. Leurs titres sont tous racoleurs, leur qualité fort inégale ; ils peuvent se révéler intelligents et bien informés. Pour choisir, on se fiera plutôt à d'autres voyageurs devanciers, qu'aux « voyagistes ». Autant que la description des sites, on contrôlera les chapitres généraux, comme initiation préalable au pays visité, à son histoire et à sa culture, aux mille traits de mœurs et autres aléas dont le voyageur doit être averti. En revanche, on se méfiera des « circuits » préagencés, où s'accrochent les lieux les plus divers tels les wagons d'un train.

Il est recommandé de confronter aux guides contemporains les descriptions des guides anciens, en remontant au besoin jusqu'aux vénérable et illustres *Baedeker*. Plus fortement que des monuments classiques, le plus souvent intacts, ce sont les descriptions des quartiers et bourgades « de caractère », qui disent la violence des mutations et bouleversements intervenus depuis un siècle. Les uns s'abandonneront à la nostalgie, les autres maintiendront sans faiblir leur indéfectible loyalisme de bons citoyens de la modernité.

Hauteurs. En tous lieux et en toutes circonstances, gagner les hauteurs est un impératif du voyage en tant que *regard.* On prend de l'altitude, on voit se dessiner au loin les lignes successives de l'horizon, on devine la diversité des paysages naturels et des masses bâties, le dialogue du moi avec l'autre et l'ailleurs se déploie à l'aise.

L'occasion ne se présente pas tous les jours, de gravir un à un les mille deux cents degrés du *Derg* au-dessus des ruines de Petra ou les trois mille marches[3] du Taishan au Shandong, la plus haute des montagnes sacrées de la Chine. Mais on trouve toujours une butte, un parc public en élévation, un clocher d'église dont l'escalier en colimaçon invite à l'ascension, une tour ancienne comme celle de Tycho Brahé à Copenhague[4], et au besoin un building d'affaires ou une de ces hideuses tours de télécommunication à restaurant panoramique rotatif, désormais omniprésentes.

Sont particulièrement recommandés les sites en hauteur qui dominent des baies et autres paysages littoraux : ainsi le Pain de Sucre à Rio-de-Janeiro, ou le *Peak* de Hongkong.

Horaires. Mentionnés ici pour mémoire; l'entrée dans le temps local (chap. 2) commence avec le repérage des habitudes de chaque pays et de ses horaires quotidiens : ouverture et fermeture des bureaux et des commerces, heures des repas, moments de vie sociale. On s'y pliera de bonne grâce.

Fortement conseillé : choisir les heures de train ou d'avion, de façon à arriver en fin de journée à l'étape suivante. On s'évite les tracas du départ à une heure indûment mati-

---

3. Ce chiffre ne s'applique qu'à l'ascension à mi-parcours, depuis la plate-forme d'arrivée des voitures et autocars.

4. Tycho Brahé (1546-1601), le premier grand astronome de l'époque moderne, fut le maître de Kepler. La tour haute que lui fit construire pour ses observations le roi Frederik II au centre de Copenhague est desservie non par un escalier mais par une large galerie hélicoïdale en pente douce, accessible aux chevaux.

nale, on découvre frais et dispos la ville nouvelle ou le nouveau site.

Inventaires. Jacques Prévert et Georges Perec ont excellé dans ce genre littéraire, qui est pour le voyageur l'occasion parfaite d'aiguiser son regard. Il vaut toujours la peine, en un lieu dont on a perçu d'emblée la singularité et le *mana*, d'établir la liste aussi complète que possible des objets, ustensiles, équipements qui s'y dispersent dans un désordre fortuit. L'insolite voisine avec le banal et le sordide ; mais si baroque que soit l'ensemble, il parle et « fait sens ».

L'inventaire de la pension Eva, avenue Aberdeen, disait tout en 1980 sur l'état d'abandon de Bluefields, sur la côte occidentale du Nicaragua. Langoustes et tortues naturalisées sur des étagères poussiéreuses, fleurs artificielles à la limite de la décomposition, glaces ternies, portraits de famille avec canotiers et manches gigot, verroteries polychromes aux fenêtres, un tourne-disque sans âge, un gosse faisant ses devoirs en haut d'un tabouret de bar, des perroquets bavards, une poule caquetant sur le seuil, de très vieux noirs au maillot de corps en lambeaux, un gros bidon débordant de déchets, et, dans la boue, un buste ébréché de Somoza le dictateur déchu.

Itinéraires. Ils sont l'essence même du voyage, sa raison d'être en tant que cheminement, avons-nous déjà suggéré en ouvrant le chap. 1. On n'y revient ici que pour souligner à nouveau l'importance des parcours de proche en proche. C'est en venant d'un ailleurs antérieur qu'on découvre un ailleurs ultérieur, quand le point de départ du voyage s'est déjà éloigné, défait. On s'est déjà dé-conditionné, on s'est libéré l'esprit.

Un mot encore, sur les itinéraires en boucle. Le second regard sur une ville où l'on est déjà passé, ne fût-ce que quelques semaines, quelques jours plus tôt, est un regard *second*, un regard binoculaire plus exactement. On voit avec des yeux neufs le déjà-familier. Aux images du premier contact, toutes fraîches, se superposent les images plus fines et plus nuancées que seul pouvait saisir un œil plus libre, mieux « accommodé ».

Jardins botaniques. Surtout sous les tropiques et dans leurs parages, ce sont autant d'édens de poche, dont on ne doit pas se priver. Les arbustes plient sous le poids de leurs fleurs étranges, les lianes foisonnent en gracieux filets suspendus, une capiteuse odeur d'humus en décomposition flotte dans l'air lourd et humide, les épiphytes s'accrochent aux troncs et aux branches maîtresses, avec l'agilité immobile de créatures dédaigneuses de la frontière séparant l'animal et le végétal. Autant de clichés littéraires, autant de merveilles accueillantes au voyageur venu de loin.
Une mention spéciale pour le jardin botanique de Canberra et son *rainforest gully*, son vallon où l'on a acclimaté le biotope de la forêt tempérée — celle-même qui, dans l'extrême Nord-Est du pays, mène son dernier combat contre la convoitise des promoteurs immobiliers et le lucre dévastateur des sociétés minières.

Journaux locaux. Tout y mérite attention, même si on ne possède que des rudiments de la langue du pays, même et surtout s'il s'agit de feuilles locales sans ambition : photographies avec leurs légendes, caricatures au tout premier chef, publicités et petites annonces, chronique des faits divers, carnet des naissances, mariages et décès. Le *El Faro* de Ceuta, enclave espagnole sur la côté marocaine, a déjà été cité ici en exemple (voir ci-dessus, p. 73).
Même dans le hall parfaitement anonyme et déréalisé d'un grand aéroport international, l'achat du journal local apporte un petit signe de vie, un frémissement concret. Le contact est déjà pris avec ce pays dont peut-être on ne saura jamais rien d'autre. À cette fin, j'ai toujours avec moi quelques billets américains de un dollar. La vendeuse du kiosque n'essaye pas de rendre la monnaie, elle remercie.

Lieux de banalité. À nouveau, un simple rappel suffit. On a déjà évoqué ici les rues populeuses, les banlieues congestionnées, les cinémas, les marchés vivriers, les quais des ports, les cimetières… Tous font partie de la vie d'un pays au même titre que les sites culturels et naturels les plus réputés ; mieux, ils *sont* la vie même de ce pays.

Livre en main. Si voyager, c'est lire dans le livre du monde comme nous y invite Lamartine (p. 231), le voyage est un appel permanent à la lecture, il la nourrit, il s'en nourrit. N'emportant avec lui « que » Racine, le Tasse, Virgile et Homère[5], Chateaubriand a cultivé avec génie, dans le cadre des pays méditerranéens eux-mêmes pétris de culture classique, le dialogue du lu et du vu. À l'autre bout du monde, les « navigateurs-bibliothécaires » du Sud-Pacifique, déjà évoqués ici (p. 222) ne séparaient pas non plus l'enchantement des pays qu'ils visitaient et les textes où leurs devanciers avaient célébré le même enchantement. On voyage toujours mieux, en compagnie d'un maître-texte.

Parfois, c'est le livre connu de longue date qui lance un appel au voyage. Combien de « fans » des romans policiers anthropologiques de Tony Hillerman[6] ont été comme aspirés vers les sites où, sur les confins du Colorado, de l'Utah, de l'Arizona et du Nouveau Mexique, de modestes policiers navajos dénouent des énigmes qui laissent déconfits les agents du FBI ? Sur un tout autre registre, c'est par dizaines de milliers que les admirateurs des sœurs Brontë parcourent chaque année les landes sauvages du Yorkshire, avant de se recueillir devant le presbytère où le Révérend Brontë peinait à entretenir sa famille inquiète et enflammée.

Parfois aussi, en sens inverse, c'est le voyage qui fait

5. *Itinéraire de Paris à Jérusalem* (cité par Chantal Montalbetti, *Le voyage, le monde et la bibliothèque*, Paris, PUF, 1997).
6. Les nombreux titres du cycle navajo de Hillerman sont disponibles en français, aux Éditions Rivages-poche.

entrer un auteur, un titre dans la société du voyageur. Au retour d'une semaine passée dans le « Vieux Carré » français de la Nouvelle-Orléans, les pièces de Tennessee Williams – dont je dois avouer que j'ignorais tout – furent comme la continuation toute naturelle de ce voyage. Même cadre bâti, même passion rentrée, même sensualité a-sociale.

Dans d'autres occasions, la relation entre le vu et le lu n'est que suggérée sur un mode indirect. Venu saluer en 1993 les superbes sites désertiques de l'Australie centrale, je n'en savourai que mieux les nouvelles de Hermann Hesse dont j'avais un exemplaire dans ma valise. Le secret, la sauvagerie, la solitude de leurs personnages et de leurs intrigues s'harmonisaient admirablement avec ces lieux eux-mêmes si secrets, sauvages et solitaires.

Photographier. C'est le piège. Les hordes de touristes mitraillant sans pitié une cascade agreste, une scène de rue insolite ou un vieux paysan résigné donnent la nausée. Sur un plan plus personnel, photographier signifie presque toujours photographier à profusion ; donc revenir chez soi avec des centaines de clichés sinon davantage, dont seule une infime proportion accédera à l'existence, nourrira effectivement la mémoire, vivra. Bien souvent, on ne trouvera même pas le temps et la volonté de faire ce tri… De surcroît, le voyageur-photographe risque aisément de basculer dans le rôle moins noble du photographe-voyageur. Au lieu de laisser le regard savourer un site ou une scène et alors seulement de les fixer sur pellicule, on passe au service de la caméra ; on ne regarde plus que pour repérer le « bon cliché » à ne pas manquer. C'est l'objectif qui regarde, à travers l'œil docile du visiteur.

Et pourtant, qui ne souhaite pas perpétuer grâce à la photo le charme fugace d'un éclairage ou la lueur d'un regard ? On se refusera à interdire, on se gardera tout autant de se laisser asservir.

Respirations. Dans l'agencement d'une journée de voyage, il est suggéré de ménager des pauses, des moments de vacance mentale. Alternant avec les phases d'activité, ces respirations nous ramènent à l'antique unité taoïste du vide et du plein.

Il vaut la peine de s'arrêter, pour laisser venir à soi la force d'un paysage, le charme d'une vieille rue, le sourire d'un enfant, le silence d'un crépuscule. Ces moments de disponibilité extravertie, ces hors-de-soi, sont aussi précieux que les temps d'isolement introverti où l'on fait retraite en soi-même – telle est la fonction du carnet de voyage, on l'a déjà noté.

Sécurité. Également menacés par le vandalisme, les agressions directes, le racket sinon la grande piraterie, ni les éminents sites égyptiens, ni les rues de Port-Moresby en Nouvelle-Guinée, les petites routes de campagne autour de Canton ou les mers de Malaisie ne sont plus sûrs. À Rio, les voitures ne s'arrêtent plus aux feux rouges de peur d'y être attaquées, et la menace de mort se déplace vers les piétons ; même sur les trottoirs, ceux-ci ne sont guère plus en sécurité, s'ils ne prennent pas garde aux trous béants laissés par les plaques de fonte volées par des trafiquants. Surtout dans les pays du Sud qui ne posaient aucun problème il y a à peine trente ans (p. 230), on voyage en état de péril, dès qu'on s'écarte des bases de loisirs surprotégées et des itinéraires balisés par la police. Chacun apprécie à sa guise...

Une précaution simple met au moins à l'abri de la petite délinquance de rue : le gilet reporter de toile raide et de coupe disgracieuse, avec ses multiples poches entre lesquelles on répartit prudemment objets et documents de valeur. Alors que la courroie du sac en bandoulière est si vite tranchée !

Solo (voyager en). Seul avec lui-même, avons-nous déjà constaté, le voyageur est en état de parfaite disponibilité.

Il écoute, il observe, il saisit au vol l'émotion du moment, le libre jeu des silences et des bruits. Son dialogue avec l'autre et l'ailleurs n'est jamais troublé par les nécessaires enjeux quotidiens de la vie à deux, trois ou dix.

En sens inverse, échanger ses impressions avec des compagnons de route, amis de longue date ou rencontres fortuites, assure un regard *pluriel*, interdit à qui voyage en solo. Ici encore, l'un et l'autre (ou : l'un ou l'autre) se dit, se fait, ou se disent, se font… Cette tolérance de nos vieilles grammaires s'applique assez bien au voyage.

Temps qu'il fait. La pluie peut succéder soudain au temps clair, la lumière du jour se fait plus légère ou plus lourde au fil des heures, les effets d'ombre auxquels se plaisent les rayons du soleil soulignent le modelé toujours changeant d'un vieux mur ou d'un rideau d'arbre, le parfum des buissons fleuris n'est pas du tout le même au petit matin ou à la tombée de la nuit. Fidèle à Héraclite pour qui on ne se baignait jamais deux fois dans le même fleuve, le voyageur sait qu'il ne contemple jamais le même site, le même détail d'un vallon, d'une ruelle ou d'un littoral.

Tourisme durable. Le tourisme de masse représente déjà 6 % du PIB mondial, et l'on pense que vers 2020 le nombre des touristes à travers la planète passera de 580 millions à plus d'un milliard. Les échappées lointaines se font plus communes, à mesure que la vie devient plus morose dans les pays nantis. « Un pauvre, c'est celui qui ne peut pas partir au-delà des mers[7]. »

Mais ce grand tourisme, trop souvent, entraîne dans les pays du Sud des déséquilibres socioculturels graves : déclin des activités productives, surinvestissements coûteux qui ne servent qu'une clientèle occasionnelle, restrictions en espace et en eau imposées à la population locale,

7. Dora Velayer, « Pour une révolution du tourisme » (*Le Monde diplomatique*, juillet 1997).

renchérissement des denrées de base, démoralisation. C'est bien à la légère que maints gouvernements du Sud vantent à leurs administrés les bienfaits d'un tourisme idéalisé, sur lequel ils savent prélever au passage leur dîme. Quel code de bonne conduite pourra étendre aux pays démunis les bénéfices du tourisme, sans pour autant aggraver leurs maux ? Vaste enjeu, dont est issue la « Charte du tourisme durable » adoptée aux Canaries en 1995[8]. Le débat passe par la « conscientisation » des vacanciers eux-mêmes, autant que par la « responsabilisation » des peuples-hôtes.

Tours en bateau. Si commercialisés soient-ils, ces circuits sur eau pénètrent au cœur des villes, via les canaux, rivières et bassins portuaires. Confortablement immobile, le visiteur savoure la mobilité des paysages urbains qui d'eux-mêmes viennent à sa rencontre et lui ouvrent des perspectives inaccessibles au piéton. L'eau agit comme un merveilleux médiateur, elle valorise du fait même qu'elle sépare et crée une distance. Les quais défilent, tantôt monumentaux et tantôt bordés d'alignements bâtis sans autre prétention que la patine des ans. D'abord à peine visibles, les arches des ponts se dessinent à l'horizon de l'aval, elles se rapprochent, elles se dressent indulgentes pour l'indiscret qui se permet d'inspecter leurs dessous, elles s'éloignent à l'amont, tout aussi dignes dans la diversité de leurs teintes et de leurs structures.

C'est de la Tamise qu'on mesure vraiment la grandeur de Londres, c'est du Danube que prend toute sa force le face-à-face de Buda et de Pest, c'est du Rhin que Cologne s'affirme comme antique marche latine (*colonia*), devenue un haut-lieu de la germanité libérale.

À défaut de tour en bateau, il vaut toujours la peine de suivre, même à pied, les quais des voies d'eau naturelles ou canalisées qui traversent une ville. Elles en sont les

8. *Ibid.*

lignes de vie – du moins quand elles n'ont pas péri sous les coups de l'urbanisme normalisant, celui par exemple dont l'acharnement hygiéniste, dans les années vingt, a comblé à Lille un réseau de canaux que rivalisa naguère avec ceux de Bruges ou de Gand.

Transports en commun. Le train, l'autocar, au besoin l'avion local sont partie intégrante du voyage comme *cheminement*, avons-nous indiqué d'emblée. On peut y ajouter le bateau, là où il survit comme service de passagers à moyenne distance : ainsi sur le Danube, le Nil, le Yangzi, ou le long du littoral de Chine du Sud.

Les transports en commun n'assurent pas seulement une fonction logistique de déplacement, d'étape en étape. Ils sont partie intégrante du voyage comme entrée dans la réalité sociale, ils en sont même un moment privilégié. Le quatre-pont « N° 55 » à bord duquel je descendis le Yangzi en 1995 et traversai les illustres et désormais naufragées « Trois Gorges » était un vrai carré de vie chinoise : équipements techniques vaillants mais précocement vieillis faute d'entretien, coolies aux épaules nues peinant pour charger et décharger à chaque escale, cabines réservées aux passagers aisés, dont certains recopiaient avec dévotion les stances gravées sur les falaises en idéogrammes géants, tandis que d'autres ne levaient pas la tête de leurs bandes dessinées criardes, foule sordide de migrants sans avoir et sans avenir, qui avaient envahi ponts et coursives au point de rendre inaccessible la salle à manger de la poupe.

UNESCO. Son répertoire du patrimoine mondial, établi sur la base d'attentives enquêtes de terrain et régulièrement enrichi, n'est jamais décevant, et nous l'avons cité plusieurs fois. Il a le mérite de mettre conjointement à l'honneur des monuments classiques, des ensembles urbains plus étendus, des sites naturels. Ces listes, à l'image de l'UNESCO elle-même, ont longtemps privilégié le monde occidental, France et Italie étant sur-représentées, et aussi le Moyen-Orient classique, Égypte incluse. Dans son état récent (582 sites répertoriés en 1998), ce patrimoine mondial fait une place beaucoup plus large à l'Asie et dans une certaine mesure à l'Amérique et à la région pacifique, l'Afrique noire restant un peu oubliée[9].

9. Ce répertoire du patrimoine mondial est disponible, pour un prix très modique, au siège de l'UNESCO, place Fontenoy à Paris (VIIe).

Annexes

Feuilles de route

(Notes de voyage publiées par l'auteur,
dans divers revues et périodiques)

Amérique du Nord

Lettre de Détroit (*Les lettres nouvelles*, oct.-nov. 1967).
Les Indiens du Minnesota (*Lettres nouvelles*, sept. 1969).
Chez les Cajuns de Louisiane (*Quinzaine littéraire*, 15 juill. 1981).

Amérique latine et Caraïbe

Le nouveau Nicaragua sandiniste (*Quinz. litt.*, 1er janv. 1981).
Voyage en Caraïbe (*Quinz. litt.*, 15 juill. 1985).
Visite à Iquique (*Quinz. litt.*, 15 oct. 1989).
Retour à Canudos, Brésil (*Quinz. litt.*, 15 sept. 1992).
Tijuana, à la frontière des deux Californies (*Monde diplomatique*, août 1992).

Chine

Macao : les heures tournent (*Quinz. litt.*, 15 nov. 1982).
Hongkong, le dragon qui boîte (*Politis*, 14 mai 1988).
Peking Diary (*Blast*, Canberra, hiver 1988)[1].

---

1. Pas de version en langue française.

L'armée fantôme de Xi'an (*Quinz. litt.*, 15 nov. 1995).

Comme le pays, un bateau dans la brume – descente du Yangzi (*Monde diplo.*, juin 1996).

Hongkong, monade urbaine (*Transversales Sciences-culture*, mai-juin 1998).

Hongkong sous le drapeau rouge (*Monde diplo.*, août 1998).

Europe

From Sarnia, with love : Guernesey (*Quinz. litt.*, 1er déc. 1984).

Jerlé, le village suédois qui a déclaré la guerre à la France (*Politis*, 14 mai 1988)[2].

À Gibraltar (*Quinz. litt.*, 15 janvier 1993).

Les marionnettes funèbres de Palerme (*Quinz. litt.*, 1er déc. 1994).

Les confettis de l'Europe, Man, Jersey, Andorre, etc. (*Monde diplo.*, janv. 1996).

Moyen-Orient

Deux voyages au Moyen-Orient (*Quinz. litt.*, 1er nov. 1990)[3].

La guerre du Golfe vue de Canberra (*Quinz. litt.*, 15 fév. 1991).

Pays du Pacifique

La Nouvelle-Zélande à la recherche de son passé (*Monde diplo.*, février 1978).

Revenant de Nouvelle-Calédonie (*Quinz. litt.*, 15 juill. 1981).

Peuples de Mélanésie face au modernisme (*Monde diplo.*, sept. 1981).

Voyage en Nouvelle-Zélande (*Quinz. litt.*, 1er mai 1986).

Revenant de Tasmanie (*Quinz. litt.*, 15 nov. 1987).

Under the fall-out of the Rainbow Warrior (*On the brink*, Londres, 1987)[4].

Trois îles du Pacifique (*Politis*, 4 janvier 1990)[5].

Uluru, cœur de l'Australie (*Quinz. litt.*, 1er déc. 1993).

Les îles Salomon au rythme de la ruralité préservée (*Monde diplo.*, janv. 1994).

---

2. Invoquant un privilège octroyé au XVIIe siècle par la reine Christine, le maire de ce village avait rompu ses relations avec la France, en protestation contre les essais nucléaires de Moruroa.

3. À partir d'un récit de voyage de Jack Thieuloy, sur le même itinéraire suivi par l'auteur quarante années plus tôt.

4. Évocation du voyage de « repentance » de 1986, publiée dans un recueil de textes sur la guerre nucléaire. Pas de version en langue française.

5. À savoir l'île de Pâques, Tahaa dans l'archipel de la Société, et Maré dans les Loyauté.

Le voyage vernien comme regard politique

(Distribution des luttes populaires et des crises politiques du XIXe siècle dans les *Voyages extraordinaires*[1])

Afrique

1835-1855	*Trek* des Boers, chassés du Natal par les Anglais et contraints de se replier dans l'Orange et le Transvaal.	L'ÉTOILE DU SUD (1884).
1863	Découverte des mines de diamant du Griqualand.	*Id.*
1850-1860	Résistance d'el-Hadj-Omar aux tentatives françaises de conquête du Sénégal ; défaite d'el-Hadj-Omar.	*Cinq semaines en ballon* (1863).
1850-1860	Campagnes humanitaires contre la traite des Noirs en Afrique ; fin de la grande traite.	UN CAPITAINE DE QUINZE ANS (1878).
1880-1890	Développement de l'activité de la secte musulmane millénariste des Senoussistes en Libye et Tripolitaine.	*Mathias Sandorf* (1885).

1. Les romans dans lesquels l'épisode considéré tient une place essentielle sont indiqués en petites capitales ; ceux dans lesquels il n'est mentionné que de façon marginale ou occasionnelle sont indiqués en italiques minuscules.

1880-1890	Pénétration française dans le Sud tunisien.	L'INVASION DE LA MER (1905).
1885-1895	Implantation française dans l'ensemble de l'Afrique Noire occidentale.	*L'étonnante aventure de la mission Barsac* (1919).

Amérique

1837	Révolte armée des Canadiens français contre les autorités anglaises.	FAMILLE SANS NOM (1889).
1850-1860	Fin du nationalisme araucan, établissement de l'autorité chilienne dans les montagnes andines.	*Les enfants du capitaine Grant* (1867-1868).
1859	Raid de la troupe de John Brown contre l'arsenal sudiste de Harper's Ferry.	*Vingt mille lieues sous les mers* (1870). *Le testament d'un excentrique* (1899).
1860-1865	Guerre de Sécession aux États-Unis; victoire des Nordistes anti-esclavagistes.	*De la Terre à la Lune* (1865). L'ÎLE MYSTÉRIEUSE (1874). LES FORCEURS DE BLOCUS (1875). NORD CONTRE SUD (1887).
1867	Vente de l'Alaska et des autres territoires de l'Amérique russe aux États-Unis.	*César Cascabel* (1890).
1879	Cession des Antilles suédoises (Saint-Barthélemy) à la France.	*Bourses de voyages* (1903).
1881	Partage de la Magellanie et de la Terre de Feu entre la République Argentine et le Chili.	*Les naufragés du «Jonathan»* (1909).
1889	L'empereur Pedro II du Brésil est renversé par une rébellion républicaine et abdique.	*L'île à hélice* (1895).
1897	*Gold rush* vers le Klondyke, à travers la passe de Chilkoot.	LE VOLCAN D'OR (1906).
1890-1900	*Big Stick policy*; pressions américaines en Amérique centrale et dans la mer des Caraïbes.	*L'île à hélice* (1895). *Bourses de voyages* (1903).

Asie

1799	Expédition de Bonaparte contre Saint-Jean-d'Acre.	*Maître Antifer* (1894).
1833-1839	Guerres syriennes; Méhémet Ali repousse les armées turques et impose l'autonomie égyptienne.	*Maître Antifer* (1894).
1851-1864	Insurrection des Taiping en Chine centrale.	*Tribulations d'un Chinois en Chine* (1879).
1857-1859	Insurrection des Cipayes dans l'Inde; tentatives de la ranimer dans l'Inde du Nord.	*Vingt mille lieues sous les mers* (1870); L'ÎLE MYSTÉRIEUSE (1874); LA MAISON À VAPEUR (1880).
1860-1870	Conflits entre la Russie et les émirats d'Asie centrale (Boukhara, Khiva).	MICHEL STROGOFF (1876).
1860-1870	Mouvement de modernisation en Chine (*yangwu*).	*Tribulations d'un Chinois en Chine* (1879).
1870-1875	Insurrection musulmane dans le Turkestan chinois.	*Claudius Bombarnac* (1892).
1870-1880	Conflit des Vieux-Turcs (conservateurs) et des Jeunes-Turcs (modernistes).	KÉRABAN LE TÊTU (1883).
1880-81	Expédition anglaise contre Herāt (Afghanistan).	*Robur le Conquérant* (1886).

Europe

1820-1825	Guerre d'indépendance grecque.	L'ARCHIPEL EN FEU (1884).
1848	Révolte paysanne de Sandor Rosza en Transylvanie.	*Le château des Carpathes* (1892).
1854	Guerre de Crimée (France et Angleterre contre Russie).	*Aventures de trois Russes et de trois Anglais* (1872).
1850-1860	Mouvement national hongrois d'indépendance.	MATHIAS SANDORF (1885).
XIXe s.	Mouvement national écossais.	*Les enfants du capitaine Grant* (1867-1868); *Le rayon vert* (1882).

1868	Insurrection candiote (Crète) contre la domination turque.	*Vingt mille lieues sous les mers* (1870).
1870-1871	Guerre franco-prussienne.	*Les cinq cents millions de la Bégum* (1879); *Le superbe Orénoque* (1898).
1850-1880	Mouvement national irlandais; troubles agraires; insurrection des Fenians.	P'TIT BONHOMME (1893); *Les frères Kip* (1902).
1870-1890	Conspirations antitsaristes et mouvement nihiliste en Russie.	*Michel Strogoff* (1876); *César Cascabel* (1890); *Un drame en Livonie* (1904).
1880-1890	Mouvement pour le renouveau slave dans les provinces baltiques (autrefois germanisées) de la Russie.	UN DRAME EN LIVONIE (1904).
1880-1890	Progrès de la propagande socialiste en France (Jules Guesde).	*Les naufragés du « Jonathan »* (1909).
1890-1895	Essor du mouvement anarchiste; vagues d'attentats contre le roi d'Italie, le tsar de Russie, les présidents de France et des États-Unis, etc.	LES NAUFRAGÉS DU « JONATHAN » (1909)
1880-1900	Mouvement national bulgare (aboutissant à l'indépendance bulgare).	PILOTE DU DANUBE (1908).
1870-1900	Mouvement national norvégien (aboutissant en 1905 à l'indépendance norvégienne).	*Un billet de loterie* (1886).

Océanie

1850-1860	Insurrection maories contre la domination anglaise en Nouvelle-Zélande.	*Les enfants du capitaine Grant* (1867-1868).
1851	*Gold rush* en Australie.	*Idem.*
XIXe s.	Liquidation des populations autochtones australiennes et tasmaniennes.	*Les enfants du capitaine Grant* (1867-1868); *L'île à hélice* (1895); *Mistress Branican* (1891).
1884	Partage des archipels de Papouasie entre l'Allemagne et l'Angleterre.	*L'île à hélice* (1895).
1885	*Gold rush* en Nouvelle-Zélande.	*Les frères Kip* (1902).

Extrait de : Jean Chesneaux, *Jules Verne, une lecture politique*, Paris, Maspero, 1973.

Table des matières

L'auteur cheminant en novembre 1978 avec la marche de protestation des paysans du Larzac (La Blaquière-Paris, 732 km).
Dessin au trait de François Montès.

Bayard Éditions

Actualité

Laurence Beauvisage, *La croix et la faucille. La religion à l'épreuve du postsoviétisme*
Zbigniew Brzezinski, *Le grand échiquier. L'Amérique et le reste du monde*
Marina Dyja et Dorian Malovic, *Hong Kong. Un destin chinois*
Marcin Frybes et Patrick Michel, *Après le communisme. Mythes et légendes de la Pologne contemporaine*
Jacques Gutwirth, *L'église électronique. La saga des télévangélistes*
The Jerusalem Report, *Rabin. Mission inachevée*
Chris Kutschera, *Le défi kurde ou le rêve fou de l'indépendance*
Enzo Pace, *La nation italienne en crise. Perspectives européennes*
Janet et John Wallach, *Arafat. La poudre et la paix*

Société

Louis Bodin, *Les intellectuels existent-ils ?*
Sophie Body-Gendrot, *Les villes face à l'insécurité. Des ghettos américains aux banlieues françaises*
Christian Bromberger (sous la direction de), *Passions ordinaires. Du match de football au concours de dictée*
Monique Chemillier-Gendreau, *L'injustifiable. Les politiques françaises de l'immigration*
Jean Chesneaux, *Habiter le temps*
Jacques Commaille et Claude Martin, *Les enjeux politiques de la famille*
Jacques Dermagne, *Révolution chez les patrons ? L'entreprise citoyenne*
Daniel Gœudevert, *Comme un oiseau dans l'aquarium. Un Français réussit en Allemagne*

Jean Maisondieu, *La fabrique des exclus*
Bernadette Minguet, Agnès Rochefort-Turquin, *La maternelle, une école pour la vie*
Polly Platt, *Ils sont fous, ces Français*
Chantal Saint-Blancat, *L'islam de la diaspora*

Histoire

Marie Holzman, *Lin Xiling, l'indomptable*
Elaine Pagels, *L'origine de Satan*
Janet Wallach, *La reine du désert. Vie de Gertrude Bell*

Sciences

Pascal Boyer, *La religion comme phénomène naturel*
Rob DeSalle et David Lindley, *La science de* Jurassic Park. *Comment fabriquer un dinosaure*
Axel Kahn et Dominique Rousset, *La médecine du XXIe siècle. Des gènes et des hommes*
Lawrence M. Krauss, *La physique de* Star Trek. *Ou comment visiter l'univers en pyjama*
Hubert Montagner, *En finir avec l'échec à l'école. L'enfant : ses compétences et ses rythmes*
Guy Paillotin et Dominique Rousset, *Tais-toi et mange ! L'agriculteur, le scientifique et le citoyen*
Timothy Taylor, *La préhistoire du sexe*
Frans de Waal, *Le bon singe. Les bases naturelles de la morale*

Philosophie

Richard Hanley, *La métaphysique de* Star Trek
Peter Singer, *Questions d'éthique pratique*

Psychologie

Yvonne Castellan, *Les grands-parents ces inconnus*
Carole Damiani, *Les victimes. Violences publiques et crimes privés*
Donald G. Dutton, *De la violence dans le couple*
Susan Edwards, *Des hommes qui aiment*
Alberto Eiguer, *Petit traité des perversions morales*
Jean Maisondieu, *Les alcooléens*
Ethel S. Person, *Voyage au pays des fantasmes. Du rêve à l'imaginaire collectif*
Adam Philips, *Monogamie*
Adam Philips, *Le pouvoir psy*
Adam Philips, *Baisers, chatouilles et autres petits riens*

Achevé d'imprimer en septembre 1999
sur presse Cameron
*par **Bussière Camedan Imprimeries***
à Saint-Amand-Montrond (Cher)

N° d'édition : 5084. N° d'impression : 994171/1.
Dépôt légal : avril 1999.

Imprimé en France